Johannes M. Becker,
Gert Sommer (Hg.)

Der Libyen-Krieg

SCHRIFTENREIHE ZUR KONFLIKTFORSCHUNG

des

Arbeitskreises Marburger Wissenschaftler
für Friedens- und Abrüstungsforschung (AMW)

Band 26

LIT

Johannes M. Becker, Gert Sommer (Hg.)

DER LIBYEN-KRIEG

Das Öl und die „Verantwortung zu schützen"

LIT

Gedruckt auf alterungsbeständigem Werkdruckpapier entsprechend
ANSI Z3948   DIN ISO 9706

Bibliografische Information der Deutschen Nationalbibliothek
Die Deutsche Nationalbibliothek verzeichnet diese Publikation in der
Deutschen Nationalbibliografie; detaillierte bibliografische Daten sind
im Internet über http://dnb.d-nb.de abrufbar.

2., überarbeitete und erweiterte Auflage 2013

ISBN 978-3-643-11531-7

© LIT VERLAG Dr. W. Hopf Berlin 2013
Verlagskontakt:
Fresnostr. 2   D-48159 Münster
Tel. +49 (0) 2 51-62 03 20   Fax +49 (0) 2 51-23 19 72
E-Mail: lit@lit-verlag.de   http://www.lit-verlag.de

Auslieferung:
Deutschland: LIT Verlag Fresnostr. 2, D-48159 Münster
Tel. +49 (0) 2 51-620 32 22, Fax +49 (0) 2 51-922 60 99, E-Mail: vertrieb@lit-verlag.de
Österreich: Medienlogistik Pichler-ÖBZ, E-Mail: mlo@medien-logistik.at
Schweiz: B + M Buch- und Medienvertrieb, E-Mail: order@buch-medien.ch
E-Books sind erhältlich unter www.litwebshop.de

INHALTSVERZEICHNIS

ZEITTAFEL: LIBYEN-GADDAFI-DER WESTEN

Mit den folgenden Zeilen unternehmen wir den Versuch einer Einordnung des Krieges von 2011 in das sehr wechselhafte Verhältnis Libyens, seines Revolutionsführers und der Staaten des Westens.

Johannes M. Becker
(mit einem Dank an David Bodensohn und Florian Grill)

21. November 1949	Dekolonisation Libyens (von Frankreich) unter UN-Aufsicht.
14. Dezember 1955	Libyen wird Vollmitglied der UN.
1. September 1969	Putsch gegen König Idris I. durch (u.a.) Oberst Gaddafi. Dieser ruft am selben Tag die Arabische Republik Libyen aus.
März 1979	Gaddafi tritt von allen Staatsämtern zurück, bleibt aber „Revolutionsführer".
1986	Mehrere US-Luftangriffe auf Tripolis und Bengasi. Vorausgegangen war der Anschlag von Berlin (Diskothek „La Belle"), dessen Libyen beschuldigt worden war.
1988	Bombenanschlag auf ein Flugzeug der US-Gesellschaft Pan Am, dessen Libyen beschuldigt wird.
27. April 2004	Gaddafis erster Besuch in Europa seit 15 Jahren findet in Brüssel statt.
11. Oktober 2004	Die EU hebt ihr 1986 erlassenes Waffenembargo gegen Libyen auf.
15. Mai 2006	Streichung Libyens von der Liste der „Schurkenstaaten" durch die US-Regierung.
25. Juli 2007	Frankreich schließt Rüstungsverträge und Atomabkommen mit Libyen.
16. Oktober 2007	Libyen wird für zwei Jahre Mitglied des UN-Sicherheitsrates.
10. Dezember 2007	Staatsbesuch Gaddafis in Frankreich.

Dezember 2008	Der „Gemeinsame Standpunkt 944" der EU-Außenminister sieht schärfere Kontrollen von Waffenexporten vor. Im folgenden Jahr genehmigen die EU-Länder Belgien, Frankreich, Deutschland, Italien und England Waffenexporte im Wert von 344 Millionen Euro nach Libyen.
10. Juni 2009	Staatsbesuch Gaddafis in Italien.
23. September 2009	Rede Gaddafis vor der UN-Vollversammlung.
17. Mai 2010	Wenige Monate vor Beginn des Krieges besucht Gaddafi Paris, am 29. August 2010 Rom.
17. Februar 2011	Beginn der Revolte am „Tag des Zorns".
27. Februar 2011	Gründung des „Nationalen Übergangsrates".
10. März 2011	Die ehemalige Kolonialmacht Frankreich erkennt den Nationalen Übergangsrat als „legitime Regierung" Libyens an; Großbritannien nennt den Rat am 29. März „legitimen Gesprächspartner", Italien folgt am 4. April, Deutschland am 13. Juni, die VR China am 12. September 2011.
17. März 2011	Der UN-Sicherheitsrat erlässt die Resolution 1973.
19. März 2011	Offizieller Beginn der Luftangriffe auf Libyen.
4. April 2011	Die NATO übernimmt die Koordination der Militäreinsätze von Neapel aus.
22. Mai 2011	Die EU eröffnet ein EU-Verbindungsbüro in Bengasi.
3. August 2011	US-Regierung Obama gibt bekannt, eine Botschaft des Libyschen Übergangrates in Washington einzurichten.
20. Oktober 2011	Ermordung/Hinrichtung Gaddafis in Sirte.
31. Oktober 2011	Beendigung der Kampfeinsätze der NATO
7. Juli 2012	Wahlen zum Libyschen Allgemeinen Volkskongress. Von 80 Sitzen gehen 39 an die Allianz der nationalen Kräfte, 17 an die Partei für Gerechtigkeit und Aufbau.
12. September 2012	Stürmung der US-Vertretung in Bengasi, Tod des US-Botschafters.
31. Oktober 2012	Das libysche Parlament bestätigt das Kabinett von Ministerpräsident Seidan.

GRUNDDATEN (VOR-KRIEGS-STAND)

Johannes M. Becker und David Stroop

Fläche in Mio. qkm.:	1.8 (Tunesien 0,16, Ägypten 1.0, Deutschland 0,36)[1]
Einwohner:	6,4 Mio.[2] (T 10,6 Mio., Ä 82 Mio., D 81 Mio.)
Bevölkerungsdichte:	3,5 Einw./qkm (T 63/qkm, Ä 82/qkm D 225/qkm)
Bevölkerungs-Wachstum/Jahr:	2,06% (T 0,98%, Ä 1,96%, D – 0,21%)[4]
Bevölkerungs-Zusammensetz.:	BerberInnen und AraberInnen 97%, 3% Andere (GriechInnen, MalterserInnen, ItalienerInnen, ÄgypterInnen, PakistanerInnen, TürkInnen, InderInnen und TunesierInnen)[5]
Sprache:	Arabisch (Italienisch, Englisch)
Alphabetisierungsgrad:	ca. 83% (T 74%, Ä 71%, D 99%)[7]
Lebenserwartung:	Seit 1960 steigend, ca. 78 J. (w 80 J., m 75 J.) (T 75 J., Ä 73 J., D 80 J.)[8]
Pro-Kopf- Einkommen:	16.880 US-$ (T 8.760, Ä 5.940, D 36.740) (basierend auf Bruttonationaleinkommen in KKS)[9]
Durchschnittsalter:	25,9 Jahre (T 28,9; Ä 24,4; D 44,3) (2010)[10]
Kindersterblichkeit:	20,1 je 1.000 Lebendgeburten (T 25,9; Ä 25,2; D 3,5) (2011)[11]
Bruttoinlandsprodukt:	US-$ 62 Milliarden (T $ 44 Mrd, Ä $ 189 Mrd, D $ 3.299 Mrd) (2009)[12]
BIP/Kopf (KKS):	$ 14.100 (T $ 9.600, Ä $ 6.500, D $ 35.800)[13] (2010)
Inflationsrate:	2,5% (T 4,4%, Ä 11,1%, D 1,1%) (2010)[14]

Arbeitslosigkeit:	30%; unter Jugendlichen 47% (2009) (T 14,2 %; unter J. > 30%, Ä 10 %; unter J. 34 %, D 6,3%; unter J. 11%)
Ärzte je 1000 Einw.:	1,9 (T 1,2; Ä 2,8; D 3,5)[15]
Human Development Index (HDI):	0,760 $\hat{=}$ Rang 64 (T 0,698 $\hat{=}$ 94; Ä 0,644 $\hat{=}$ 113; D 0,905 $\hat{=}$ 9)[16]
Gender Inequality Index[17] (UNDP):	0,314 $\hat{=}$ Rang 51 v. 146 (T 0,293 $\hat{=}$ 45; Ä ka; D 0,085 $\hat{=}$ 7)[18]
Rohstoffe:	Reiche Erdöl- & Erdgas-vorkommen, wichtigste Branchen der libyschen Wirtschaft (95 % der Exporteinkünfte) Weitere Rohstoffe: Schwefel, Salz, Kalk, Gips[19]. Gigantische Trinkwasser-Vorräte

Im Zuge des Krieges

| Flüchtlinge: | ca. 800.000 Menschen, v.a. nach Ägypten und Tunesien. Zigtausen-de Tuareg flüchten aus Libyen in den Norden Malis wie auch nach Algerien, Niger, Mauretanien und Burkina Faso. Weitere 150.000 Menschen sind innerhalb des Lan-des auf der Flucht |

---

[1] The CIA-Worldfactbook, https://www.cia.gov/library/publications/the-world-factbook/ rankorder/2147rank.html?countryName=Libya&countryCode=ly&regionCode=afr&r ank=17#ly.

[2] HDR 2011, S. 163. http://hdr.undp.org/en/reports/global/hdr2011/.

[3] https://www.cia.gov/library/publications/the-world-factbook/rankorder/2119rank.html ?countryName=Libya&countryCode=ly&regionCode=afr&rank=102#ly.

[4] https://www.cia.gov/library/publications/the-world-factbook/rankorder/2002rank.html ?countryName=Libya&countryCode=ly&regionCode=afr&rank=44#ly.

[5] https://www.cia.gov/library/publications/the-world-factbook/geos/ly.html.

6   https://www.cia.gov/library/publications/the-world-factbook/geos/ly.html.

7   https://www.cia.gov/library/publications/the-world-factbook/geos/ly.html;   https://
    www.cia.gov/library/publications/the-world-factbook/geos/ts.html;   https://www.cia.
    gov/library/publications/the-world-factbook/geos/eg.html;https://www.cia.gov/library/
    publications/the-world-factbook/geos/gm.html;

8   https://www.cia.gov/library/publications/the-world-factbook/rankorder/2102rank.html
    ?countryName=Libya&countryCode=ly&regionCode=afr&rank=58#ly.

9   Daten für 2009, Weltbank. http://data.worldbank.org/indicator/NY.GNP.PCAP.PP.CD.

10 KKS steht für Kaufkraftstandards. Hierbei handelt es sich um einen ökonomischen
    Begriff, der die Preisniveau-Unterschiede zwischen den verglichenen Staaten
    weitestgehend eliminieren soll. Zu diesem Zweck wird ein Set aus repräsentativen
    Waren und Dienstleistungen erstellt und überprüft, was und wieviel die Bürger im
    jeweiligen Staat auf Grundlage ihres Einkommens erwerben können. KKS werden oft
    verwendet, wenn die (materiellen) Lebensstandards vor Ort miteinander verglichen
    werden sollen

11 HDR 2011, S. 162ff.

12 https://www.cia.gov/library/publications/the-world-factbook/rankorder/2091rank.html
    ?countryName=Libya&countryCode=ly&regionCode=afr&rank=98#ly.

13 http://data.worldbank.org/indicator/NY.GDP.MKTP.CD.

14 https://www.cia.gov/library/publications/the-world-factbook/geos/eg.html.

15 https://www.cia.gov/library/publications/the-world-factbook/rankorder/2092rank.html
    ?countryName=Egypt&countryCode=eg&regionCode=afr&rank=202#eg.

16 WHO: World Health Statistics 2011, S. 115ff. http://www.who.int/gho/publications/
    world_health_statistics/en/index.html.

17 HDR 2011, S. 127ff.

18 Der Gender Inequality Index ist dem Human Development Report 2011 entnommen.
    Er misst die Ungleichheit der Geschlechter anhand dreier Dimensionen: Gesundheit
    der Frauen; Machtzugang von Frauen; Stellung auf dem Arbeitsmarkt. Ein Wert von 0
    bedeutet völlige Gleichstellung der Geschlechter; 1 bedeutet völlige Ungleichheit.

19 HDR 2011, S. 139ff.

20 https://www.cia.gov/library/publications/the-world-factbook/geos/ly.html

12

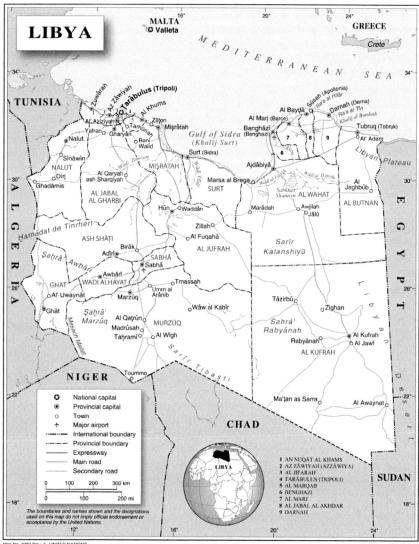

VORWORT ZUR 2. AUFLAGE

Johannes M. Becker und Gert Sommer

Der Libyenkrieg und seine Folgen für das nordafrikanische Land bleiben in der politischen Diskussion. Und dies, obwohl auf das Ende der Kampfhandlungen in Nordafrika rasch das erfolgreiche Schüren des Aufstandes gegen die syrische Regierung in Damaskus folgte; das Dauerthema Iran und seine angeblich unmittelbar bevorstehende atomare Bewaffnung, nicht zuletzt die Attacken der israelischen Regierung gegen Gaza und die dortige Hamas-Führung kamen und kommen hinzu.

Zum ersten ist und bleibt die innenpolitische Lage in Libyen höchst instabil. Der Tod des US-amerikanischen Botschafters im September 2012 bildet nur den Höhepunkt in einer langen Folge von Ereignissen und ihren Nachrichten, die die NATO-Diktion vom „großen Erfolg" des Libyen-Krieges ad absurdum führt. Da schrieb die „junge Welt" im Oktober 2012 vom „zerfallenden Staat", die NATO-nahe „Welt" beschrieb im November desselben Jahres „interne Machtkämpfe: Ost gegen West, Sicherheitsbehörden gegen Stämme". Das „Hamburger Abendblatt" kommentierte den Sturm auf das US-Konsulat in Bengasi selbst mit „CIA erleidet katastrophalen Rückschlag in Libyen" und – unter Rückgriff auf die New York Times – „Nach dem Sturm auf das US-Konsulat in Bengasi fehlen den USA im politischen Chaos die entscheidenden Aufklärungsmittel". Auch die Wahlen vom Juli 2012 haben dem Land bislang keinen inneren Frieden und keine Stabilität geben können.

Zum zweiten hat der Libyen-Krieg auch direkte Auswirkungen auf den Fortgang der Politik im Nahen Osten. Syrien, so scheint es, sollte unmittelbar nach dem Ende des Libyen-Krieges nach eben dem Muster Libyen mit der dort praktizierten Eskalierungs-Strategie heimgesucht werden: Ausrüstung der dortigen (berechtigten) Opposition gegen ein diktatorisches Regime mit Geld und vor allem Waffen; nach den zu erwartenden (und eingetretenen) Reaktionen der Regierung Assad das Konstatieren einer „Verantwortung zu schützen"; darauf sollte ein UN-Mandat zum offenen Krieg den „Regierungswechsel" herbeiführen – alles nach dem Muster Libyen/Gaddafi. Allerdings wurden die Überlegungen in Washington, London und Paris von der Weigerung der russischen wie der chinesischen

Regierung durchkreuzt, sich erneut durch die „Überdehnung" eines UN-
Sicherheitsrats-Mandates vorführen zu lassen; dessen ungeachtet hat der
unerklärte Krieg gegen die syrische Regierung bis heute, Anfang Januar
2013, bereits 50.000 Menschen das Leben gekostet. Diese wiederholte Eskalation von Konflikten – anstelle gewaltfreier Lösungen – scheint einem
systematischen Plan zu folgen: US-General Clark berichtete, dass die USA
nach dem 11.9.2001 planten, in den folgenden Jahren gegen sieben Länder
Kriege zu führen, um den Mittleren und Nahen Osten „umzukrempeln":
gegen Irak, Syrien, Libanon, Libyen, Somalia, Sudan und Iran.

Ein drittes Politikfeld betrifft das von Libyen durch die algerische Sahara
getrennte Mali. Nach der Ermordung Gaddafis und nach dem Sturz seiner
Regierung hatten in Libyen zahlreiche Pogrome gegen Schwarzafrikaner
eingesetzt. Daraufhin kehrten Anfang 2012 zigtausende Tuareg-Rebellen
aus Libyen in den Norden Malis wie auch nach Algerien, Niger, Mauretanien und Burkina Faso zurück, gründeten in Mali – mit modernen Waffen ausgerüstet – das „Mouvement National de Liberation de l'Azawad"
(MNLA, dies betrifft den Norden und Nordosten Malis), eroberten mit
Unterstützung bewaffneter Islamisten den Norden Malis und lösten dadurch unter anderem einen Militärputsch in der Hauptstadt Bamako aus.
In Mali selbst sind derzeit eine viertel Million Menschen auf der Flucht;
die Sahel-Zone ist erneut destabilisiert. Im Oktober 2012 verabschiedete
der UN-Sicherheitsrat die politisch umstrittene Resolution 2071, die der
EU, eingeschlossen Malis ehemalige Kolonialmacht Frankreich, erneut
Einfluss auf das Land gibt. Deutschland beteiligte sich an diesem Krieg zu
Beginn durch die Bereitstellung von Transportflugzeugen. Es entbrannte
in der Folge ein heftiger politischer Streit um Weiterungen dieser erneuten
scheinbaren „Resposibility to protect". Einzig die LINKE lehnte jede deutsche Einmischung ab.

Für die Herausgeber dieses Buches fällt die Bilanz des Libyen-Krieges-
folglich katastrophal aus. Die Konsequenzen für die akuten Konfliktge-
biete Syrien und Iran liegen auf der Hand: Militär und Krieg lösen keine
Probleme, sie schaffen nur neue.

EINLEITUNG

Gert Sommer und Johannes M. Becker

Nach dem Ende des Ost-West-Konfliktes Anfang der 1990er Jahre hat die westliche Wertegemeinschaft vier große Kriege begonnen, und weitere können folgen[1]. Drei der vier Kriege verletzten das Völkerrecht, da ein entsprechender Beschluss des UN-Sicherheitsrates fehlte. Wir gehen im Folgenden kurz auf diese Kriege und deren Folgen ein.

Jugoslawien-, Afghanistan-, Irak- und Libyen-Krieg

Der *Jugoslawien-Kosovo-Krieg* des Jahres 1999 wurde völkerrechtswidrig ohne Mandat des UN-Sicherheitsrates geführt (Becker & Brücher 2001). Begründungen der NATO waren das Verhindern einer „humanitären Katastrophe" und das Beenden von Menschenrechtsverletzungen, insbesondere das Ermorden und systematische Vertreiben von Kosovo-Albanern (Sommer 2001). Außenminister Fischer rechtfertigte den Kriegseintritt Deutschlands auf dem Parteitag der Grünen 1999 mit dem berüchtigten: „Aber ich stehe auf zwei Grundsätzen, nie wieder Krieg, nie wieder Auschwitz, nie wieder Völkermord, nie wieder Faschismus."[2] Die NATO unterstützte die UCK-Rebellen diplomatisch, propagandistisch sowie militärisch mit Waffenlieferungen und Angriffen aus der Luft, aber ohne Bodentruppen. Das Regime Milosevic wurde gestürzt, die Folgeregierungen suchen heute den Anschluss an die EU.

---

[1]   Nach einer beeindruckenden Rede (2007) von General Wesley Clark, US-Oberbefehlshaber im Jugoslawien-Krieg, gab es ein Memorandum des US-Verteidigungsministeriums kurz nach dem 11.9.2001, dem entsprechend die USA planten, in den folgenden Jahren Kriege gegen sieben Länder zu führen, um den Mittleren Osten „umzukrempeln" und US-freundliche Regierungen zu installieren: gegen Irak, Syrien, Libanon, Libyen, Somalia, Sudan und schließlich Iran: http://www.youtube.com/watch?v=Ha1rEhovONU; Kurzfassung unter http://www.youtube.com/watch?v=5uswDmTjLog&feature=related. Die relevanten Personen seien Rumsfeld, Cheney und Wolfowitz gewesen und die Pläne beruhten auf dem Konzept des *Project for the New American Century* – s. dazu http://de.wikipedia.org/wiki/Project_for_the_New_American_Century

[2]   http://www.spiegel.de/politik/deutschland/0,1518,22143,00.html

Folgen des Krieges waren u.a. die Vertreibung von zigtausenden Serben
und Roma aus dem Kosovo *nach* Beginn des Krieges bis nach seinem Ende
sowie die weitgehende Zerstörung der Infrastruktur Jugoslawiens[3]. In westlicher Sicht war die UCK zunächst eine Terrororganisation, während des
Jugoslawien-Krieges mutierte sie dann zur Freiheitsbewegung; inzwischen
werden dem Führer der Kosovo-Regierung, Hashim Thaci, vom Europarat
Kriegsverbrechen, kriminelle Machenschaften und Korruption vorgeworfen. Die Regierungsmitglieder des Kosovo werden in westlichen Dokumenten und Stellungnahmen heute als „Verbrecher" bezeichnet, Ministerpräsident Thaci spiele „bei der Koordinierung der kriminellen Netzwerke
eine zentrale Rolle" (jW, 20.12.2011). Der frühere UN-Untergeneralsekre-
tär und jetzige Europaabgeordnete Pino Arlacchi bezeichnete das Kosovo
als „kriminelles Zentrum Europas", „Mafia und Regierung im Kosovo sei-
en ein und dasselbe" (jW, 17.2.2011). Das Kosovo wurde ein Modell des
„Neoliberalen Kolonialismus", zu einem „neoliberalen EU-Protektorat"
mit einer Arbeitslosenquote von über 40% (manche Schätzungen gehen bis
70%); 45% der Bevölkerung leben unterhalb der Armutsgrenze (Wagner,
2009[4]). Durch die Unterstützung einer terroristischen Untergrundorganisa-
tion und die darauffolgende faktische Abspaltung des Kosovo von Serbien
wurde das Recht auf territoriale Unversehrtheit eines Staates gebrochen
und ein völkerrechtlich hoch problematischer Präzedenzfall geschaffen.

Der seit 2001 andauernde *Afghanistan-Krieg* war scheinbar eine direkte
Folge der Terroranschläge in den USA vom 11.9.2001. Die NATO rief –
erstmals in ihrer Geschichte – den Bündnisfall aus, und Bundeskanzler

---

[3] Es wäre wohl noch schlimmer gekommen, wenn der jugoslawische Präsident
     Milosevic nicht nach 78 Tagen NATO-Bombardement aufgegeben hätte. Der Nato-
     Oberbefehlshaber Wesley Clark sagte dazu: „… sonst hätte die Nato weitergebombt
     … seine Infrastruktur pulverisiert. Wir hätten die Nahrungsmittelindustrie zerstört, die
     Kraftwerke. …" (zit. nach Friedensforscher Reinhard Mutz, Direktor des Instituts für
     Friedensforschung und Sicherheitspolitik der Universität Hamburg; taz, 19.4.2011).
     Diese völkerrechtswidrige Strategie, die *Warden-Doktrin* von 1998, zielt explizit
     auf die Zerstörung der Infrastruktur eines angegriffenen Landes und nennt auch die
     Zivilbevölkerung als Ziel eines Luftkrieges (http://www.arbeiterfotografie.de/galerie/
     kein-krieg/hintergrund/index-irak-0003.html. Die Anwendung dieser Doktrin –
     Beispiele dafür gibt es in den Kriegen in Afghanistan, Irak und Jugoslawien – stellt
     somit ein Kriegsverbrechen dar.

[4] http://www.imi-online.de/download/JW-April09-EULEX.pdf; weitere relevante
     Informationen z.B. http://www.imi-online.de/2007/11/19/europas-erste-koloni

Schröder sicherte den USA seine „uneingeschränkte Solidarität" zu (Bekker & Wulf 2011). Der Krieg ist hinsichtlich des Völkerrechts umstritten, da das von den USA vorgebrachte Argument „Selbstverteidigung" schwer haltbar ist[5]. Folgen dieser unter dem Etikett „Krieg gegen den Terror" geführten Intervention waren in positiver Hinsicht die Schwächung von al-Quaida und zeitweise auch der Taliban. Negative Folgen waren u.a. die Festigung eines korrupten und von Vetternwirtschaft geprägten Regimes sowie die Vervielfachung der Drogenproduktion mit allen sich daraus ergebenden Folgen. „Die afghanische Regierung und der Sicherheitsapparat sind korrupt bis ins Mark", so die linksliberale FR (5.12.2011). Demokratisch legitimierte Strukturen wurden bis heute nicht entwickelt. Die von vielen Befürwortern des Krieges behauptete verbesserte Situation der Frauen ist nicht nachweisbar: „87 Prozent aller Frauen werden ‚regelmäßig geschlagen'. 80 Prozent aller Ehen werden unter Zwang geschlossen. … Vergewaltigungen sind …'in allen Teilen des Landes eine Alltagserscheinung'" (Hauser, 2012, S. 5f, mit Bezug auf UN-Quellen). Der gesamte über zehnjährige Afghanistan-Krieg wird inzwischen auch von der NATO als gescheitert angesehen. Ein geheimer NATO-Bericht zeichnet über die Lage in Afghanistan „ein vernichtendes Bild"; es sei „davon auszugehen, dass die radikal-islamischen Taliban relativ rasch nach dem Abzug der ISAF-Kampftruppen wieder die Macht im Land zurückerobern werden." (FR, 3.2.2012)[6]

Der *Irak-Krieg* wurde 2003 völkerrechtswidrig ohne UN-Mandat begonnen – mit den von den USA vorgeschobenen und inzwischen hinreichend widerlegten Begründungen, der Irak unterstütze al-Qaida und besitze Massenvernichtungswaffen (Becker & Wulf 2008). Folgen des Irak-Krieges waren u.a. eine weitgehend zerstörte Infrastruktur, die Legitimierung von Folter, etwa 4.400 tote und mindestens 30.000 verwundete US-Soldaten, sowie – nach unterschiedlichen Schätzungen – 200.000 bis 900.000 tote Zivilisten. „2,7 Millionen Iraker flohen vor den Kampfhandlungen und den Kriegsfolgen. 10.000 irakische Polizisten und Soldaten wurden getötet." (NDR Info – Streitkräfte und Strategien, 19.11.2011) Schon in den etwa

---

[5] http://www.ag-friedensforschung.de/science/boyle.html; http://www.ag-friedensforschung. de/themen/Voelkerrecht/gutachten.html

[6] Ausführliche Informationen zum „Experimentierfeld Afghanistan" unter http://imi-online.de/download/afghanistan_2011_web.pdf

zehn Jahren vor diesem dritten Golfkrieg waren durch die wirtschaftlichen
Sanktionen über eine Million Iraker (von knapp 30 Millionen) umgekom-
men, darunter etwa 500.000 Kinder. Sunniten und Schiiten bekämpfen sich
nach dem offiziösen Kriegsende wieder, es gibt zahlreiche Anschläge (u.a.
FR 2.2.2012). Unschätzbare Kulturgüter wurden zerstört (z.b. durch den
Brand der Nationalbibliothek in Bagdad) oder geraubt (u.a. aus dem Na-
tionalmuseum). Die landwirtschaftliche Produktion ist drastisch zurückgegangen, die Hälfte der Bevölkerung lebt in „äußerster Armut", davon
sieben Millionen von weniger als zwei US-$ pro Tag; über die Hälfte der
Bevölkerung lebt „in slum-ähnlichen Bedingungen"[7], etwa die Hälfte der
Bevölkerung hat keinen Zugang mehr zu sauberem Trinkwasser, Strom
gibt es meist nur stundenweise, die AnalphabetInnenrate ist dramatisch auf
25% gestiegen[8] und „die einst vorbildlichen Gesundheits- und Bildungs-
systeme liegen immer noch am Boden"; Amnesty international berichtete
2011, dass in irakischen Gefängnissen „weiterhin Zehntausende ohne Anklage gefangen gehalten und systematisch gefoltert werden"; das *Komitee*
zum Schutz von Journalisten berichtete im Juli 2011, dass „der Irak mit 92
unaufgeklärten Morden das für Journalisten gefährlichste Land der Welt"
sei (alle Zitate aus jW 23.12.2011). „Die USA verlassen ein desolates Land.
Im Irak funktionieren weder Militär noch Polizei. Strom ist Glückssache,
Politik sowieso." (FR 20.8.2010) Für „die Menschen, die Befreiten ... ist
das Leben acht Jahre nach Kriegsbeginn noch immer bedrohlich, der Alltag mit Wasser- und Stromknappheit, Polizeiwillkür und der Gefahr von
Anschlägen unsagbar schwer" (FR 16.12.2011). Auf internationaler Ebene
fand durch den Krieg und seine Folgen eine – von westlicher Seite sicherlich nicht gewollte – erhebliche Stärkung des Iran statt.

Der *Libyen-Krieg* von März bis November 2011 wird in diesem Band
ausführlich behandelt, daher nur einige Hinweise. Der UN-Sicherheitsrat
hatte mit seiner Resolution 1973 vom 17.3.2011 militärisches Eingreifen
gebilligt mit der wesentlichen Begründung, die Zivilbevölkerung zu schüt-

---

[7]   detaillierte Informationen zur Realität im Irak – u.a. zu den „Katastrophalen
      Lebensbedingungen" – finden sich bei Joachim Guilliard unter http://www.imi-online.
      de/2010/05/05/irakmachtenjahr/

[8]   http://www.ossietzky.net/8-2011&textfile=1394   (Joachim   Guilliard: Libyens
      Wohlstand. Ossietzky, 8/2011)

zen (*Responsibility to Protect, RtP[9]*). Folgen sind eine unbekannte Anzahl an Toten (genannt werden bis zu 50.000), Verletzten und Vertriebenen sowie ein „vom Bürgerkrieg weitgehend zerstörtes Land" (Tagesschau am 17.12.2011) mit unsicherer Zukunft. Dem Land droht eine folgenreiche Teilung: Die ölreiche Cyrenaika betreibt aktuell ihre Unabhängigkeit. Die International Crisis Group spricht von 100 bis 300 Milizen, die unabhängig voneinander agieren und sich bisweilen bekämpfen, insbesondere in Tripolis; diese fühlen sich in der Regierung nicht angemessen vertreten[10]. „In Libyen bewahrheiten sich alle Prophezeiungen, die Skeptiker zu Beginn der Anti-Gaddafi-Revolte geäußert hatten: Islamisten sind an die Macht gekommen, die neuen Herrscher in Tripolis achten die Menschenrechte ebenso wenig wie der frühere Diktator, die Waffe zählt mehr als das Wort." (SZ 6.3.2012) Auch sieben Monate nach dem Tod Gaddafis befinden sich laut UN-Angaben etwa 4.000 (vermutliche) Gaddafi-Anhänger in geheimen Gefängnissen; es gebe viele Fälle von Folter und Ermordung (FR, 12.5.2012).

Betrachten wir einige wesentliche Folgen dieser Kriege, die gegenüber der eigenen westlichen Bevölkerung hauptsächlich im Namen von „Demokratie, Freiheit und Menschenrechten" geführt wurden. Dazu gehen wir zunächst kurz auf das Konzept *Responsibility to Protect (RtP)* ein, das explizite Grundlage für den Libyen-Krieg war und dessen Diskussion in verschiedenen Kapiteln vertieft wird[11]. Das RtP-Konzept wurde unter UN-Generalsekretär Kofi Annan entwickelt. Ähnlich dem Konzept *Humanitäre Intervention* sieht es unter anderem eine militärische Intervention in einen Staat vor, auch wenn dieser keinen anderen Staat bedroht, aber den Schutz der eigenen Bevölkerung nicht sicher stellt. Diese Konzepte – Humanitäre Intervention, Responsibility to Protect, zudem deren gemeinsame Grundlage *Gerechter Krieg* – scheinen auf den ersten Blick wünschenswert, wenn nicht notwendig: Menschenleben sollen geschützt werden; jeder einzelne Staat ist dafür verantwortlich, seine Bevölkerung vor Völkermord, Kriegs-

---

[9] Anstelle der recht üblichen sprachlichen Verhunzung *R2P* haben wir uns im vorliegenden Buch auf die Abkürzung RtP geeinigt.

[10] http://www.crisisgroup.org/en/regions/middle-east-north-africa/north-africa/libya/115-holding-libya-together-security-challenges-after-qadhafi.aspx

[11] Insbesondere im Streitgespräch zwischen Michael Daxner und Norman Paech in diesem Band sowie in den Beiträgen von N. Paech und H.-C. von Sponeck

verbrechen, Vertreibungen („ethnische Säuberung") und Verbrechen gegen die Menschlichkeit zu schützen. Sofern ein Staat dazu nicht willens oder in der Lage ist, sollte die internationale Gemeinschaft ihm bei der Verwirklichung seiner Schutzverantwortung behilflich zu sein. Das Grundproblem besteht aber in dem Spannungsverhältnis zwischen der Souveränität der einzelnen Staaten und dem Schutz der Menschenrechte – beide fundiert in der UN-Charta; ein anderes Grundproblem besteht darin, ob bzw. wann neben friedlichen Mitteln (insbesondere Diplomatie und Kooperation) auch militärische Mittel eingesetzt werden dürfen (z.b. Schaller, 2008[12]). So sinnvoll das Ziel – Schutz der Zivilbevölkerung – zweifellos ist, so bestehen doch erhebliche Probleme bei seiner Durchsetzung und damit die Gefahr, dass sie zur Kriegsbegründung faktisch missbraucht werden. So hat die Lehre vom „gerechten Krieg" „schließlich zur Lehre vom freien Recht auf Krieg" geführt, da die Kriegsführenden die Kriterien hinreichend strapazierten (FR, 7.4.1999). Zentrale Probleme sind (vgl. Haspel & Sommer 2004): Kriege führen immer zu Unrecht und Menschenrechtsverletzungen; Angriffskriege werden gerechtfertigt; Kriege als Mittel der Politik werden moralisch legitimiert; ein Missbrauch des Konzepts ist naheliegend, um eigene egoistische Motive zu verschleiern. Um „Schutzverantwortung" angemessen zu gestalten, müssten also die Kriterien für ihre Anwendung und Durchführung, zudem die Verantwortlichkeiten bei der Durchführung präzisiert werden; schließlich müsste eine objektive Evaluation des Vorgehens durch unabhängige Personen bzw. Institutionen integraler Bestandteil von RtP sein.

Bezogen auf den Libyen-Krieg vermerkt die SZ (2.2.2012): „Wer das Konzept ‚Responsibility to Protect' nur als Tarnung für einen Regimewechsel verwendet, der beschädigt das Recht". Bei diesem Krieg ist der Missbrauch offensichtlich: Das angebliche Vorhaben, Menschenleben zu schützen, mutierte in Libyen schnell in die einseitige politische und militärische Unterstützung einer Bürgerkriegspartei und damit – nicht vom UN-Mandat

---

[12]   Schaller bezieht sich bei seiner ausführlichen Diskussion von RtP insbesondere auf die Absätze 138 und 139 der Abschlussresolution des UN-Weltgipfels (2005 World Summit Outcome), der seiner Meinung nach die „größte Autorität" zukommt, da „sich hier erstmals Staaten und nicht Experten oder Funktionsträger auf eine gemeinsame Formulierung geeinigt haben" (S. 2)

gedeckt – in einen Regierungswechsel (*regime change*) mit dem Sturz und
der Tötung Gaddafis[13].

Kriegsfolgen und Kriegskosten

Der UN-Sonderbeauftragte für Menschenrechte in Palästina, der US-Amerikaner Richard Falk, fasste die Kriegs-Ergebnisse der letzten Jahrzehnte
prägnant zusammen: "The record of military intervention during the last
several decades is one of almost unbroken failure if either the human costs
or political outcomes are taken into proper account."[14].

Für die *internationale Politik* waren wesentliche negative Folgen der oben
genannten vier Kriege eine Schwächung des Völkerrechts und der Vereinten Nationen und damit auch die Schwächung des bedeutsamen grund-
sätzlichen Anspruches der UNO-Charta, Konflikte gewaltfrei zu lösen.
Extra-legale Tötungen, z.B. durch Drohnenangriffe, werden zur Routine.
Zudem sind Verhandlungen im UN-Sicherheitsrat schwieriger geworden:
China und Russland z. B. widersetzen sich den bislang (14.3.12) vorge-
legten Resolutionen zum Bürgerkrieg in Syrien u.a., weil sie sich bei der
Libyen-Resolution 1973 hintergangen fühlten (Andreas Zumach im Freitag, 9.2.2012)[15].

Aus westlicher Perspektive wurden Regime entmachtet, die dem Westen
gegenüber eine – zumindest – distanzierte Politik betrieben. Sie wurden

---

[13] Es gibt in westlichen Medien unterschiedliche Schreibweisen des Namens, u.a.
Ghadhafi, Ghaddafi; wir haben uns weitgehend auf *Gaddafi* geeinigt

[14] http://www.aljazeera.com/indepth/opinion/2011/03/201138143448786661.html. –
Entsprechend resümiert die internationale Ärzteorganisation IPPNW (2012): «Die
schrecklichen Kriegseskalationen der letzten 11 Jahre, von Afghanistan über Irak
bis Libyen, haben in den betroffenen Regionen Hunderttausenden von Menschen
das Leben gekostet, ganze Landstriche verwüstet und chaotische, völlig der Willkür
ausgelieferte gesellschaftliche Zustände produziert» http://www.ippnw.de/presse/
presse-2012/artikel/31f8ca5c83/westliche-militaerinterventionen-bee.html

[15] Der russische Ministerpräsident Wladimir Putin schrieb in einem Grundsatzartikel in
Moskowskije Nowosti (übersetzt in jW, 1.3.2012): „Es ist unzulässig, dass sich das
‚libysche Szenario` ... wiederholt. Die Weltgemeinschaft sollte sich vor allem um eine
innere Aussöhnung in Syrien bemühen. ... Wir haben aus den traurigen Erfahrungen
der letzten Zeit gelernt und sind gegen Resolutionen des UN-Sicherheitsrats, die als
Signal zu einer militärischen Einmischung in die innenpolitischen Prozesse Syriens
gedeutet werden könnten."

ersetzt durch Regime, die pro-westlich oder zumindest nicht mehr dem
Westen gegenüber kritisch eingestellt sind. Dies wird von führenden westlichen Politikern vermutlich als großer Erfolg angesehen. Paech (i.d.B.)
dagegen spricht pointiert von „Vasallenregimes". Es wurden zudem die
Regierungen von Ländern entmachtet, die wichtige Regionalmächte waren
(Irak, Jugoslawien, Libyen) und die eine *eigenständige* Politik gestalteten,
deren Inhalte zumindest teilweise der Bevölkerung zu Gute kamen, z.b.
Verfügung über Bodenschätze, Ausgestaltung des Sozial-, Gesundheits-
und Bildungssystems. Es wurden – aus Sicht der Bevölkerung – autokratische und zum Teil äußerst repressive Regime entmachtet. Ob die neu
eingesetzten Regierungen eine von der Bevölkerung gewünschte Politik
betreiben, die eine stärkere Verwirklichung der bürgerlichen, politischen,
wirtschaftlichen, sozialen und kulturellen Menschenrechte beinhaltet,
muss sich erst noch zeigen.

Über Kriegsfolgen und Kriegskosten wird in westlichen Ländern politisch
zu wenig diskutiert und wissenschaftlich zu wenig geforscht. Eine angemessene Evaluation von Kriegen ist nicht existent. Den Politikern, die die
Kriege zu verantworten haben, dürfte das Thema Kriegskosten unangenehm sein. Denn sie müssten begründen, warum sie es für sinnvoll bzw.
notwendig halten, Gelder in kaum vorstellbarer Höhe auszugeben, und
welchen Interessen dies dient. Kriegskosten im engeren Sinne sind Kosten für Personal und Material (Kriegsgerät, Nachschub) in Kriegszeiten.
Wir halten es für sinnvoll, das Konzept weiter zu definieren und auch u.a.
Kriegstote, Kriegsgeschädigte und die zerstörte Infrastruktur einzubeziehen.

Die angesprochenen Kriege haben hunderttausende *Tote* verursacht, sei
es durch direkte Kriegshandlungen, Flucht oder als Folgen der zerstörten
Infrastruktur, z.B. durch verschmutztes Trinkwasser, Nahrungsmangel,
unzureichende Gesundheitsversorgung und Ähnliches. Die Anzahl der in
den vier Kriegen Getöteten, insbesondere der angegriffenen Länder und
hier wiederum im Speziellen der Zivilisten, ist weitgehend unbekannt.
Die angreifenden Länder haben an korrekten Zahlen wenig oder keinerlei
Interesse (z.B. Amnesty international, 2012[16]), um ihre Interventionen als
humanitär und die *Zivilbevölkerung schützend* erscheinen zu lassen. Die
angegriffenen Länder sind dazu nicht in der Lage, oder sie haben eben-

---

[16] Libya: The forgotten victims of NATO strikes; http://www.amnesty.org/en/library/info/
MDE19/003/2012/en

falls wenig Interesse an exakten Zahlen, weil die eingesetzten Regierungen selbst in erheblichem Ausmaß beim Verursachen der zivilen Opfer beteiligt waren und/oder die westliche Intervention nicht delegitimieren möchten.

Zusätzlich zu den durch die Kriege verursachten Toten gibt es eine Unzahl an körperlich *Verletzten* und Menschen mit *psychischen Störungen*. Die US-amerikanischen *Physicians for Social Responsibility* berichteten allein für den Irak-Krieg und nur für die Zeit von 2003-2007, dass mehr als 60.000 Angehörige des US-Militärs Verletzungen erlitten, viele davon schwerste Polytraumata (u.a. Kopf- und Wirbelsäulenverletzungen, Verbrennungen, Amputationen). Bei den mehr als 1.500.000 eingesetzten US-Soldaten müsse bei mindestens 30 Prozent mit schweren psychischen Störungen gerechnet werden, u.a. Posttraumatische Belastungsstörungen, Depressionen, Alkohol- und Medikamentenabhängigkeit sowie Gebrauch illegaler Drogen.[17] Dieses hier genannte Leid bezieht sich nur auf US-Soldaten – um wie viel größer ist es, wenn insbesondere auch die Bevölkerung der mit Krieg heimgesuchten Länder berücksichtigt wird.

Zu den *sozialen Folgen* von Kriegen zählen u.a., dass in Nachkriegs-Gesellschaften ein erhöhtes Ausmaß an familiärer und gesellschaftlicher Gewalt – Täter sind häufig die ehemaligen Soldaten – und an Suiziden auftritt. Zudem ist meist die Produktivität vermindert, u.a. durch die verminderte Anzahl an (Berufs-)Tätigen aufgrund von Tod, Verletzungen und Traumatisierungen. Die Analphabeten-Rate steigt an, die Zukunftsfähigkeit der betroffenen Länder ist höchst bedroht. Schließlich wird durch Kriege ein erheblicher materieller Schaden verursacht, insbesondere durch die Zerstörung der Infrastruktur, u.a. von Wohnhäusern, Fabriken, Schulen, Krankenhäusern, Verkehrswegen, Versorgungsinfrastruktur für Wasser, Heizung und Elektrizität, durch getötete Nutztiere und die Zerstörung des Ökosystems. Kriege sind also – unter humanitärer Perspektive – eine gigantische Verschwendung von Geld und Materialien, sie produzieren unendliches Leid.

Es gibt nur wenige Informationen über die wahren *Kriegskosten* im engeren Sinne. Wir geben im Folgenden zumindest einige Hinweise. Nach Berechnungen des Deutsche Instituts für Wirtschaftsforschung (DIW) dürfte Deutschland die Beteiligung am gesamten Afghanistan-Krieg bei optimi-

---

17   http://www.psr.org/resources/shock-and-awe-hits-home.html

stischer Schätzung insgesamt etwa 36 Milliarden Euro kosten.[18] Die o.g.
Studie der Physicians for Social Responsibility berechnete – nur auf den
Irak-Krieg bezogen – als langfristige Kosten für das US-Gesundheitswesen
und für Invaliditäts-Zahlungen etwa 660 Mrd. US-$[19]. Zwei US-Ökonomen
– Wirtschaftsnobelpreisträger Joseph Stiglitz und Linda Bilmes – nannten
in der Washington Post (9.3.2008) als Kosten des Irak-Krieges für die USA
„konservativ berechnet" drei Billionen US-$ (das schließt die Auswirkun-
gen auf die US-Ökonomie ein)[20]. Dabei sind die Kosten u.a. für den Irak
selbst oder für Großbritannien – als weiterem wichtigem Kriegsbeteiligten
– nicht eingerechnet.

Korrespondierend mit der Vergeudung von Geldern in Kriegen fehlen drin-
gend benötigte Mittel in den kriegführenden USA für Bildung, Gesund-
heitssystem, Ökologie, Armutsbekämpfung und Infrastruktur. Und weiter
stellen Stiglitz und Bilmes fest: "In a world with millions of illiterate children, we could have achieved literacy for all – for less than the price of a
month's combat in Iraq."[21] Sieht man die Berechnungen von Stiglitz und
Bilmes als einigermaßen zutreffend an, dann dürften die Gesamtkosten für
die hier genannten vier Kriege weit über fünf Billionen US-$ liegen (in
Zahlen: 5.000.000.000.000). Somit könnte auch die Perspektive erweitert
werden: Würden die in den Kriegen vergeudeten Mittel und Ressourcen in
die Milleniums-Entwicklungsziele der Vereinten Nationen investiert – insbesondere Bekämpfung von Armut, Hunger und Arbeitslosigkeit; Primär-
schul-Bildung; Gleichstellung der Geschlechter; Senken der Kindersterb-
lichkeit; bessere Gesundheitsversorgung; ökologische Nachhaltigkeit –,
dann sähe es mit deren Verwirklichung erheblich besser aus als derzeit.[22]

---

[18] http://www.manager-magazin.de/unternehmen/artikel/0,2828,695419,00.html

[19] http://www.psr.org/resources/shock-and-awe-hits-home.html

[20] In The Washington Post vom 5.9.2010 ergänzten sie, dass die Kosten wohl noch höher
      anzusetzen sind: The true cost oft he Iraq war: $3 trillion and beyond; s.a. http://
      dijaspora.wordpress.com/2008/04/02/6000000000000-us-dollar-kriegskosten

[21] http://www.washingtonpost.com/wp-dyn/content/article/2008/03/07/AR2008030702846.
      html

[22] In einem Spenden-Brief der Welthungerhilfe vom Mai 2012 z.B. heiß es zur Hungersnot
      im Sahel: „40 Euro reichen für 100 kg Hirse und Sorghum. Damit kann sich eine Familie
      sechs Wochen ernähren."

Diese Kriegskosten sind astronomisch hoch, und sie gehen zu Lasten von etlichen Millionen Menschen (wenn nicht einem Großteil der Menschheit) – insbesondere in den von den Kriegen direkt heimgesuchten Ländern, aber auch in den USA und in vielen weiteren Ländern. Aber es gibt selbstverständlich auch Profiteure: Dazu gehören insbesondere die Rüstungsindustrie, private Sicherheits- und Militärunternehmen; Firmen, die sich mit dem Aufbau der vorher zerstörten Infrastruktur befassen; nicht zu vergessen die Personen und Gruppen, die sich in diesem Umfeld durch Korruption bereichern.

Die Kriege haben zudem die *demokratische Kultur* auch in den westlichen Ländern erheblich beschädigt:

*   In vielen westlichen Ländern wurden im Zusammenhang mit dem „Krieg gegen den Terror" die Bürgerrechte erheblich eingeschränkt.

*   Die Parlamente sind häufig nicht angemessen über die konkreten Konflikte und die Möglichkeiten zur Konfliktregelung informiert; allzu oft und allzu schnell dominieren die militärischen Optionen.

*   Auch wenn die Bevölkerung mit großer Mehrheit gegen einen Krieg oder dessen Fortsetzung ist, die „Volksvertreter" votieren für Krieg (z.B. Afghanistankrieg).

*   Die Medien, die wesentlichen Einfluss auf die Meinungsbildung haben, folgen allzu leicht den Vorgaben aus Politik und Militär[23]. Die „patriotische Pflicht" wird nicht selten höher bewertet als das journalistische Selbstverständnis im Sinne der vierten Gewalt in einer Demokratie.

*   Menschen, die sich differenziert äußern oder ein herrschendes Feindbild anzweifeln, werden explizit oder implizit verdächtigt, mit dem betroffenen System zu sympathisieren: Die Kriegsbefürworter kritisieren allzu schnell diejenigen, die sich für Verhandlungen und gegen Kriege aussprechen, als Unterstützer autoritärer Regime oder diffamieren sie gar, z.B. als „dem Massenmörder Assad und dem Terrorregime in Teheran verbunden" (so etwa C. Bommarius in der FR am 14.1.2012)

---

[23] S. z.B. Cunningham, 2011, am Beispiel der New York Times; siehe auch Heft 3/2007 von Wissenschaft & Frieden mit Schwerpunkt *Medien und Krieg / Kriegsmedien*.

oder „Claqueure des Mullah-Regimes und Feinde des jüdischen Staates" (Deniz Yücel in der taz vom 6.3.2012). Dabei wird großzügig übersehen, dass Friedenswissenschaftler und Friedensbewegte meist sehr deutlich machen, dass sie sich für gewaltfreie Konfliktaustragungen einsetzen, dass sie die autokratischen Regierungen ablehnen, aber – im Sinne des Wohles der Bevölkerung – eben auch militärische Interventionen.

• Die eigenen Interessen, die auch in schlichter Weise identisch sind, werden nicht erwähnt oder als nicht entscheidend dargestellt) und damit die Kriegsgründe gegenüber der Bevölkerung verschleiert: Zugang zu Märkten und wertvollen Rohstoffen – derzeit insbesondere Erdöl, Aufrechterhaltung des freien Welthandels, Verträge mit geostrategisch wichtigen Ländern bzw. Regionen, Möglichkeit für eigene Militärbasen und Installation von gefügigen Regierungen mit neoliberaler Wirtschafts-Ideologie. (s.o. Vasallenstaat). In diesem Zusammenhang wünscht der algerische Schriftsteller Boualem Sansal – Friedenspreis-Träger des Deutschen Buchhandels 2011 – „... auch Europa eine Revolution ...– weg von der Dominanz des Marktes, zurück zur Moral" (FR, 10.6.2011).

Somit wird eine demokratisch verantwortliche Diskussion um ein so bedeutsames Thema wie Krieg vs. Frieden in den westlichen Demokratien nicht angemessen geführt.

Feindbilder und Kriegslügen

Dabei wiederholen sich die Muster, mit denen die demokratische Öffentlichkeit auf Kriege vorbereitet wird, in erstaunlich schlichter Weise: Zunächst wird eine Konfliktpartei einseitig unterstützt, und diese Unterstützung wird hoch-moralisch begründet, u.a. mit Schutz von Leben, Beendigung von schweren Menschenrechtsverletzungen, Überbringen von Freiheit und Demokratie. Politiker und viele meinungsbildende Medien – auch in Gesellschaften mit Pressefreiheit – berichten in erstaunlich ähnlicher Weise. Zensur scheint gar nicht erforderlich. Und – korrespondierend mit der moralischen Unterstützung einer Partei – wird die gegnerische Konfliktpartei hoch-moralisch kritisiert. Dann wird versucht, die erste Konfliktpartei politisch zu isolieren sowie Sanktionen durchzusetzen.

Schließlich beginnen die militärische Unterstützung einer Partei und dann
die eigene militärische Intervention.

Der Aufbau von Feindbildern verläuft üblicherweise nach folgendem
Grundmuster (Sommer, 2004): Dem „Feind" werden alle möglichen negativen Eigenschaften und Handlungen unterstellt, er ist „aggressiv" und
„minderwertig"; auch positive oder neutrale Handlungen werden negativ
interpretiert; dem „Feind" allein wird die Schuld an Problemen und Konflikten zugeschrieben; es herrschen doppelter Standard bzw. Doppelmoral:
Vergleichbare Handlungen des „Feindes" und der eigenen Seite werden
gänzlich unterschiedlich bewertet; der „Feind" wird entmenschlicht, ihm
wird Empathie verweigert. Wenn die Verzerrung von Informationen nicht
ausreicht, werden ergänzend Lügen produziert.

Zudem können Konflikte recht leicht geschürt werden, um eine militärische Intervention erforderlich erscheinen zu lassen: Eine Gruppe, die sich
in einem Staat zurückgesetzt fühlt oder dies auch faktisch ist, wird politisch und propagandistisch unterstützt, das Regime wird kritisiert oder de-
legitimiert. Dazu tragen z.B. auch US-Spezialeinheiten bei, die – im Sinne
der *Joint Unconventional Warfare Task Force Executive Order* aus dem
Jahre 2009 – Informationen sammeln und Kontakte zu lokalen Kräften
aufnehmen – und dies bei befreundeten und verfeindeten Staaten[24].

Es ist erstaunlich, wie wenig die Bürger aus diesen sich wiederholenden
Mustern lernen. Wir erinnern im Folgenden an einige markante Beispiele.

- Der *2. Golfkrieg* gegen Irak (1990, nach der Besetzung von Kuwait)
  wurde vom UN-Sicherheitsrat legitimiert und von der US-Bevölkerung erst akzeptiert, nachdem „Zeugen" berichtet hatten, das irakische
  Militär habe Babies aus Brutkästen geworfen und sie damit getötet
  – bald stellte sich heraus, dass diese Meldung eine kuwaitische Propa-
  gandalüge mit Hilfe der PR-Agentur Hill & Knowlton war[25].

---

[24] http://en.wikipedia.org/wiki/Joint_Unconventional_Warfare_Task_Force_Execute_
Order

[25] vgl. die Dokumentation bei Monitor, ARD, 30.3.1992. Kurzfassung bei: http://www.
youtube.com/watch?v=7dc3yZ8SB2U; MacArthur, J.R. 1983. Die Schlacht der Lügen.
München: dtv.

- Der *Krieg gegen Jugoslawien* (Kosovokrieg 1999) wurde u.a. damit „begründet", dass Jugoslawien systematische Vertreibungen und Tötungen vornehme, eine „Diktatur gegen die eigene Bevölkerung Krieg" führe (Bundeskanzler Schröder). Entscheidend aber waren wieder Kriegslügen. Beispiele: Das Konzentrationslager in Pristina, das Massaker an der Zivilbevölkerung in Rugova, der Hufeisenplan, der die Vertreibungsabsichten der serbischen Regierung belegen sollte, alles – und vieles mehr – erwies sich als falsch[26]. Selbst der renommierte Philosoph Jürgen Habermas fiel auf die Kriegspropaganda herein und nahm ganz im Sinne der NATO „einen Sprung ... zum kosmopolitischen Recht einer Weltbürgergesellschaft" wahr[27]. Dies gelang ihm u.a. dadurch, dass er wichtige Tatsachen nicht zur Kenntnis nahm.[28]

- Der *3. Golfkrieg* wurde von den USA damit begründet, der Irak besitze Massenvernichtungswaffen und unterstütze al-Quaida. Zwar folgte die Mehrheit des UN-Sicherheitsrates diesem Vorwurf nicht, die „Koalition der Willigen" – unter Führung der USA – begann diesen Krieg dennoch. Nach dem Sturz der Regierung Saddam Hussein fanden die USA – trotz intensiver Suche – keine Massenvernichtungswaffen. Das Eingeständnis eines großen politischen Fehlers, in diesem Falle von US-Verteidigungsminister Powell, umfasste in der Massen-Presse wenige Zeilen – die sensations-heischenden Kriegsvorbereitungs-Berichte vor dem Bombardement umfassten hingegen viele Seiten.

- Auch der *Libyen-Krieg* wurde mit Lügen, zumindest dramatischen Übertreibungen begründet (s. u.a. Leukefeld, Sommer sowie Wagner i.d.B.)[29].

Eine informative fünfzehnminütige Zusammenstellung bewusster Falschmeldungen mit dem Ziel, insbesondere die US-Bevölkerung in Kriege zu

---

[26] http://www.ag-friedensforschung.de/themen/NATO-Krieg/ard08-02-01.html   sowie der ARD-Film vom 8.2.2001 „Es begann mit einer Lüge – Deutschlands Weg in den Kosovo-Krieg". Das Manuskript http://www.ag-friedensforschung.de/themen/NATO-Krieg/ard-sendung.html

[27] http://www.zeit.de/1999/18/199918.krieg_.xml

[28] z.B. Michael Jäger http://www.freitag.de/1999/19/99190701.htm

[29] s.a. http://globalresearch.ca/index.php?context=va&aid=27101 oder: bit.ly/Humanitarian War

führen – vom Krieg gegen Mexiko bis zum dritten Golfkrieg –, liegt inzwischen vor[30]. Zumindest diese Kurzform einer Aufklärung über die Medienwirklichkeit in einem demokratischen Staat sollte jedem Bürger bekannt sein.[31]

Zum Krisenjournalismus sagte der bekannte Kriegsreporter C.M. Fröhder am Beispiel Afghanistan, dass viele Kollegen „manipuliert" werden (FR, 8.3.2011): „Ich habe mehrfach erlebt, wie Kollegen verboten bekamen, Übergriffe von Soldaten auf Zivilisten aufzunehmen." ... „Bei den öffentlich-rechtlichen bestehen die Redaktionen aus politisch handverlesenen

---

[30] http://www.corbettreport.com/faking-it-how-the-media-manipulates-the-world-into-war/ Der Journalist James Corbett zeigt an vielen Beispielen auf, wie Medien die US-Öffentlichkeit durch Falschmeldungen in Kriege hinein manipulierten und welche Bedeutung dabei den Regierungen zukam.

[31] http://www.youtube.com/watch?v=6x2F9Vzl3Y&feature=related. Ausführlicher und mit mehr Bildmaterial analysiert die Dokumentation „War made easy – Wenn Amerikas Präsidenten lügen" am Beispiel der US-Regierungen, wie die Bevölkerung der USA auf Kriege eingestimmt wurde und wird. Vom Vietnam- bis zum Irak-Krieg wiederholte sich die Rhetorik, teilweise mit identischen Redewendungen der jeweiligen Präsidenten: Wir möchten Frieden; wir wenden nur im äußersten Fall und gegen unseren Willen Gewalt an; die USA werden bedroht; wir bringen Demokratie und Freiheit, wir befreien die Welt von Diktatoren und Tyrannen. In den Kriegen wurden die eigenen Soldaten patriotisch gefeiert, das Leid der Bevölkerung des angegriffenen Landes wurde kaum thematisiert; und wenn sich – wie oft – während eines Krieges die Probleme mehren: Wir müssen den Krieg fortsetzen, um die Glaubwürdigkeit der USA und/oder der NATO zu wahren; und schließlich, wenn ein Krieg nicht zu gewinnen ist – z.B. in Afghanistan: Wir übergeben die Verantwortung an die dortige Regierung und verlassen siegreich den Kriegs"schauplatz". Da die USA weiterhin vielen als (Muster-)Beispiel für Demokratie gelten, sei an die Abstimmungen zum Einsatz militärischer Gewalt am 14.9.2001 erinnert (also unmittelbar nach den Terroranschlägen vom 11.9.2001): Senat : 0 Gegenstimmen; Repräsentantenhaus : die einzige Gegenstimme kam von der farbigen demokratischen Abgeordneten Barbara Lee; ihr letzter Satz zur Begründung war: „Wenn wir handeln, lasst uns nicht zu dem Bösen werden, das wir beklagen". Der kommentierende US-amerikanische Journalist und Autor Norman Solomon, auf dessen Recherchen der Film beruht, spricht angesichts der US-Kriege von „Gehirnwäsche mit Tradition". Und zur Rolle der US-Medien wird gezeigt, dass diese meist unkritisch die Vorgaben der Regierungen übernehmen. Zum Beispiel des Irak-Krieges 2003, als Saddam Hussein der Besitz und das Streben nach Massenvernichtungswaffen vorgeworfen wurde, sagt Solomon: „Die Bereitwilligkeit, mit der die meisten Medien die Sicht der Regierung übernahmen, hat mich erschreckt" und „Die US-Medien standen dem Weißen Haus bald kaum noch darin nach, die Weichen auf Krieg zu stellen".

Journalisten, die hintergründige Berichte für gefährlich halten und leichtere Berichte sympathischer finden, weil sie keinen Ärger machen."

Da Kriege immer wieder mit Lügen vorbereitet werden, müssten als Gegenmaßnahme frühzeitig hinreichend unabhängige Fachleute verschiedener Fachrichtungen in Spannungsgebiete gesendet werden, um ein einigermaßen zutreffendes Bild des Konfliktes zu ermitteln (*fact finding*; Tatsachenermittlung) (vgl. Becker, 2012) und daraus die Konsequenzen für eine angemessene Konfliktaustragung zu ermöglichen.

Die Alternativen zur allzu häufigen Kriegsrhetorik und -politik sind naheliegend: Eine präventive Friedenspolitik, die sich mit der Früherkennung von Konflikten befasst und die sich an den Menschenrechten orientiert. Dabei ist zu berücksichtigen, dass Frieden und Gerechtigkeit in einem erheblichen Spannungsverhältnis zueinander stehen können (Brock, 2010). Sofern Gewalt ausgebrochen ist, bieten sich folgende Schritte an: Waffenstillstand; keine Waffenlieferungen an die Konfliktparteien; eine faire, de-eskalierende Berichterstattung; ungehinderte Bereitstellung humanitärer Hilfe durch das Rote Kreuz und vergleichbare Organisationen (z.B. Roter Halbmond); Verhandlungen mit allen relevanten Konfliktparteien; ggfs. Mediation, bei der versucht wird, die unterschiedlichen Interessen der Parteien auszugleichen; ggfs. Schiedsspruch und/oder gerichtliche Entscheidung. Grundlagen sind eine Konfliktanalyse, bei der u.a. Genese, Ursachen, Interessen, (un-)mittelbar beteiligte Parteien, Möglichkeiten zur Deeskalation und zur gewaltfreien Konfliktaustragung eruiert werden (z.B. Birckenbach, 2012, am Beispiel des Syrien-Konfliktes). Für diese Konzepte gibt es selbstverständlich keine Erfolgsgarantie; wenn wir aber an die üblichen Kriegsfolgen denken, dann sollten sie aus humanitären Gründen sehr viel stringenter umgesetzt werden.

Die Buchkapitel

In Kapitel 1 skizziert Oliver Demny die Geschichte Libyens seit der Revolution 1969. Dabei befasst er sich insbesondere mit der Außenpolitik, der Wirtschaft und der Innenpolitik, u.a. der Opposition. Konfrontiert werden diese Themen mit der spezifischen Ideologie und den Machtdispositiven Oberst Muammar al-Gaddafis.

Hans von Sponeck argumentiert in Kapitel 2, dass die alleinige Zuständigkeit unabhängiger Staaten für innerstaatliche Schutzverantwortung seit der Gründung der UNO immer mehr in Frage gestellt worden ist; Menschenrechte seien wichtiger als nationale Souveränität. Die UNO-Diskussion zu Schutzverantwortung wird ausführlich dargestellt; das Monopolrecht für die Anwendung liege beim UNO-Sicherheitsrat. Nach den problematischen Erfahrungen in der Libyen-Krise und im Libyen-Krieg sei davon auszugehen, dass Schutzverantwortung in naher Zukunft nicht zu einer neuen Norm internationalen Rechts werden wird. Das bedeutsame Konzept – und die damit notwendig zu verbindende verpflichtende Rechenschaft – sollten aber in jedem Fall Teil einer breiteren UNO-Reform-Debatte sein.

Entstehung, Inhalte und Ausführungen der Resolutionen 1970 und 1973 des UN-Sicherheitsrates, die letztlich den Einsatz militärischer Gewalt gegen das Gaddafi-Regime ermöglichten, werden ausführlich und kritisch von Norman Paech in Kapitel 3 diskutiert. Anschließend erläutert er das Konzept Schutzverantwortung und betont ebenfalls, dass eine militärische Anwendung notwendig die Autorisierung des UN-Sicherheitsrats erfordert. Bezogen auf den Libyen-Krieg sieht er einen Missbrauch von Resolution 1973; das humanitäre Mandat sei zu einem Türöffner für einen Krieg kolonialer Prägung benutzt und ein weiteres Vasallenregime etabliert worden.

Kapitel 4 dokumentiert ausführlich ein Streitgespräch zum Konzept Schutzverantwortung mit dem Fokus Libyen. Michael Daxner, ein Befürworter, sieht in Schutzverantwortung eine wichtige Ergänzung des Völkerrechts; Norman Paech bezeichnet Schutzverantwortung als Selbstverständlichkeit, sie sei eine Präzisierung bisheriger UN-Resolutionen sowie Handlungsanweisung für den UN-Sicherheitsrat. Einig sind sich die Diskutanten in der großen Bedeutung der Menschenrechte und in der Verantwortung der UNO, aktiv zu werden, wenn Regierungen nicht bereit oder nicht fähig sind, die Bürger zu schützen und ihnen fundamentale Rechte zu garantieren. Beide Diskutanten betonen zudem, dass Diplomatie und Konflikt-Prävention eine erheblich größere Rolle als bislang spielen müssen und dass militärischer Einsatz – wenn überhaupt – nur als letztes Mittel in Frage komme. N. Paech sieht in der Souveränität von Staaten ein besonders hohes Gut, da sie die letzte und einzige Bastion schwacher Staaten gegenüber den starken Staaten sei. Im Streitgespräch wird eine Reihe weiterer Themen diskutiert, zum Teil mit deutlich unterschiedlichen Positionen; dazu gehören: Jugoslawien-, Afghanistan- und Irak-Krieg, Syrien-Konflikt; Bürger-Kriege; regime change; Waffenexporte; Rolle der Medien; UN-Charta, UN-Generalversammlung und UN-Sicherheitsrat.

Jürgen Wagner argumentiert in Kapitel 5, dass nicht der Schutz der Menschenrechte, sondern ein ganzes Bündel strategischer und ökonomischer Motive für den NATO-Krieg gegen Libyen ausschlaggebend war. Die Motive reichen von dem Interesse, sich des unliebsamen Machthabers Gaddafi zu entledigen über das Bestreben, sich die Ressourcen Libyens – insbesondere das Öl – zu sichern bis hin zu dem Versuch, eine Art Gegenoffensive mit dem Zweck einer Zurückdrängung der arabischen Rebellionen zu starten. Darüber hinaus sollte mit dem Krieg – nach den desaströsen Resultaten der Intervention in Afghanistan – ein neues Rahmenwerk etabliert werden, mit dem NATO-Kriege künftig „erfolgreicher" und „effizienter" durchgeführt werden können; dazu gehören insbesondere Kriegsrechtfertigung und Kriegsführung, aber auch eine neue NATO-Arbeitsaufteilung. Aufgrund verschiedener Faktoren sei es aber unwahrscheinlich, dass dies erfolgreich sei.

Eine ungewöhnliche Perspektive auf den Libyen-Krieg wirft Ulrich Cremer in Kapitel 6. Danach ging es wesentlich um eine Auseinanderwetzung um die Führung in der EU, die zwischen Paris und Berlin ausgetragen werde. Aufgrund der Unterlegenheit in anderen Machtbereichen erscheinen für Paris Kriegseinsätze ein probates Mittel, den französischen Macht- und Gestaltungsanspruch anzumelden. Die Bundesregierung wollte – nach Ansicht Cremers – diesen französischen Führungsanspruch nicht anerkennen und enthielt sich bei der Libyen-Abstimmung im UN-Sicherheitsrat der Stimme in der Annahme, dass der Libyen-Krieg in einem ähnlichen Desaster wie der Irak-Krieg enden und damit Paris schwächen würde. Dies erwies sich als Fehleinschätzung. Schließlich wird die innenpolitische Situation nachgezeichnet: In der Bevölkerung gab es Mehrheiten für die deutsche Enthaltung und Nichtteilnahme am Krieg, die veröffentlichte Meinung dagegen kritisierte die Entscheidung vehement; und die Bundestagsabgeordneten argumentierten bisweilen politisch abenteuerlich.

In Kapitel 7 zeigt Johannes M. Becker auf, dass das neue Bild vom Krieg militärisches Agieren in Krisensituationen im Massenbewusstsein mehr und mehr zu einer tragenden Variante politischen Handelns werden lässt. Die „Verantwortung zu schützen" definiert das Völkerrecht um und erstickt soziale Bewegungen gegen militärische Interventionen. Die Friedensbewegung steht diesen Offensiven gegenüber recht schwach da. Der Libyen-Krieg wird von Interventionisten verschiedenster Couleur als „Sieg" gefeiert. Das Desaster hingegen, das die Kriegführenden angerichtet haben, wird in den Hintergrund gedrängt.

Nach Werner Ruf war Gaddafi eine politisch schillernde Person und in vielen Bereichen schwer berechenbar (Kapitel 8). Vor allem aber war sein Regime für die reaktionären Despotien am Golf eine Herausforderung. Diese und die alten Kolonialmächte Frankreich und Großbritannien waren daher die entscheidenden Akteure für den Sturz Gaddafis. In Libyen ging es – im Gegensatz zu Tunesien und Ägypten – zudem um Öl. Der Krieg gegen Libyen stellt unter dem Vorwand des Schutzes der Menschenrechte die Rückkehr zu neo-imperialistischen Militärinterventionen dar. Zugleich signalisiert er den Aufstieg des Golf-Kooperationsrats zu einem gewichtigen internationalen Akteur, der versucht, islamistische und ökonomisch liberale Regimes in der Region unter seiner Führung zu etablieren.

Die große Bedeutung der Medien im Libyen-Krieg diskutiert Karin Leukefeld in Kapitel 9. Über das Leid der libyschen Bevölkerung im Krieg und durch den Krieg –insbesondere Vertriebene und Tote – werde in führenden westlichen Medien kaum berichtet. Informationen der Rebellen würden hingegen meist als glaubwürdig berichtet. Das eigentliche Zentrum der Berichterstattung sei in westlichen Hauptstädten zu finden; gemeldet werde häufig, was Militär und Politik vorgeben. Die Möglichkeiten von Diplomatie und Verhandlungen würden kaum thematisiert. Wesentliche Aufgaben der Medien – selbst zu recherchieren, Informationen sorgfältig zu überprüfen, Hintergründe aufzuzeigen – werden allzu oft vernachlässigt. Die Probleme betreffen auch den bislang positiv konnotierten katarischen Sender Al Jazeera, der mit Beginn der arabischen Unruhen zu einer einseitigen Berichterstattung übergegangen sei.

In Kapitel 10 zeichnet Gert Sommer zunächst das veränderliche westliche Gaddafi-Bild vor dem Krieg nach; Zitate aus Interviews mit Gaddafi werden mit seinen Bewertungen in westlichen Medien kontrastiert. Ausführlich wird aufgezeigt, dass Rebellen und NATO Verhandlungsbemühungen – insbesondere von Seiten der Afrikanischen Union – keinerlei Chance gaben. Die von westlichen Politikern und Medien behauptete „humanitäre Katastrophe" in Libyen sowie der als „humanitäre Intervention" bezeich-

nete Krieg werden – u.a. anhand von Daten – ebenso problematisiert wie
das Bild von den Aufständischen und die politische Bewertung des Krieges
von westlichen Repräsentanten.

In Kapitel 11 analysiert Gertrud Brücher, dass sich mit dem Libyen-Krieg
die Schutzverantwortung als „gerechter Grund" für militärische Interventionen zu konsolidieren beginnt. Als reine Zweckformel handele es sich
jedoch nicht um überprüfbaren Schutz für die Zivilbevölkerung und um
adressierbare Verantwortung, sondern nur um eine Legitimitätssemantik,
in der die gute Wirkung zur intentionalen Struktur der guten Absicht gehört. Angesichts dieser formalen Struktur erweise sich die Schutzverantwortung als paradoxes Instrument der Friedenssicherung durch Aushöhlung des völkerrechtlichen Gewaltverbots.

Herbert Wulf beschreibt in Kapitel 12 die verschiedenen Phasen der Waffenlieferungen nach Libyen und präsentiert detaillierte Statistiken der Rüstungslieferungen in der jüngsten Vergangenheit. Zahlreiche Regierungen
hatten Libyen vor der NATO-Intervention mit Waffen beliefert; maßgeblich
beteiligt waren einige NATO-Länder (Frankreich, Großbritannien, Italien
und Deutschland), aber auch Russland und China. Die Aufhebung der Waffenembargos der Vereinten Nationen und der EU in den Jahren 2003 und
2004 löste einen regelrechten Run der Rüstungsindustrien auf Tripolis aus.
Gerade die Lieferungen aus Deutschland hatten Tradition – schon 1989
hatte die Lieferung einer Chemiewaffenfabrik nach Libyen international
Kritik an der Bundesregierung ausgelöst. Nach der Beendigung des Krieges und dem Zusammenbruch der Regierung Gaddafi bedienten sich unterschiedliche Gruppierungen aus den Waffenlagern, und zum Teil tauchten
die Waffen anschließend in anderen Konflikten dieser Region auf.

Claudia Kleinwächter zeigt in Kapitel 13 auf, dass Libyen keineswegs ein
„wüster Wüstenstaat" ist, sondern Kulturlandschaften mit einer reichen
Hinterlassenschaft aus mehr als 10.000 Jahren Kulturgeschichte bietet –
fünf davon sind auf der UNESCO-Weltkulturerbe-Liste. Viele libysche
Kulturgüter wurden im Zuge früherer militärischer Aktivitäten auswärtiger
Staaten vor Ort überhaupt erst erschlossen und erforscht. Archäologie und
Politik waren in Libyen stets eng miteinander verbunden, sowohl in der
Phase der italienischen Kolonialarchäologie als auch unter britischer und

französischer Militärverwaltung nach dem Zweiten Weltkrieg und schließlich beim Umgang des Gaddafi-Regimes mit dem kulturellen Erbe. Erfreulich sei, dass die Aufständischen sich in der Hinwendung und im Schutz der Altertümer von der Gaddafi-Ära abgrenzen.

Die Herausgeber bedanken sich herzlich bei Frau Svenja Bends für ihre jederzeit umsichtige technische Betreuung des vorliegenden Bandes. Wir bedanken uns zudem bei Herrn Guido Bellmann vom LIT-Verlag für die gute Kooperation.

Literatur

Becker, Johannes M. und Gertrud Brücher (Hg.). 2002. Der Jugoslawienkrieg. Eine Zwischenbilanz. Münster: LIT-Verlag. 2. Aufl.

Becker, Johannes M. und Herbert Wulf (Hg.). 2008. Zerstörter Irak – Zukunft des Irak? Der Krieg, die Vereinten Nationen und die Probleme eines Neubeginns. Münster: LIT-Verlag.

Becker, Johannes M. und Herbert Wulf (Hg.). 2011. Afghanistan: Ein Krieg in der Sackgasse. Münster: LIT-Verlag. 2. Aufl.

Becker, Peter. 2012. Frieden durch Recht? Die Bedeutung von Facts and Fakes. Wissenschaft & Frieden, 1/2012, S. 11-14.

Birckenbach, Hanne-Margret. 2012. Friedenslogik statt Sicherheitslogik. Wissenschaft & Frieden, 2/2012, S. 42-47.

Brock, Lothar. 2010. Gerechtigkeit und Frieden – Die Tücken einer tugendhaften Verbindung. HSFK-Standpunkte, 10/2010.

Cunningham, Finian. 2011. Libya: New York Times drip feeds truth on NATO's civilian atrocities reporting war crimes AFTER the facts. Ex Post Facto Investigative Journalism by the 'Paper of Record'. http://globalresearch.ca/index.php?context=va&aid=28297.

Haspel, Michael und Gert Sommer. 2004. Menschenrechte und Friedensethik. In Gert Sommer und Albert Fuchs (Hg.). Krieg und Frieden – Handbuch der Konflikt- und Friedenspsychologie. Weinheim: Beltz, S. 57-75.

Hauser, Monika 2012. Kein Frieden ohne Frauen in Afghanistan. Wissenschaft und Frieden, 4/2011, S. 5-6.

Schaller, Christian. 2008. Die völkerrechtliche Dimension der „Responsibility to Protect". SWP-Aktuell, 46.

Sommer, Gert. 2001. Menschenrechtsverletzungen als Legitimationsgrundlage des Jugoslawien-Kosovo-Krieges? In Johannes M. Becker und Gertrud Brücher (Hg.). 2001. Der Jugoslawienkrieg. Eine Zwischenbilanz. Münster: LIT-Verlag, S. 81-92.

Sommer, Gert. 2004. Feindbilder. In Gert Sommer und Albert Fuchs (Hg.). Krieg und Frieden – Handbuch der Konflikt- und Friedenspsychologie. Weinheim: Beltz, S. 303-316.

Wagner, Jürgen. 2011. Risiken und Nebenwirkungen – Neoliberaler Kolonialismus und NATO/EU-Aufstandsbekämpfung im Kosovo. Ausdruck – IMI-Magazin 4/2009, 23-26.

Kapitel 1

GESCHICHTE LIBYENS VON DER REVOLUTION BIS HEUTE

Oliver Demny

Mit den Unruhen und Aufständen zu Beginn des Jahres 2011 wurde die latent gehaltene Vorstellung wieder manifest: Libyen, der Hort des internationalen Terrorismus, beherrscht vom größenwahnsinnigen Oberst Muammar al-Gaddafi. So tauchte dieses nordafrikanische Land zumeist in den Medien auf, und so sehen es in Folge die meisten Menschen. Mehr wissen sie meist nicht. Geschichte, politische, wirtschaftliche und soziale Struktur bleiben hinter der Verteufelung im Unklaren.

Königreich

Vor nunmehr 43 Jahren, im Sommer 1969, fuhr der libysche König Idris I. auf eine Erholungsreise in die Türkei. Nach der Befreiung vom italienischen Faschismus und dem darauffolgenden britischen und für Teile des Südens geltenden französischen Protektorat, war er am 24.12.1951 als Herrscher über das Land von der UN-Vollversammlung eingesetzt worden. Seine Macht gründete er auf traditionelle Autoritätsstrukturen, Stammesführer und auf die Geistlichkeit. Zu dieser Zeit zählte das Land mit seinen ca. eine Million EinwohnerInnen zu den ärmsten und unterentwickeltsten der Welt. Das Pro-Kopf-Einkommen betrug 40 US-$ im Jahr, Unterernährung war weit verbreitet, die AnalphabetInnenrate lag bei 90 %. Die wirtschaftliche Lage war desolat; der Export bestand zu 90 % aus Schrott, der im II. Weltkrieg zurückgelassen worden war.

Ändern sollte sich dies 1955 mit der Entdeckung von Erdöl. Dessen Förderung lag ganz in der Hand ausländischer Unternehmen. Die daraus resultierenden Staatseinnahmen nutzte König Idris jedoch nicht zum Aufbau der Wirtschaft, sondern zu seinem persönlichen Konsum und dem seiner Führungsclique, sowie zum Ausbau des Repressionsapparates.

So stieg das durchschnittliche Pro-Kopf-Einkommen bis 1969 auf 1.000 US-$, jedoch teilten 5 % der Bevölkerung 90 % der Einkommen aus dem Erdölexport (1,175 Milliarden US-$ alleine im Jahr 1969) sowie die

Pachtgebühren für die britischen und US-Militärbasen unter sich auf. Die AnalphabetInnenrate betrug immer noch 78,1 %, es gab 300.000 Elendsbehausungen in den Außenbezirken der Städte und die durchschnittliche Lebenserwartung lag bei 37 Jahren. (Vgl. Eisel o.J., S.129-141.)

Putsch

Am 1. September 1969 putschte der „Bund Freier Offiziere", der 1964 nach ägyptischem Vorbild gegründet worden war und sich seitdem im Geheimen auf die Machtübernahme vorbereitet hatte. Der Putsch verlief unblutig und chaotisch: Es gab Schwierigkeiten bei der Munitionsbeschaffung; teilweise wussten die Einheiten nicht, wo ihre Ziele waren. Aber er verlief erfolgreich, König Idris brauchte aus seiner Kur nicht zurückzukehren.

Der Start des neuen Libyen war verheißungsvoll: Die Bevölkerung begrüßte die Revolution, die mit der Losung: „Freiheit – Sozialismus – Einheit" angetreten war. Zügig wurden sozialpolitische Maßnahmen eingeleitet. Dazu zählten die Subventionierung von Grundnahrungsmitteln, eine kostenlose Gesundheitsversorgung, die Anhebung der Löhne und der Wohnungsbau. Gleichzeitig wurden die sich in ausländischen Händen befindenden Fabriken und Schlüsselindustrien zu mindestens 51 % verstaatlicht. Ziel war wirtschaftliche Autarkie. Die Gewinne aus dem Erdölexport wurden zum Aufbau eigener Raffinerien, einer Tanker- und Transportflotte, sowie in die erdölweiterverarbeitende und Schwerindustrie investiert. In der Landwirtschaft, dem Sorgenkind dieses nur in der Küstenregion über nutzbaren Boden verfügenden Landes, wurde versucht, mit Hilfe künstlicher Bewässerung den Prozess der Versteppung aufzuhalten und Teile der Wüste wieder urbar zu machen. Die USA und Großbritannien mussten endgültig ihre Militärbasen räumen; die Basis Wheelus-Field war die größte US-Luftwaffenbasis außerhalb der USA gewesen (allerdings war der Abzug schon von König Idris eingefädelt worden), und sie wurde nach Frankfurt am Main verlegt.

Die Resultate dieser ganzen Entwicklung sind für ein Land der sogenannten „Dritten Welt" beeindruckend: Bis Ende der 1980er Jahre wurden fast 300 Fabriken errichtet, über eine Million ha Boden neu erschlossen, 300.000 Wohnungen gebaut, die zu der Zeit fast fünf Millionen EinwohnerInnen verfügten nun über ein Pro-Kopf-Einkommen von 6.000 US-$, die AnalphabetInnenrate war auf 36 % gesunken.

Das politische System des Landes war seit der Ausrufung der „Sozialistischen Libysch-Arabischen Volks-Jamahirija" 1977 basisdemokratisch organisiert. Die LibyerInnen fanden sich für drei Sitzungsperioden im Jahr in sogenannten Basisvolkskongressen ein, in denen die anstehenden Probleme, von der Schulpolitik über die Gesundheitsversorgung bis zur Müllabfuhr, diskutiert wurden. Entscheidungen wurden nach dem Konsensprinzip gefällt. Außerdem wurden Delegierte mit imperativem Mandat gewählt, die diese Beschlüsse im nächsthöheren Gremium vertreten sollten. Das oberste Gremium war der Allgemeine Volkskongress, der die Beschlüsse der Basisvolkskongresse zusammenfasste und Gesetze verabschiedete, nachdem diese auf den verschiedenen Gremienebenen bestätigt worden waren. Parteien gab es nicht.

Ideologie

War Libyen angesichts des wirtschaftlichen Erfolgs, daraus erwachsender sozialer Errungenschaften und eines basisdemokratisch organisierten politischen Systems als ein Musterland der Revolution anzusehen? Wohl kaum. Bei näherer Betrachtung treten deutlich die Mängel und Unwahrheiten zutage.

Seine politischen Vorstellungen hatte Gaddafi im „Grünen Buch" (vgl. al-Gaddafi, Muammar. 1980. Das Grüne Buch. Die Dritte Universaltheorie. Tripolis, Public Establishment for Publishing, Advertising and Distribution) zusammengefasst: In dessen ersten Teil („Die Lösung des Problems der Demokratie: ‚Die Volksmacht'. Die politische Basis der Dritten Universaltheorie", 1975) werden auf gerade einmal 36 A5-großen Seiten mit breitem Rand sowohl westlich-kapitalistische repräsentative Demokratien kritisiert, wie auch sozialistische Einparteiensysteme verurteilt. Diesen wird als endgültige Lösung des Problems ein basisdemokratisches System gegenübergestellt, in dem das Volk als Ganzes zum Herrschaftsinstrument werde. Im zweiten Teil („Die Lösung des ökonomischen Problems: ‚Der Sozialismus'. Die ökonomische Basis der Dritten Universaltheorie", 1977) entwarf Gaddafi auf 26 Seiten ein Modell, bei dem Einkommen nur aus eigener Arbeit stammen dürfe. Das Fernziel sei die Abschaffung des Geldes. Beim dritten und letzten Teil („Die soziale Basis der Dritten Universaltheorie", 1979, 45 Seiten) handelt es sich um eine Kombination nationalistischer und biologistischer Gedanken, die die Grundlage für die Beantwortung sozialer Fragen liefern soll. Mit dieser „Universaltheorie" gab Gaddafi vor, nunmehr die Menschheitsfrage nach der Ordnung des gesellschaftlichen Lebens zu beantworten – tatsächlich handelt es sich jedoch um nicht mehr als ein Sammelsurium von Theorieversatzstücken, bei dessen Zusammenstellung Gaddafi sich offensichtlich mal hier und mal dort bedient hatte: im Marxismus, im Anarchismus, im Naturrecht, im Nationalismus, kräftig durchgeschüttelt und das war's. So konnte dieses „Konzept" sowohl Linke als auch Rechte ansprechen. Das „Grüne Buch" wurde und wird in der BRD vom neofaschistischen Bublis-Verlag allein vertrieben – zuletzt in der Neuauflage von 2011[1].

Außenpolitik

International die meiste Aufmerksamkeit erhielt Libyen durch seine Außenpolitik, die oftmals spektakuläre und chaotische Züge annahm. In der Blockfreien Bewegung hatte Gaddafi, getreu seiner „Dritten Universaltheorie", vehement für eine eigenständige Politik in Abgrenzung zu Kapitalismus und Kommunismus plädiert. Dann aber, ohne es ideologisch zu begründen, suchte er enge Kontakte zu Sowjetunion, DDR und Cuba. Ein wichtiger Teil libyscher Außenpolitik Gaddafischer Machart stellten auch seine, mit großem Propagandaaufwand betriebenen, Versuche dar, das Postulat der arabischen Einheit mit Leben zu füllen: in wechselhaften Kombinationen mit Ägypten, Sudan, Syrien, Tunesien, VR Yemen, Algerien, Irak, Iran, Marokko und der PLO. Allerdings scheiterten alle diese Ansätze konstanter Wirtschaftsverbünde und Staatenföderationen mehr oder weniger kläglich sowohl an Gaddafis Führungsanspruch als auch – ganz banal – an fehlenden Interessensüberschneidungen. Zudem opferte Gaddafi andere Komponenten seiner Ideologie für kurzzeitige, lediglich auf dem Papier existente Verwirklichungen von Föderationsprojekten. So wurde die Doktrin der Unterstützung von Befreiungsbewegungen für die Föderation mit Marokko 1984 aufgegeben; Gaddafi stellte damals die Unterstützung der POLISARIO ein.

---

[1] vgl. http://www.bublis-verlag.de/contents/de/d183.html#p12, letzter Zugriff: 19.02.2012

Die Unterstützung betraf so unterschiedliche Gruppen wie die nordirische IRA, die baskische ETA, die philippinische MILF, das American Indian Movement und die Nation of Islam aus den USA, die südwestafrikanische SWAPO, Teile der PLO und Staaten wie Grenada, Nicaragua und El Salvador. Diese Unterstützung bestand zumeist nur aus Worten, manchmal aus Geld, seltener aus Waffen, konnte aber auch die Ausbildung von Kämpfern in den eigenen Ausbildungscamps bedeuten.

Militärisch engagierte sich Libyen in Uganda (1978 – 1979) und vor allem im Tschad, wo libysche Truppen mehrfach in den Bürgerkrieg intervenierten (1980 – 1981, 1983 – 1984, 1986 – 1987), bis sie Ende März 1987 vernichtend geschlagen wurden und die Überreste der Einheiten panisch das Land verließen. (Vgl. Vrabl 2008, S. 26-59.)

Diese Engagements brachten Libyen das Missfallen und eine Blockade- und Boykottpolitik des Westens ein. Im Rahmen dieser Maßnahmen initiierten die USA im Mai 1978 ein Embargo auf militärische Güter, was auch Elektronikteile und Landwirtschaftsausrüstungen beinhaltete. Im Jahr darauf setzte die US-Regierung Libyen auf ihre Liste der terrorunterstützenden Staaten. Libysches Öl wurde 1981 mit einem weiteren Embargo belegt, 1986 wurde der gesamte Handel zwischen den USA und Libyen untersagt. Eine Verschärfung dieser Konfrontation erfolgte von Seiten der USA durch militärische Operationen: Das Bombenattentat auf die Berliner Diskothek La Belle (5.4.1986), welche stark von US-Soldaten frequentiert wurde, schrieb man Gaddafis Befehlen zu. Im selben Jahr flog das US-Militär Luftangriffe auf Tripolis und Benghazi. Der damalige stellvertretende US-Außenminister sollte den Regierungen der europäischen Verbündeten die Maßnahmen erläutern und sie zur Beteiligung an den wirtschaftlichen Sanktionen auffordern. Diese wollten aber zu Anfang nicht mitziehen, so beschloss die europäische Gemeinschaft zunächst nur administrative Sanktionen im Gegensatz zu den wirtschaftlichen der USA. Auch in den folgenden Jahren schwankte die Umsetzung. Zwischendurch erlaubte US-Präsident Reagan 1989 fünf US-amerikanischen Ölfirmen, ihre Geschäfte mit Libyen wieder aufzunehmen; im gleichen Jahr hob Frankreich zwischenzeitlich sogar das 1983 verhängte Waffenembargo auf. Auf der anderen Seite trat die im April 1992 von der UNO verhängte Luftverkehrsblockade in Kraft, im November 1993 wurden libysche Auslandskonten eingefroren und die Ersatzteillieferung für die Erdölindustrie eingestellt.

Der Hintergrund war der Anschlag auf eine Boeing 747 mit 270 Toten, die am 21.12.1988 über dem schottischen Ort Lockerbie durch eine Bombe explodiert war. Dieser Anschlag wurde Libyen zugeschrieben.

Ende der 1980er Jahre begann Gaddafi – nicht zuletzt aufgrund immenser wirtschaftlicher und dadurch induzierter innenpolitischer Probleme – langsam und dann schneller mit Kurskorrekturen, wenn nicht mit Kursänderungen.

Gaddafi suchte den Abbau alter Feindschaften und eine Annäherung an die Nachbarländer. Ein erster Erfolg bestand in der Gründung der Maghreb-Union (10.06.1989), welche auf regionale Kooperation setzte. Allerdings vernachlässigte er bei seiner Bündnissuche den alten Schwerpunkt der arabischen Region und wandte sich den afrikanischen Staaten zu. Die Organization of African Unity (OAU) stellte sich in den Zeiten der US-Sanktionen und der UN-Resolutionen immer mehr hinter Libyen. Burkina Faso, Gambia, Mali, Niger, Südafrika und der Tschad brachen schon 1996 das Flugverbot, und ihre Staatschefs kamen auf Staatsbesuch. Auf dem Gipfel der OAU 1997 beschloss die OAU generell, das Flugverbot nicht mehr beachten zu wollen.

Als der Internationale Gerichtshof (IGH) 1998 Libyens Klage nachkam und den Prozess gegen die beiden libyschen Verdächtigen an dem Lockerbie-Anschlag auf „neutralem Boden" und nach schottischem Recht anordnete, folgte Libyen bis 2003 den weiteren Forderungen der UN-Resolutionen, was zur Aufhebung der Sanktionen führte und somit zur formellen Beendigung der außenpolitischen Isolation hinsichtlich des Westens. So kam es z.B. am 15. Mai 2006 zur Wiederaufnahme der diplomatischen Beziehungen mit den USA. Mit europäischen Staaten kam es auch wieder zu Vertragsabschlüssen über Waffenlieferungen. Als erstes afrikanisches Land arbeitete Libyen intensiv mit der EU bei der Bekämpfung der sogenannten illegalen Einwanderung zusammen. Viele Menschen aus Afrika nutzten Libyen als Sprungbrett nach Europa. Die EU strebte ein Abfangen dieser Flüchtlinge bereits auf afrikanischem Boden an, wo sogenannte Aufnahmezentren für AsylbewerberInnen geschaffen werden sollten. Im Gegenzug zu den Waffenlieferungen sollte Libyen als eine solche vorgezogene Bastion dienen. (Vgl. Vrabl 2008, S. 106, 107, Werenfels 2008, S. 19, 32.)

Die Stimmung war also wieder gut. Shaking hands waren in den Medien zu sehen, man wollte wieder mit Gaddafi gesehen werden: Tony Blair besuchte 2004 und 2007 Libyen, Silvio Berlusconi kam allein 2004 vier mal, im gleichen Jahr Jaques Chirac und Gerhard Schröder und 2008, als erster russischer Präsident, Wladimir Putin.

Wirtschaft

Nach den ersten erfolgversprechenden Jahren befand sich Libyen wirtschaftlich in den 1980ern in einem desolaten Zustand. Eine Ursache für die Talfahrt lag in den sinkenden Erdöleinnahmen. Der kontinuierliche Fall der Erdöleinnahmen von 22,6 Milliarden US-$ 1980 auf 5,5 Milliarden US-$ 1987 hatte für einige staatliche Vorhaben Verzögerungen, wenn nicht gar ihren Abbruch, zur Folge. Zur Effizienzsteigerung der Wirtschaft verordnete die Regierung zu diesem Zeitpunkt eine Liberalisierung: Wiederzulassung privaten Handels (der zuvor als ausbeuterisch gebrandmarkt und verboten worden war), Aufhebung des staatlichen Importmonopols und Beginn von Privatisierungen. Visuell schlug sich dies nieder in der Wiedereröffnung des großen Souk von Tripolis.

Neben dem Ölpreisverfall und den immensen Rüstungsausgaben (12 Milliarden US-$ in den Jahren 1979 bis 1983) war die Blockade- und Boykottpolitik des Westens eine Ursache der Misere. Allerdings stieß in Europa die US-amerikanische Boykottpolitik nicht auf großes Entgegenkommen, da hier bedeutende wirtschaftliche Interessen berührt waren. So ist Libyen bis heute nach Russland der wichtigste nicht-europäische Öllieferant Europas und der drittwichtigste der BRD, die nach Italien die zweitgrößte Handelspartnerin ist. Das hat zum einen historische Gründe. ARAL, als einziger deutscher Ölkonzern, bezog schon immer einen Großteil seines Öls aus Libyen, welches qualitativ sehr hochwertig ist (geringer Schwefelanteil) und nur einen kurzen Transportweg über das Mittelmeer hat. Außerdem ließ es sich aufgrund der gesunkenen Nachfrage durch das Importverbot der USA preisgünstig einkaufen. Gleichzeitig exportierte die BRD Fertigwaren, Maschinen, Fabrikationsanlagen und High-Tech nach Libyen. Und es gab noch andere Unterstützung: So bildete das BKA libysche Polizisten aus (etwas, was sich 2006 wiederholen sollte, als Veteranen der Bundeswehr und der GSG9 libysche Spezialkräfte trainierten). Die Stringenz der Sanktionen hing somit von den verschiedenen politischen Interessen

und Profitmöglichkeiten der jeweiligen westlichen Regierungen ab, und
die BRD profitierte erheblich vom US-Embargo. Ohnehin ist für Geld auf
dem internationalen Markt eigentlich alles zu haben – trotz Embargo. Das
beweisen die High-Tech-Lieferungen nach Rabta, ganz gleich ob diese für
eine Chemiewaffen- oder eine Pharmafabrik verwendet wurden.

Die Hauptursache der wirtschaftlichen Dauerkrise Libyens lag jedoch in-
tern an Fehlplanungen und Misswirtschaft. Als typischer Fall gilt das Ei-
sen- und Stahlwerk in Misuratha. Ausgelegt auf eine Kapazität von 1,3
Millionen Tonnen wäre es nur für eine größere nordafrikanische Wirt-
schaftsintegration sinnvoll gewesen, obwohl beim damaligen Weltmarkt-
preis selbst dann noch Probleme der Vermarktung aufgetreten wären. So
stellt das Werk von Misuratha ein Beispiel für den Versuch dar, ein indu-
striell unterentwickeltes Land durch modernste und groß dimensionierte
Technik in die Zukunft und die Unabhängigkeit zu katapultieren. Vernachlässigt wurden dabei die Grundlagen: Es fehlten Grundstoffe für die Produktion und es mangelte an Infrastruktur, mit der Folge, dass die Fabriken
nur zu 50 % ausgelastet waren.

Ähnliche Fälle von überdimensionierten Großprojekten lassen sich in jedem Sektor finden. So sind zwar in der Landwirtschaft zwischenzeitlich
gute Ergebnisse erzielt worden: Über 1 Million ha Boden wurde bis 1988
neu erschlossen sowie dessen künstliche Bewässerung zum Teil gesichert.
Das Ziel der Autarkie in der Lebensmittelversorgung wurde jedoch nicht
erreicht. Wirtschaftlich erwies sich etwa der ehrgeizige Versuch, die Wüste nicht nach und nach von der Küstenregion ausgehend, sondern aus ihrer trockenen Mitte heraus landwirtschaftlich ur- und nutzbar zu machen,
schnell als Fehlschlag. Die dazu erforderliche immense künstliche Bewässerung führte zu extremer Verteuerung der Produkte. Auch wollten sich nur
wenige BäuerInnen in den neu geschaffenen Höfen und kleinen Muster-
siedlungen in der Wüste ihr Heim suchen und dort siedeln.

Ein anderes fragwürdiges Großprojekt ist der „Great Man-Made River".
Das Problem der Wasserknappheit sollte mit diesem „künstlichen Fluss"
gelöst werden. Täglich sollten, so der 1983 gefasste Plan, 5,68 Millionen
Kubikmeter Wasser aus den riesigen unterirdischen Seen der südlichen Sahara über eine 2.000 km lange Pipeline in die Küstenregion gepumpt werden. Auf einer eigens geschaffenen Trasse wurden 250.000 Zementrohre

von je 7,5 Metern Länge und 4 Metern Durchmesser verlegt. Der erste Bauabschnitt wurde 1989 fertiggestellt und pumpte Wasser in die östliche Küstenstadt Benghazi; der zweite Abschnitt wurde 1996 fertiggestellt und versorgt die Region um Tripolis bzw. überflutete durch das Platzen mehrerer Hauptleitungen gleich im September 1996 große Teile der Stadt; 2005 folgte der dritte und letzte Teil für das östlich-zentrale Libyen. Die Kosten waren horrend – bis zu einem Drittel der Erdöleinnahmen. (Vgl. Vrabl 2008, S. 95, 96.)

Geleitet wurde das Projekt von einem Konzern aus Südkorea, die geologischen Untersuchungen hatte eine britische Firma unternommen, die Arbeiter kamen von den Philippinen, aus Vietnam und Bangladesch. Auch der benötigte Stahl war nicht im eigenen Land hergestellt worden, da der Stahl aus Misuratha eine zu schlechte Qualität hatte. Lediglich in der Projektüberwachung und der Verwaltung arbeiteten Libyer.

Von ägyptischer Seite wurde kritisiert, dass die ökologischen Folgen des Abpumpens der unterirdischen Seen nicht genau genug untersucht worden seien – befürchtet wurden die weitreichenden Folgen eines Absinkens des Grundwasserspiegels der Sahara. Die Frage ist auch, ob nicht die Investitionssumme in andere Wassergewinnungs- und -aufbereitungsanlagen besser angelegt gewesen wäre. Aber immerhin wurden durch dieses Projekt 500.000 ha Anbaufläche für Getreide und 200.000 ha Weideland geschaffen.

Auch kleiner Projekte kamen nicht so recht ans Laufen: eine Waschmaschinenfabrik, die für eine Kapazität von 18.000 Stück ausgelegt war, produzierte gerade einmal 289 Geräte.

Aber: Ende der 1990er Jahre boomte die Wirtschaft wieder. Die Hauptursache lag im Anstieg des Ölpreises. Betrugen die Einnahmen 1998 noch 6 Milliarden US-$, so lagen sie in den drei folgenden Jahren jeweils bei 11 Milliarden US-$. Diese wurden größtenteils nicht in die heimische Wirtschaft, sondern im Ausland investiert. Aber Investoren interessierten sich auch wieder für Libyen. Die Erdölförderung sollte ausgebaut werden. Interessanterweise wurden dabei US-amerikanische Konzerne bevorzugt. Im Januar 2005 wurden 11 von 15 neuen Explorations- und Produktionsabkommen mit ihnen abgeschlossen.

Allerdings schaffte es Libyen bis ins neue Jahrtausend hinein nicht, eine relevante Wirtschaft neben dem Erdölsektor aufzubauen: Der Erdöl- und Erdgassektor brachte 97,9 % der Exporterlöse und machte damit 78,7 % des Bruttoinlandprodukts aus (2006, also nach Aufhebung der Sanktionen), während die übrige Industrie und die Landwirtschaft dagegen marginal erscheinen. Die Wirtschaft krankt somit an ihrer Unausgewogenheit.

Dies hat auch eine Ursache in der Bildungsstruktur. Libyen hat es bis heute nicht geschafft, eine relevante eigene technologische, wirtschaftliche und wissenschaftliche Intelligenz auszubilden. 1969 hatte es lediglich 3.460 Studierende im ganzen Land gegeben. Der dann beginnende Prozess des Aufbaus der Intelligenz verlief brüchig. Wenn arabische Fachliteratur kaum verfügbar ist, englisch- und französischsprachige Bücher nach dem US-Bombenangriff 1986 verbrannt wurden, Schreibmaschinen aus Angst vor konterrevolutionären Flugblättern an den Universitäten in den 1980er und 1990er Jahren zwischenzeitlich verboten waren, so ist das für eine Ausbildung kaum förderlich. Die technische Intelligenz kam größtenteils aus den westlichen Industrienationen, so dass sich die Fabriken bis heute quasi immer noch in ausländischer Hand befinden.

LibyerInnen waren zumeist im administrativen und repräsentativen Bereich beschäftigt. Der Dienstleistungsbereich war enorm aufgebläht. 2005 wurde Michael Porter, Harvardökonom und ein früherer Berater Reagans, offiziell eingeladen und untersuchte die Wirtschafts- und Sozialstruktur. Gerade ein mal drei Prozent der Bevölkerung erwirtschafteten 60 % des Bruttosozialproduktes, während über 50 % der LibyerInnen im Dienstleistungssektor arbeiteten und dort nur 9 % des Bruttosozialproduktes erwirtschafteten. Die ca. eine Million Angestellten im Öffentlichen Dienst kosteten beträchtliche Teile des Staatshaushalts.

Es verwundert nicht, dass die Platzierung Libyens bei der Heritage Foundation hinsichtlich der Wettbewerbsfähigkeit sehr schlecht war und bei Platz 155 von 157 klassifizierten Ländern (2007) lag. Eine ähnlich schlechte Platzierung gab es auch auf dem Global Corruption Perceptions Index von Transparency International mit Platz 131 von 179 (2007). Damit bekam Libyen die schlechteste Einstufung unter den arabischen Staaten. Viele staatliche Dienstleistungen waren nur durch Bestechung erhältlich, Geschäfte ausländischer Firmen nur durch Schmiergelder möglich.

Doch wer arbeitete in Libyen? Viele der für die LibyerInnen unangeneh-
men Arbeiten wurden von den fast zwei Millionen Afrikanern und Arabern
aus anderen Staaten verrichtet, die zudem regelmäßig Opfer rassistischer
Diskriminierungen und Ausschreitungen wurden.

Die Einnahmen aus dem Erdölexport brachte der einheimischen Bevölkerung ein relativ hohes Pro-Kopf-Einkommen von 12.848 US-$ (im Ver-
gleich Algerien: 7.747 US-$, Ägypten 4.895 US-$, alle Zahlen von 2006
in Kaufkraftparitäten). Der Reichtum war in Libyen zudem relativ egalitär
verteilt. Libyen galt als Rentiersystem.

Insgesamt gesehen ging es den Libyern nicht schlecht. Beim Human Development Index (HDI) der Vereinten Nationen schnitt Libyen mit Platz
56 von 177 (2007) wesentlich besser ab als alle Nachbarstaaten. Und auch
international gesehen ist diese Plazierung gar nicht so schlecht. Aber wie
schon das Beispiel der DDR und ihrer im internationalen Vergleich recht
guten Werte zeigte, sagt dies nichts über den subjektiv empfundenen Lebensstandard aus. Gerade junge LibyerInnen – und Libyen hat eine der
jüngsten Bevölkerungen unter den arabischen Staaten: ein Drittel ist jün-
ger als 15 Jahre – empfanden ihren Lebensstandard als recht niedrig. Sie
verglichen ihn auch nicht mit denen der umliegenden Staaten, sondern mit
denen der Golfstaaten. Das Leben ohne Armut bedeutet noch nicht (wenn
mensch sich an kapitalistischen Normvorgaben orientiert) ein gutes Le-
bensgefühl. In den Städten fehlten die Shopping- und Unterhaltungsmög-
lichkeiten. Und was sollten die jungen LibyerInnen bei einer Arbeitslosenquote, die Schätzungen zufolge zwischen 30 und 65 % lag, den ganzen Tag
(und die Nacht) über machen? Laut libyschen Sozialwissenschaftlern war
der Begriff faragh (Leere) unter ihnen weit verbreitet. Und Arbeitsplätze aufgrund neuer boomender Wirtschaftszweige waren in der Jamahirija
und sind wohl auch heute noch nicht in Sicht. (Vgl. Vrabl 2008, S. 60-68,
Werenfels 2008, S.16-19.)

Innenpolitik

Wie in der Ökonomie, so kam es auch bei den innenpolitischen Strukturen
zu Diskrepanzen bei der Umsetzung der Ansprüche. Zwar bestanden ba-
sisdemokratische Institutionen, die Volkskongresse fällten tatsächlich Entscheidungen, Gaddafi hatte seit Jahrzehnten kein offizielles Regierungs-

amt inne, und es bestand keine formelle autokratische Herrschaftsstruktur, informell jedoch lag die Machtzentrierung bei der Person Gaddafi. Trat er am Anfang im „Bund Freier Offiziere" noch als Gleicher unter Gleichen auf, so veränderte sich dies in den folgenden Jahren, und er nahm die maßgeblichen staatlichen Führungspositionen ein. Nach dem Putsch gehörte er dem Revolutionären Kommandorat an. Mit dessen Auflösung 1977 wurde er Generalsekretär des allgemeinen Volkskongresses und somit Staatsoberhaupt. Zur Durchsetzung seiner Herrschaft wurden die sogenannten Revolutionskomitees gegründet. Mit dem offiziellen Auftrag, „das Volk mit revolutionärer Leidenschaft zu erfüllen" (zitiert bei Eisel o.J., S. 168), fungierten sie faktisch als Gesinnungspolizei, die mit immensen Rechten (militärische Bewaffnung, willkürliche Verhaftungen, Abhaltung von Revolutionstribunalen) ausgestattet und mit gesellschaftlichen Privilegien versorgt wurden. Ende der 1980er Jahre änderte sich diese Form der Herrschaftsausübung; die Revolutionskomitees wurden weitgehend entmachtet, und Gaddafi trat von seinen offiziellen politischen Ämtern zurück. Bereits 1979 hatte er die Trennung von Revolution und Herrschaft proklamiert und war als Generalsekretär zurückgetreten – gleichzeitig ließ er sich jedoch damals zum „Revolutionsführer" küren. Von seinem militärischen Amt als oberster Befehlshaber der Streitkräfte trat er nicht zurück. 1990 wurde er „Oberster Führer", der – so die Staatspropaganda – die „revolutionäre Legitimität" verkörpere. „Die Vorschläge, die vom Führer der Großen Al-Fatih-Revolution, dem Bruder Muammar al-Gaddafi, kommen, sind folglich Befehle, und es ist ein Muss, sie auszuführen", legte der Allgemeine Volkskongress auf seiner Sitzung im März des Jahres per Gesetz fest (zitiert bei Eisel o.J., S. 206). Damit war endgültig der Wechsel von formeller zu charismatisch-informeller Herrschaft vollzogen.

Gaddafis „Vorschläge" wurden also von den Basisvolkskongressen lediglich beschlossen, so dass Herrschaft nicht als Herrschaft erschien, sondern als „Volksentschluss". Diese Struktur war aber zu allen Zeiten tendenziell brüchig. Ihre Legitimation hing immer von der Bedürfnisbefriedigung dieses „Volkes" ab. So korrelierte die Beteiligung an den Basisvolkskongressen mit der wirtschaftlichen Konjunktur und damit, ob Gaddafi mit seinen Ideen die Stimmung traf oder unpopuläre Ziele, wie z.B. den Krieg im Tschad, verfolgte.

Die teilweise Entmachtung der Revolutionskomitees bedeutete aber nicht ein Ende der Repression. Erstens waren sie nicht vollends aufgelöst worden und übten eben immer noch eine gewisse Macht aus. Zweitens waren ihre Revolutionsgerichte zwar abgeschafft, aber es waren seit 1988 neue Volksgerichte geschaffen worden, die ebenfalls außerhalb der restlichen Judikative standen und sich nicht an bestehende Gesetze halten mussten.

Eine weitere Strukturverschiebung bedeutete die Veränderung der Basisvolkskongresse; auf ihrer Grundlage wurden ab 1994 politische und soziale Kommandanturen geschaffen, die von Stammesführern, Armeeoffizieren und regionalen Prominenten bekleidet wurden. Es wurde also eine Machtverlagerung vollzogen, die regimetreue Stämme und Personen begünstigte und die anderen ins Abseits zu schieben und zu entmachten versuchte. Eine ähnliche Verschiebung wurde in der Armee durchgeführt, die in Volksbrigaden, Revolutionsgarden und Sicherheitsbrigaden umgruppiert wurde. (Vgl. Vrabl 2008, S. 17-22, 91-93, 99, 100, Werenfels 2008, S. 12, 13.)

Opposition

Eine relevante politisch organisierte Opposition existierte lange nicht. Zwar formierten sich Bewegungen im Exil, in den USA, Großbritannien und in Ägypten – diese waren jedoch klein und hatten keinen Rückhalt in der Bevölkerung. Sie waren eher den Bemühungen verschiedenster westlicher Geheimdienste geschuldet. Im Land hat es immer wieder Anschläge auf Institutionen und auch auf Gaddafi selbst gegeben, jedoch gingen diese von Einzelpersonen und kleinen Gruppen aus (z.B. wurde Gaddafi auf einer kulturellen Veranstaltung von einem Tänzer mit dessen Schwert angegriffen) oder von Teilen des Militärs, die mehrfach versuchten zu putschen. Oppositionelle islamische Bewegungen, die in den anderen nordafrikanischen Staaten Einfluss und Macht gewonnen haben, waren in Libyen von Beginn der Revolution an ins politische Abseits geschoben worden. Religion war zur Privatsache erklärt worden, die Imame duften sich in der Freitagspredigt nur zu außerweltlichen Fragen äußern. Die religiösen Stiftungen wurden staatlicher Aufsicht unterstellt. Gleichzeitig berief sich die Jamahiriya auf den Koran und sorgte in der Verbindung mit der „Dritten Universaltheorie" für eine Ersatzideologie. Radikale Islamisten wurden verfolgt. Insbesondere in den Jahren 1990/91 agitierte Gaddafi vehement und erfolgreich gegen die, so seine Worte, „islamistische Gefahr". Es war mehrfach zu gewaltsamen Konfrontationen zwischen militanten Islamisten und Sicherheitskräften gekommen. Ab 1995 bis 1998 kam es dann primär im Osten des Landes regelmäßig zu Guerillaaktionen bewaffneter Gruppen, darunter ein misslungener Anschlag auf Gaddafi. Diese Gruppen wurden weitgehend erfolgreich verfolgt, viele ihrer Mitglieder getötet oder inhaftiert. Aber: Ein Indiz für die schwellende Bedrohung durch diese Gefahr ist der hohe libysche Anteil von im Irak gegen die USA kämpfender ausländischer Islamisten (2007: 18 %).

Ein anderer Gefahrenpunkt für das Regime war die hohe Unzufriedenheit unter Jugendlichen und jungen Erwachsenen. Seit 2006, als es im Februar in Benghazi zu den größten Krawallen seit Jahren gekommen war, bei denen Büros staatlicher Einrichtungen angezündet, staatliche Hoheitszeichen und Symbole, darunter auch Porträts von Gaddafi, verwüstet wurden, kam es in den folgenden Jahren immer wieder zu Kundgebungen und Sabotageakten gegen das politische System. (Vgl. Vrabl 2008, S. 13, 22-25, 96-98, Werenfels 2008, S. 15, 16, 19, 20, 24, 25.)

Machtverschiebungen

Gaddafis zweitältester Sohn Saif al-Islam al-Gaddafi verkörperte den systemimmanenten Reformflügel innerhalb Libyens Elite. Auch er besaß kein offizielles politisches Amt, aber als Gründer der Gaddafi-Stiftung für Entwicklung vermittelte er zwischen ausländischen Regierungen und Firmen, libyschen Offiziellen, Regimekritikern und seinem Vater. Er genoss internationale Aufmerksamkeit als möglicher Transformator des Systems. In seiner Programmatik „Zusammen für das Libyen von morgen" lassen sich solch markige Sätze lesen wie „Von Maos China zu Lee Kuan Yews Singapur" oder „Von der Revolution zum Staat, vom Revolutionären zum Nationalen, vom Internationalismus zu Libyen". Gemeint waren Reformen wie die schrittweise Umwandlung der Staats- in eine Marktwirtschaft, die damit einhergehende Etablierung klarerer Spielregeln im politischen, juristischen und ökonomischen System. Konkreter wird dies mit Sätzen wie „Von der Revolution [...] zur Bildungsrevolution" und „Vom Verbot der englischen Sprache zum Unterricht der englischen Sprache" (alle Zitate aus: Werenfels 2008, S. 29). Ohne die Voraussetzungen der Bildung einer einheimischen Intelligenz im technischen und ökonomischen Bereich wären politische und wirtschaftliche Reformen nicht möglich.

Dieser Reformflügel stieß auf den Widerstand der alten Garde, die sich gegen Veränderungen wehrte. Ihren Rückhalt hatte diese alte Garde insbesondere im Verwaltungs- und Sicherheitsapparat. Es wurde vermutet, dass zwei andere Söhne Gaddafis, Mutasim Billah al-Gaddafi (Befehlshaber der Präsidentengarde, Berater des Nationalen Sicherheitsrates) und Saadi Muammar al-Gaddafi (Befehlshaber der Spezialeinheiten), zu dieser Fraktion gehörten.

Unzufriedene Jugendliche und junge Erwachsene, Modernisten und Reformer versus alte Garde, erstarkende Islamisten, Stammesführer, die sich von den Rentierleistungen nicht genügend berücksichtigt sahen – all dies schuf eine Melange, die ab Mitte Februar 2011 zu Aufständen und einem Bürgerkrieg führte. Am 20. Oktober 2011 wurde Gaddafi getötet.

Literatur

Eisel, Renate. Ein Horizont voller Geheimnisse. Libyen, Chronik der Geschichte Libyens und Reiseberichte von 1908 bis 1985 (ohne Jahresangabe, früher Bezug über iz3w, Freiburg)

Operschall, Christian und Charlotte Teuber, (Hg.). 1987. Libyen. Die verkannte Revolution? Wien, Promedia.

Vrabl, Andreas. 2008. Libyen: Eine Dritte Welt – Revolution in der Transition. Diplomarbeit, Universität Wien. http://othes.univie. at/846/1/2008-07-30_9951900.pdf, letzter Zugriff: 14.02.2012

Werenfels, Isabelle. 2008. Qaddafis Libyen. Endlos stabil und reformresistent? SWP-Studie, Berlin, Stiftung Wissenschaft und Politik, Deutsches Institut für Internationale Politik und Sicherheit. http://www. swp-berlin.org/fileadmin/contents/products/studien/2008_S07_ wrf_ks.pdf, letzter Zugriff: 14.02.2012

Kapitel 2

INTERNATIONALE SCHUTZVERANTWORTUNG – DER LANGE WEG DER UNO VOM KONZEPT ZUR NORM

Hans-C. von Sponeck

Die Staatengemeinschaft ist seit der Gründung der UNO im Jahre 1945 durch 51 erstunterzeichnende Staaten in 67 Jahren auf 193 Länder angewachsen. Der Süd-Sudan wurde 2011 das jüngste Mitglied der Vereinten Nationen. Schnell ist das neue Land aufgenommen worden. Die im Augenblick Mächtigen wollten es so. Palästina und andere Territorien müssen weiterhin warten. Mitgliedschaft bedeutet Akzeptanz der UNO-Charta und eines Netzwerkes von verpflichtenden Pakten, Konventionen und anderen internationalen Vereinbarungen.[1]

Das UNO-Charta-Recht wurde mit dem Ziel geschaffen, weltweite Sicherheit zu wahren", „wirksame Kollektivmaßnahmen zu treffen" und „internationale Streitigkeiten vornehmlich mit friedlichen Mitteln beizulegen".[2] An vielen Stellen erinnert die UNO-Charta immer wieder an die *Souveränität* der Mitgliedsstaaten. Für die große Zahl der im letzten Jahrhundert unabhängig gewordenen Kolonien und Territorien sind diese Hinweise im UNO-Charta-Recht von grundlegender Bedeutung. Unabhängigkeit heißt hier, dass Geschehen im eigenen Land ohne Einmischung anderer Staaten oder der UNO gestalten zu können. Wie wichtig dieser Souveränitätsstatus geblieben ist, zeigt sich darin, dass Mitarbeiter ausländischer Vertretungen immer wieder des Landes verwiesen werden, weil sie sich angeblich in die „internen" Angelegenheiten ihres Gastlandes „eingemischt" haben.

Die UNO hat bis Ende des 20. Jahrhunderts die alleinige Zuständigkeit der Mitgliedsstaaten für inner-staatliche Entwicklungen nicht ernsthaft in Frage gestellt. Schlüsselresolutionen des UNO-Sicherheitsrats, wie zum Beispiel für den Irak unter Saddam Hussein in den Jahren des Militärembargos und der Wirtschaftssanktionen, oder bezüglich Libyens in der Endphase

---

[1] z.B. UNO-Pakte für zivile, politische, wirtschaftliche, soziale und kulturelle Rechte und Frauen, Kinder, Folter, Landminen Konventionen der UNO

[2] UNO-Charta, Kapitel 1 (1)

der Herrschaft von Muammar Gaddafi haben immer wieder gezielt an die
Souveränität dieser beiden Staaten erinnert. [3]

Souveränität der Staaten ist bis heute ein Grundpfeiler internationaler Beziehungen geblieben. Staaten, die normale politische Kontakte auf bi- und
multi-lateralen Ebenen unterhalten, gehen davon aus, dass ihre Souveränität nicht angezweifelt wird. Aus Sorge, dass ihre Unabhängigkeit gefährdet
ist, verlangen Regierungen, die innen- oder außen-politischen Krisen ausgesetzt sind, von der Außenwelt, dass ihre staatliche Souveränität geachtet
wird. Beispiele hierfür gibt es aus allen Teilen der Welt, in Asien (Iran und
Pakistan), in Afrika (Eritrea und Somalia), in Lateinamerika (Peru und Ve-
nezuela) und in Europa (Mazedonien und Ukraine).

Die politische Debatte im UNO-Sicherheitsrat geht weiterhin davon aus,
dass nationale Souveränität bedeutet, dass betroffene Regierungen zunächst Erstentscheidungsbefugnisse in Anspruch nehmen dürfen. Viele Staaten, besonders solche mit komplexen ethnischen oder religiösen
Strukturen und großen Arm-Reich-Unterschieden, hüten besorgt diese
Vorgehensweise. Sie wissen, dass nach den Jahren der Unabhängigkeits-
Euphorie im vergangenen Jahrhundert, zwischen-staatliche Konflikte
immer mehr inner-staatlichen Konflikten gewichen sind.[4] Internationale
Schutzverantwortung, so wird argumentiert, beziehe sich auf *internationales* Recht [5] und habe nur mit *internationaler* Sicherheit zu tun. Nationale
Auseinandersetzungen seien somit interne Angelegenheiten. Je mehr inn-
ner-nationale Konflikte entstanden und inter-staatliche Konfrontationen
abnahmen, je lauter wurde dennoch der Ruf nach einer neuen Orientierung
der Begriffe *Souveränität* und *Schutzverantwortung.*

Dies ist ohne Frage eine positive und nicht überraschende Entwicklung.
Einer restriktiven Definition in den Jahren der Unabhängigkeitsbewegun-
gen folgte die Zeit, in der das Konzept des „zerfallenen" Staates (*failed
state*) und die daraus resultierende Frage der Verantwortung der Völker-

---

[3] siehe Irak Resolutionen 687 (1991), 1284 (1999), 1441 (2002) und Libyen-Resolutionen
      1970 (2011) und 1973 (2011)

[4] seit den frühen 1950er Jahren bis Mitte der 1990er Jahre stieg die Zahl interner
      Konflikte steil an – siehe Tabelle in „Wars 1946-2002", Department of Peace and
      Conflict Research, Uppsala University and International Peace Research Institute, Oslo
      (UN/A59/565, Seite 17) Dezember 2004

[5] siehe UNO-Charta, Kapitel V, Artikel 24 (1)

gemeinschaft zu wichtigen Themen wurden. In den frühen 1990er Jahren erhoben sich dann Stimmen, die in gescheiterten Staaten ernste Gefahren für die internationale Sicherheit sahen und meinten, dass sich dadurch eine Berechtigung ergab, in diesen Ländern zu intervenieren, um den Zustand des ,zerfallenen' Staates zu beenden. Man sprach von „negativer Souveränität"[6], um darzustellen, dass ein zerfallener Staat nicht mehr in der Lage war, seine Grundpflichten (Verwaltung, Justiz, Wohl und Schutz der Bevölkerung usw.) zu erfüllen. Somalia wurde ein Beispiel für ein Land, in dem der UNO-Sicherheitsrat sich ermächtigt sah, zu intervenieren.[7] Es ist wichtig, hier zu betonen, dass der UNO-Sicherheitsrat diese Entscheidung mit Hilfe von Artikel 41 der UNO Charta, d.h. „unter Ausschluss von Waffengewalt" fällte! Schutzverantwortung sollte sich vorzugsweise – so betonten der UNO-Sicherheitsrat und die UNO-Generalsekretäre Boutros Boutros Gali und Kofi Annan immer wieder – ohne den Einsatz von militärischen Mitteln vollziehen, da es um den Schutz der Bevölkerung und die Wiederherstellung von Menschenrechten ging. Es war eine schwierige Auseinandersetzung, sowohl im UNO-Sicherheitsrat als auch in der UNO-Generalversammlung. Viele Mitgliedstaaten fürchteten, dass Intervention in souveränen Staaten Folgen für ihre eigene inner-staatliche Entwicklung haben könnte.

Am Ende des 20. Jahrhunderts hatte die Zahl der UNO-Mitgliedsstaaten stark zugenommen. Die weltpolitische Landschaft war immer komplexer geworden. Hierzu gehörte auch, dass nicht-staatliche Gruppen häufiger versuchten, mit legalen und illegalen Mitteln auf nationale Prozesse Einfluss zu nehmen.[8] Die internationale Reaktion blieb nicht aus. Hier spielten divergente Motive eine Rolle. Auf der einen Seite gab es machtpolitische Überlegungen in der westlichen Welt, besonders in den Vereinigten Staaten. Neo-konservative Urheber des sogenannten *Projects for a New American Century* (PNAC)[9] beobachteten mit Argwohn diese inner-staatlichen

---

[6] siehe Robert Jackson: Qasi States – Sovereignty, International Relations and the Third World. Cambridge University, 1990

[7] siehe United Nations Operations in Somalia (UNOSOM I/II)

[8] Beispiele: Asien – Burma (Karen, Kachin und Shan Gruppen gegen Zentralregierung), Südamerika – Kolumbien (Revolutions-Streitkräfte (FARC) gegen Regierung), Afrika – Mozambique (Frelimo gegen Renamo)

[9] „Projekt für ein Neues Amerikanisches Jahrhundert"

Entwicklungen in der Welt, den wachsenden politischen und militärischen
Einfluss Russlands und Chinas und das Erscheinen neuer Nuklearmächte,
wie Indien und Pakistan. Gleichzeitig wollten viele Regierungen im Rahmen der UNO eine konstruktive Debatte darüber führen, wie die Staatengemeinschaft im Interesse internationaler Sicherheit auf die sich vermeh-
renden inner-staatlichen Krisen reagieren sollte. Zu dem internationalen
politischen Diskurs über „zerfallende" Staaten (*failing states*), Intervention
und Souveränität kam die Diskussion über „neue Kriege" (*new wars*) hinzu. Eine einheitliche Meinung zu diesen Entwicklungen konnte niemand
erwarten – auch deshalb nicht, weil in den internationalen Beziehungen
das Misstrauen über die Jahre stark gewachsen war.

Was beinhaltet „Souveränität"? Wann ist ein Staat ein „zerfallener Staat"?
Was ist neu an den ‚neuen Kriegen'? Was ist berechtigter Widerstand und
was strafbarer Terrorismus? Wer hat Schutzverantwortung (Responsibility
to Protect, RTP)? Wie verhärtet die Fronten in der Debatte geworden sind,
zeigt sich in der Tatsache, dass bisher noch nicht einmal eine international
akzeptierte Definition von „Terrorismus"[10], geschweige denn eine gemeinsame Vorgehensweise zustande gekommen sind.

Die Geschehnisse des 11. Septembers 2001 und die amerikanische Reaktion haben diese Debatte erheblich intensiviert. Internationale Beziehungen,
nicht nur zwischen den USA und der islamischen Welt, sondern weltweit,
wurden davon beeinflusst. Schutzverantwortung ist zu einem Schlüsselthe-
ma geworden – in der Politik, in der Öffentlichkeit und im akademischen
Diskurs. Nach den Genoziden in Kambodscha (1974), Ruanda (1994) und
Srebrenica (1995) sollte mit allen Mitteln – auch militärischen – verhindert
werden, dass derartige Verbrechen gegen die Menschheit sich irgendwo
wiederholen könnten. Plötzlich ging es nicht mehr nur um Intervention, als
Pflicht der internationalen Schutzverantwortung in gescheiterten Staaten,
sondern Intervention auch dort, wo voll funktionsfähige Regierungen von
brutalen Regimen geführt wurden. Dies war ein erheblich erweiterter Ver-
antwortungsrahmen für den UNO-Sicherheitsrat.

Für den UNO-Generalsekretär jener Jahre, Kofi Annan, war die schwerwiegende Lehre von Ruanda Ansporn für die Schaffung einer neuen inter-

---

[10]   Im Oktober 2011 ist es der UNO-Generalversammlung erneut nicht gelungen
eine ‚Konvention gegen internationalen Terrorismus' zu verabschieden

nationalen Sicherheitsarchitektur. Es ging ihm dabei um eine zeitgemäße Definition des Begriffs der kollektiven Sicherheit, sowie die damit verbundene erweiterte Auslegung von Kapitel VII, Artikel 51 der UNO-Charta[11]. In den ersten Jahren nach der Gründung der Vereinten Nationen konzentrierte man sich auf den Schutz des Staates. Am Ende des 20. Jahrhunderts sollte es um den Schutz der Menschen gehen, wo immer sie leben. In dieser Hinsicht hatten die Vereinten Nationen und einzelne Mitgliedstaaten bereits wichtige Vorarbeit geleistet. Die Definition von Menschenrechten war präzisiert worden, ein neues internationales Recht zum Schutz des Menschen[12] wurde verabschiedet und im Rahmen der internationalen Zusammenarbeit waren technische Hilfeprogramme für verbessertes Regierungshandeln (governance) eingeführt worden.

In der Diskussion über Souveränität, inner-staatliche Konflikte und Schutzverantwortung ist im Jahr 2001 ein entscheidender Meilenstein gesetzt worden. Auf Initiative der kanadischen Regierung wurde eine internationale Kommission zum Thema Schutzverantwortung einberufen, die im Dezember des gleichen Jahres ihren Bericht vorlegte[13]. Hier finden wir wichtige und neue Aussagen, die die weitere Debatte zu diesem Thema entscheidend beeinflussten. Die Kommission erklärte: (1) Staatliche Souveränität enthält staatliche Verantwortung; (2) staatliche Verantwortung bedeutet sowohl eine externe wie auch eine interne Verantwortung; (3) externe Verantwortung heißt, die staatliche Souveränität anderer Länder zu achten; (4) interne Verantwortung zeigt sich darin, dass die Würde und die Grundrechte aller Teile der Bevölkerung respektiert und geschützt werden.[14]

Der Bericht enthält die Grundaussage, dass Menschenrechte wichtiger sind als nationale Souveränität. Weil dies so sein muss – so die Aussage -, darf

---

[11] UNO-Charta, Kapitel VII, Artikel, 51 bestätigt das ,naturgegebene Recht zur individuellen oder kollektiven Selbstverteidigung', weist aber auf die Verpflichtung hin, dass entsprechend getroffene Maßnahmen dem UNO-Sicherheitsrat unverzüglich mitzuteilen sind und dieser das Monopolrecht hat, zu entscheiden, ob diese Maßnahmen gerechtfertigt waren und damit von internationalem Recht legalisiert werden können

[12] siehe Fussnote 1

[13] siehe „The R2P: Report of the International Commission on Intervention and State Sovereignty", (ICISS), IDRC, Ottawa, December 2001

[14] ICISS, Seite 8

es bei der Ausübung von Schutzverantwortung keine nationalen Grenzen geben. Damit hatte die Kommission konzeptionelles und normatives Neuland betreten. Die bis dahin existierende Vorbedingung einer nationalen Zustimmung für internationale Interventionen in inner-staatlichen Bereichen wurde für hinfällig erklärt. Der Bericht konstatierte jedoch, dass Staaten, die von internen Gefahren für menschliches Leben bedroht sind, zunächst die Hauptverantwortung für die Wiederherstellung menschlicher Sicherheit zu tragen haben.

Dieser Bericht ist weltweit mit großem Interesse aufgenommen worden. Die UNO- Generalversammlung, der UNO-Sicherheitsrat, UNO-Generalsekretär Kofi Annan und sein Nachfolger Ban Ki Moon haben sich seit 2001 intensiv mit der Weiterentwicklung des Konzepts des Schutzes der menschlichen Sicherheit befasst. Bei den komplexen Herausforderungen unserer Zeit, – so wurde weiterhin erkannt -, könne kein Land der Welt die Aufgabe der Schutzverantwortung alleine bewältigen.[15] Wie aktuell dieser Hinweis ist, zeigt sich an den gegenwärtigen globalen Wirtschafts- und Finanzkrisen, den sozialen Veränderungen, nicht nur im arabischen Raum, sowie den Gefahren, die von Massenvernichtungswaffen und organisierter Kriminalität im 21. Jahrhundert ausgehen.[16]

UNO-Generalsekretär Kofi Annan ermahnte in diesem Zusammenhang den UNO- Sicherheitsrat, dass dieser „keine Bühne ist, auf der nationale Interessen dargestellt werden. Er (der UNO Sicherheitsrat) ist das Leitungsgremium für unser sich entwickelndes globales Sicherheitssystem."[17] In seiner Botschaft zum UNO-Jahrestag am 24. Oktober desselben Jahres forderte der Generalsekretär, dass "alle Staaten, wenigstens in Worten, ihre Verantwortung bestätigen, die Menschen vor Genozid, Kriegsverbrechen, ethnischer Säuberung und Verbrechen gegen die Menschlichkeit zu schützen"[18]. Sein Nachfolger, Ban Ki-Moon, führte die Schutzverantwortungs-Debatte weiter. Drei Berichte zum Thema Schutzverantwortung

---

[15] siehe auch: (1) " A More Secure World: Our Shared Responsibility, Report of the UN High Panel on Threats, Challenges and Change", A/59/565, Dez. 2004, (2) 2005 World Summit Outcome Document, A/Res/60/1, Okt. 2005

[16] siehe: A/59/565, Dez. 2004

[17] siehe: Washington Post, 11. Dezember 2006, Interview mit UNO Generalsekretär Kofi Annan

[18] Übersetzung des Autors

sind in den Jahren 2009 bis 2011 von dem UNO-Generalsekretär und der UNO-Vollversammlung den Regierungen und der Öffentlichkeit vorgelegt worden.[19]

Die Diskussion ist damit innerhalb und außerhalb der UNO immer intensiver geworden. Sie umfasst nun neben politischen und strukturellen auch langfristig wichtige normative Aspekte. Auf operationaler Ebene sind gute Fortschritte gemacht worden, wie zum Beispiel hinsichtlich des Ausbaus von Kapazitäten für internationale Hilfe bei der Durchführung von Programmen der Schutzverantwortung, für schnellere Einsätze zur Verhinderung oder Unterdrückung von Genoziden und anderen Verbrechen gegen die Menschlichkeit, sowie die Einführung von Frühwarnsystemen. Die Rolle von regionalen und sub-regionalen Organisationen im Sinn der UNO-Charta (Kapitel VIII) ist ebenfalls zu einem wichtigen Thema geworden.[20]

Kofi Annans Forderung an die Weltgemeinschaft, sich von der Klammer der staatlichen Souveränität zu lösen, ist nicht nur der Beweis für die Vision eines UNO-Generalsekretärs. Sie ist ein erneuter Hinweis, dass der weltpolitische Wandel immer wieder innovative Reaktionen auslöst, die im Interesse der Weltgemeinschaft, des UNO-Multilateralismus und der Pflicht der Schutzverantwortung für menschliche Sicherheit liegen. Beispiele aus den letzten Jahrzehnten sind hierzu neben der Schutzpflichtdebatte die UNO-Millenium-Entwicklungsziele (MDGs), das Thema „Strukturanpassung mit menschlichem Gesicht" (structural adjustment with a human face)[21], die Verbesserung von Regierungsführung (governance) sowie die Forderung nach zukunftsfähiger Entwicklung (sustainable development).

---

[19] siehe: (1) Ban Ki-Moon: „Implementing the Responsibility to Protect" (2009), (2) A/64/864: "Early Warning Assessment and the Responsibility to Protect", (17. Juli 2010), (3) A/65/877 & S/2011/393: "The Role of Regional & Subregional Arrangements in Implementing the Responsibility to Protect", (28. Juni 2011).

[20] Seit 2004 gibt es einen Beraterposten für Genozid-Prävention; im Jahre 2008 wurde ein zweiter Beraterposten für konzeptionelle, politische und institutionelle Entwicklung für Schutzverantwortung geschaffen

[21] Für die Weltbank war eine ökonomisch ausgerichtete Strukturanpassung nationaler Wirtschaften ausreichend. UNICEF wies auf die großen Schäden hin, die eine solche Politik in allen Entwicklungsländern hervorgerufen hatte und bestand darauf, dass nur eine Strukturanpassung durch Einziehung der Bedürfnisse des Menschen vertretbar sei (UNICEF: „strcutural adjustment with a human face")

Wenn es das Ziel ist, eine Staatengemeinschaft zu schaffen, die in der Tat *gemeinschaftlich* denkt, dann muss kollektive Sicherheit ein fester Bestandteil der Handlungsweise sein. Die Schutzverantwortung wird damit sowohl eine inner- wie inter-staatliche Verpflichtung. Dies wird inzwischen auf der politischen Ebene weitgehend anerkannt. Die Beschlüsse der UNO-Generalversammlung von 2005[22] sind allerdings nicht bindend und die erweiterte Schutzverantwortung ist bisher kein definierter Teil des Völkerrechts.[23]

Im Frühjahr 2012 ist der Stand der Dinge: Es existiert ein neues Konzept zum Schutz der Menschheit: Schutzverantwortung ist sowohl eine nationale wie auch eine internationale Verantwortung. Schutz der Menschenrechte ist wichtiger als nationale Souveränität. Die Völkergemeinschaft hat ein solches Konzept akzeptiert. Es gibt konkrete Vorschläge für eine Operationalisierung. Die Erkenntnis hat allerdings noch nicht zu völkerrechtlichen Reformen geführt. Das Argument, Kapitel VI und VII und besonders Artikel 51 der UNO-Charta seien für die kollektive Schutzverantwortung und die daraus resultierenden Einsätze in UNO-Mitgliedsstaaten oder Territorien ausreichend, hat bisher keine weltweite Akzeptanz gefunden. Die politische Aussage der Vereinten Nationen lautet jedoch, die Frage sei nicht mehr *ob*, sondern *wann* und *wie* die internationale Gemeinschaft Schutzverantwortung zeigen soll.[24] Das Misstrauen gegen die Einführung kollektiver Schutzverantwortung ist dennoch weiterhin geblieben und hat sich nach dem NATO-Einsatz in Libyen verstärkt. Die Diskussion geht weiter.

Probleme mit dem Konzept Internationale Schutzverantwortung

Die Kluft zwischen der inter-staatlichen Rhetorik auf der einen Seite und der tatsächlichen Anwendung durch Machtpolitik war immer groß. Die Folgen für menschliche Sicherheit waren dementsprechend verheerend. Die Empirik der Krisen der letzten Jahrzehnte im Mittleren Osten, in Zentral- und Südasien, und in Europa zeigt deutlich, dass der Schutz

---

[22]   Siehe World Summit Outcome, A/Res/60(1), 24. Oktober 2005

[23]   Edward C. Luck, Sonderberater des UNO-Generalsekretärs für Schutzverantwortung, sieht dies anders. Siehe „Vereinte Nationen" 2/2008: „Der Verantwortliche Souverän und die Schutzverantwortung. Auf dem Weg von einem Konzept zur Norm."

[24]   Basic Facts about the United Nations (2011), Seite 63

der Zivilbevölkerung – trotz aller Behauptungen des Gegenteils – immer zweitrangig gewesen ist. Entscheidend waren die internen und externen Eigeninteressen einzelner UNO-Mitgliedstaaten oder militär-politischer Allianzen. Schutzverantwortung, wie sie auf dem UNO-Welt Gipfel von 2005 vorgeschlagen worden war, ist – Irak, Libyen und Syrien sind gute Beispiele – im konkreten Fall zur Schutzverantwortungslosigkeit geworden. Der Versuch der Anwendung von Schutzverantwortung im Falle Libyens ist gescheitert und macht deutlich, warum das internationale RTP-Misstrauen so groß geblieben ist (vgl. Paech i.d.B.)

Betrachten wir im Folgenden genauer das Beispiel Libyen. Der UNO-Sicherheitsrat entschied im Frühjahr 2011, dass die Regierung in Tripolis ihrer internen Schutzverantwortung nicht nachkam und sie außerdem eine Gefahr für die internationale Gemeinschaft darstellte.[25] Resolution 1973 wurde verabschiedet und legitimierte damit den internationalen Einsatz militärischer Mittel. Im Einzelnen forderte die Resolution u.a. (1) ein Flugverbot im libyschem Luftraum mit Ausnahme von humanitären Hilfsflügen, (2) das Verbot von ausländischen Truppen auf libyschem Boden, (3) ein Waffenembargo und (4) das Einfrieren des Vermögens der Regierung. Außerdem ermächtigte die Resolution 1973 – auf nationaler und regionaler Ebene – „alle Maßnahmen zu ergreifen", um die Einhaltung des Flugverbots zu gewährleisten.[26]

Die „Operation Unified Protector" (*Unternehmen Geeinter Schützer*), der so genannte RTP-Einsatz von 5 (der 28) Nato-Ländern, Katars, Jordaniens und der Vereinigten Arabischen Emirate, ist vorbei. Es sollte um Schutz der libyschen Bevölkerung gehen, ging aber um einen Regimewechsel. Das Waffenembargo betraf das Militär der Regierung, die Milizen der Opposition wurden mit Waffen ausgerüstet. Die Söldner der Regierung waren verboten, Militär und Mitglieder von Spezialeinheiten (in Zivil) aus der NATO und anderen Ländern waren zugelassen und beteiligten sich auf Seiten der oppositionellen Kräfte an den Kämpfen. NATO-Flugzeuge bekämpften Regierungstruppen und unterstützten den Widerstand. Die ausländischen Konten der Regierung waren eingefroren, oppositionellen Kräften flossen Gelder aus dem Ausland zu.

---

[25] siehe – S/Res/1973 (2011), 17. März 2011, Seite 1

[26] S/Res/1973 (2011), Seite 3, § 8; siehe auch S/Res/688 (1991)

Die NATO beurteilt dies anders und kommt zu dem Schluss, dass das UNO-Mandat in jeder Hinsicht eingehalten wurde. UNO-Generalsekretär Ban Ki-Moon stimmt dieser Beurteilung zu: „Die militärischen Handlungen der NATO haben sich strikt an die Resolution 1973 des UNO-Sicherheitsrats gehalten."[27] Die Regierungen in London, Paris und Washington sprachen offen davon, dass das Ziel des NATO-Einsatzes ein Regimewechsel sei. Aus diesem Grund sind die zitierten Fehldarstellungen besonders beunruhigend und geben schwer zu denken.

Indem der UNO-Sicherheitsrat Mitgliedstaaten autorisierte, in der libyschen Krise „alle notwendigen Mittel zu ergreifen", entließ er sich selber aus der Verantwortung, sicherzustellen, dass die Resolutionsbedingungen eingehalten wurden. Ein solch verantwortungsloses Vorgehen des UNO-Sicherheitsrats hat es bisher in der Geschichte der UNO nicht gegeben. In London, Paris und Washington, ebenso an der NATO-Zentrale in Brüssel, wird von dem „großen Erfolg" des RTP-Einsatzes in Libyen gesprochen. Wenn damit die Entfernung der Regierung Gaddafis gemeint ist, hat dieser Hinweis Berechtigung. Das war aber nicht das erklärte Ziel der Resolution 1973. Zusätzlich muss hier darauf verwiesen werden, dass – ähnlich wie im Irak und in Afghanistan – erst im Laufe des militärischen Einsatzes von den Regierungen, die an diesem Unternehmen teilgenommen haben, erkannt wurde, welchen zum Teil dubiosen oppositionellen Gruppen im *National Transitional Council of Libya*, der Übergangsbehörde des Landes, Schutzverantwortung zuteil wurde.

Die verfehlte RTP-Anwendung in Libyen bedeutet einen erheblichen Rückschlag für die internationale Schutzverantwortungs-Diskussion in der UNO. Das neue RTP-Konzept wird nun für lange Zeit nicht angewendet werden. Die Syrien-Debatten im UNO-Sicherheitsrat im Januar, Februar und März 2012 haben dies deutlich gemacht. Der Außenminister Russlands, Serge Lawrov, betonte am 4. Februar 2012 auf der 48. Münchener Sicherheitskonferenz[28], dass die russische Regierung die Initiative der Arabischen Liga für eine Lösung des Syrienkonflikts voll unterstützt. Er sagte aber auch, dass „ein Regimewechsel keine Angelegenheit des UNO-Sicherheitsrats sein kann". Wenige Stunden später, während die Konsulta-

---

[27] The NATO Secretary General's Annual report 2011, Seite 8

[28] Der Autor nahm an dieser Sicherheitskonferenz (3.-5. Februar 2012) als Beobachter teil.

tionen zu einem Resolutionstext für den Syrienkonflikt in New York weiterliefen, entschied sich der Präsident des UNO-Sicherheitsrats kurzfristig für eine Abstimmung – eine Überraschung für Russland und China. Sie reagierten auf diese Entscheidung mit Verstimmung und einem Veto des Resolutionsentwurfs.

Zusammenfassend muss gesagt werden, dass Akzeptanz der internationalen Schutzverantwortung (Responsibility to Protect) nicht impliziert, dass sich dadurch gleichzeitig eine Reform des UNO-Charta-Rechts ergibt. Misstrauen wird sich erst dann in Vertrauen zur Teilnahme und Bereitschaft für eine Reform der UNO-Charta ändern, wenn mit dem Begriff *Schutzverantwortung* auch der Begriff *Rechenschaftsverpflichtung* verbunden wird. Der große Schritt, eine Norm *Schutzverantwortung* in das UNO-Charta-Recht einzufügen, muss noch getan werden. Dies wird viel Zeit kosten. Die im November 2012 von der NATO entschiedene Stationierung von Luftabwehrsystemen an der türkisch-syrischen Grenze, die Reaktionen hierzu aus Moskau und Peking und der dadurch lahmgelegte UNO Sicherheitsrat bedeuten, dass RTP in naher Zukunft multilateral nicht angewandt werden wird. Schutzverantwortung und verpflichtende Rechenschaft der Staatengemeinschaft müssen dennoch wichtige Aspekte der breiteren und überfälligen UNO Reform Debatte werden. Neben den Regierungen der UNO Mitgliedstaaten sollten an einer solchen Grundsatzdiskussion auch Vertreter nicht-staatlicher Einrichtungen, Universitäten und erfahrene Einzelpersonen beteiligt sein.

Kapitel 3

LIBYEN UND DAS VÖLKERRECHT

Norman Paech

Libyen ist weitgehend aus den Schlagzeilen der internationalen Medien verschwunden, ersetzt durch brisantere Kriegsherde im Nahen und Mittleren Osten, Syrien und Iran. Gaddafi ist tot, die ehemaligen Rebellen haben mit Hilfe ihrer Freunde im Westen eine neue Regierung etabliert, die allerdings mehr durch willkürliche Verhaftungen, Folter, Rassismus gegenüber Arbeitern von jenseits der Sahara und Einführung der Scharia von sich Reden macht als von Fortschritten der Demokratie. Die Trümmer der gewaltigen Zerstörungen in den Städten und an der Infrastruktur sind noch nicht beseitigt und immer noch gibt es keine genauen Zahlen über die Todesopfer (1 000, 5 000 oder 40 000?), die Verletzten und Flüchtlinge, die in die Hunderttausend gehen sollen (vgl. Mellenthin, 2012, S. 7, Cunningham, 2012, Mutz 2011). Dennoch wird die Militäroperation in NATO-Kreisen als eindeutiger Erfolg gewertet und bereits als Modell weiterer Interventionen in ähnlichen Fällen zwischen Rebellion und Bürgerkrieg empfohlen. Es ist die vierte große militärische Intervention der NATO-Staaten in einem arabischen Land, nach der ersten Intervention im Irak 1990/91, Afghanistan 2001 und Irak 2003.

Aus der Sicht der USA waren die Kriege trotz des erheblichen finanziellen und personellen Aufwandes und vor allem der Opfer durchaus erfolgreich. Denn das Ergebnis war immer die Etablierung eines Vasallenregimes, welches das überfallene Land als Protektorat fest in die Interessen des Westens einbindet. Dieses Ziel ist nun auch in Libyen erreicht worden. Die damalige US-Außenministerin Madeleine Albright hatte seinerzeit das Verhältnis von Opfer und Aufwand auf die vielzitierte zynische Formel gebracht, dass das Embargo gegen den Irak, das eine halbe Million irakischer Kinder das Leben gekostet hat, „diesen Preis wert" gewesen sei. Sie hat in ihrer Autobiographie diese Wertung später zwar als "politischen Fehler" bezeichnet, was sich wohl nur darauf bezog, dass sie diese Wertung öffentlich geäußert hat. Der derzeitigen Sanktions- und Interventionspolitik dürfte sie aber immer noch zugrunde liegen. Alle diese Interventionen wurden in letzter Instanz mit der Befreiung von einer tyrannischen Herrschaft und der Wiederherstellung oder Sicherung der Menschenrechte als humanitäre Interventionen begründet – eine Rechtfertigung, die die heimische Unterstützung der Kriegseinsätze bislang, wenn auch mit abnehmendem Erfolg, sichern konnte. Weniger Unterstützung gab es allerdings für die völkerrechtliche Legitimation, die im Fall Afghanistan zumindest hoch umstritten (Paech 2011a) und beim Überfall auf den Irak im Frühjahr 2003 durchgängig negativ ist (vgl. Paech 2003; Ambos, Arnold 2004).

Die Resolutionen 1970 und 1973 des UN-Sicherheitsrats

Hier soll es um die völkerrechtliche Rechtfertigung der NATO-Intervention gehen, die am 19. März 2011 (der achte Jahrestag des Überfalls auf Bagdad!) durch eine Koalition von elf Staaten unter Führung der USA, Frankreichs und Großbritanniens begann und am 27. März von der NATO übernommen wurde. Die Tatsache, dass es den USA gelungen war, zwei Tage zuvor, am 17. März, die bekannte Resolution 1973[1] vom Sicherheitsrat zu bekommen, die alle UN-Mitglieder gem. Art. 42 UN-Charta zum Einsatz militärischer Gewalt gegen das Regime des Muammar al-Gaddafi ermächtigte, hat bei etlichen Völkerrechtlern auch in Deutschland zur juristischen „Entwarnung" geführt (vgl. Tomuschat 2011; Kress 2011; Ambos 2011; Geiß, Kashgar 2011; Brunner, Frau 2011; Hilpold 2011; Peral 2011; Slaughter 2011).

Vorausgegangen war die Resolution 1970[2], die der Sicherheitsrat einstimmig am 26. Februar 2011 verabschiedet hatte. Er bezog sich ausdrücklich auf Kapitel VII der UN-Charta, beschränkte sich aber auf politische Zwangsmaßnahmen nach Artikel 41: Er verhängte ein umfassendes Waffenembargo an die „Libysche Arabische Jamahiriya" und ein Reiseverbot an Personen aus dem Führungskreis um Gaddafi, die im Anhang I benannt wurden. Zudem verfügte er das Einfrieren von Vermögenswerten einzelner Personen, die in Anhang II benannt wurden. Zur Durchführung und Überwachung der Sanktionen rief er einen Ausschuss ins Leben. Schließlich, und das stand an erster Stelle seiner Maßnahmen, entschied er, „die Situation in der Libyschen Arabischen Jamahiriya seit dem 15. Februar 2011 dem Ankläger des Internationalen Strafgerichtshof" in Den Haag zu überweisen.

---

[1] http://www.un.org/depts/german/sr/sr_11/sr1973.pdf

[2] http://www.un.org/depts/german/sr/sr_11/sr1970.pdf

Am 15. Februar hatte das libysche Militär begonnen, auf Befehl Gaddafis die Demonstrationen gewaltsam niederzuschlagen. Seitdem war die Situation eskaliert, sodass der UN-Menschenrechtsrat zehn Tage später einstimmig die Suspendierung der Mitgliedschaftsrechte Libyens im Rat „in Anbetracht der schweren und systematischen Menschenrechtsverletzungen" der UN-Generalversammlung empfahl.[3] Dieser hat nur eine Woche nach Beginn der gewaltsamen Übergriffe in Libyen am 1. März ebenfalls einstimmig mit den Stimmen aller 192 Mitglieder die Mitgliedschaft Libyens im Menschenrechtsrat suspendiert.[4] Es handelte sich dabei nicht um den Ausschluss Libyens aus dem Menschenrechtsrat, sondern nur um die Aussetzung seiner Mitgliedschaft – und damit um die Suspendierung seiner Rechte und Pflichten als Mitglied des Rates. Diese Möglichkeit war im Jahr 2006 anlässlich der Ersetzung der Menschenrechtskommission durch den Menschenrechtsrat geschaffen worden.[5] Ziffer 8 enthält eine entsprechende Ermächtigung der Generalversammlung, die Mitgliedschaftsrechte eines Mitglieds des Menschenrechtsrates auszusetzen, das „schwere und systematische Menschenrechtsverletzungen begeht". Auf diese Entscheidung vom Vortag bezieht sich der UN-Sicherheitsrat zweifellos, wenn er in der Präambel seiner Resolution 1970 schreibt: „In Anbetracht der weit gestreuten und systematischen Angriffe, die sich derzeit in der Libyschen Arabischen Jamahiriya gegen die Zivilbevölkerung richten und an Verbrechen gegen die Menschlichkeit heranreichen." Die Suspendierung ist noch nicht wieder aufgehoben worden und dürfte auch erst dann erfolgen, wenn die aktuellen Vorwürfe über Menschenrechtsverletzung der siegreichen Rebellen geklärt und sich die Menschenrechtssituation in Libyen grundlegend verbessert hat.

Beide Resolutionen, 1970 und 1973, berufen sich für ihre Zwangsmaßnahmen auf Kapitel VII der UN-Charta. Das setzt eine Feststellung der Friedensgefährdung nach Artikel 39 UN-Charta voraus, „ob eine Bedrohung oder ein Bruch des Friedens oder eine Angriffshandlung vorliegt." Frieden

---

[3] UN-Menschenrechtsrat Res. S-15/1 v. 25. Februar 2011, Z. 14. http://www2.ohchr.org/english/bodies/hrcouncil/specialsession/15/index.htm.

[4] UN Doc. A/RES/65/265 v. 1. März 2011, Z. 8. http://daccess-ods.un.org/TMP/1102104.18701172.html.

[5] UN- Generalversammlung Resolution 60/251. http://daccess-ods.un.org/TMP/4449252.18820572.html.

i. S. von Artikel 39 bedeutet der internationale Frieden. Der Sicherheitsrat hätte also eine grenzüberschreitende Gefährdung der Nachbarstaaten durch die Rebellion feststellen müssen, die faktisch jedoch nicht vorlag. Lapidar befindet der Sicherheitsrat in der Resolution 1973 dementsprechend nur, „dass die Situation in der Libyschen Arabischen Jamahiriya nach wie vor eine Gefährdung für den internationalen Frieden und die Sicherheit darstellt". Die Rebellion in Libyen hatte jedoch zu keiner Zeit Tunesien, Algerien oder einen anderen Staat in der weiteren Umgebung gefährdet. Dieses Problem stellte sich dem UN-Sicherheitsrat bereits im Jahr 1991, als die Angriffe Saddam Husseins auf die nördlichen Kurdengebiete im Irak ein Eingreifen der UNO erforderten. Die VR China verweigerte zunächst ihre Zustimmung, da sie keine Gefährdung des internationalen Friedens erkennen konnte. Erst der Hinweis auf die Flüchtlingsströme in die Nachbarstaaten konnte sie zu einer Stimmenthaltung bei der Resolution 688 bewegen, die den kurdischen Norden des Iraks zur autonomen Region erklärte („save haven") und praktisch der Souveränität Bagdads entzog.[6] Es war die erste „humanitäre Intervention" des Sicherheitsrats – allerdings ohne militärische Zwangsmaßnahmen auf der Grundlage von Art. 41 UN-Charta –, die er mit schweren Menschenrechtsverletzungen begründete. Ein erstes militärisches Mandat auf humanitärer Basis verabschiedete der UN-Sicherheitsrat mit der Resolution 794 ein Jahr später, als er die schweren Menschenrechtsverletzungen in Somalia als Bedrohung für den internationalen Frieden ansah.[7] Diese in diesem Falle einstimmig verabschiedete Resolution nahm zum ersten Mal ausschließlich staatsinterne Vorgänge zum Anlass, um eine militärische Intervention gem. Art. 42 UN-Charta zu mandatieren. Das lag durchaus in der bereits durch die Res. 688 vorgezeichneten Tendenz, die Kompetenzen des UN-Sicherheitsrats auf Kosten der Souveränität der Staaten zu erweitern. Weitere Resolutionen folgten,[8] bis die NATO im Frühjahr 1999 die „humanitäre Intervention" für ihre eigenen Zwecke missbrauchte und Ex-Jugoslawien ohne Mandat des UN-

---

[6]   UN-SicherheitsratRes.688v.5.Februar1991.http://daccess-ods.un.org/TMP/5169621.70600891. html.

[7]   UN-SicherheitsratRes.794v.3.Dezember1992.http://daccess-ods.un.org/TMP/5446581.84051514. html.

[8]   UN-Sicherheitsrat Res. 940 v. 31. Juli 1994 (Haiti), Res. 1674 v. 28. April 2006 (Schutz von Zivilpersonen in bewaffneten Konflikten), Res. 1816 v. 2. Juni 2008 (Somalia – Piraterie).

Sicherheitsrats bombardierte. Seit dieser offenen Missachtung der UNO und der eindeutigen Regeln der UNO-Charta, die Militäraktionen nur als Selbstverteidigung (Art. 51 UN-Charta) und auf Grund eines Mandats des UN-Sicherheitsrats (Art. 39, 42 UN-Charta) erlauben, hält die Diskussion um die „humanitäre Intervention" und den Schutz der Zivilbevölkerung vor schweren Menschenrechtsverletzungen an.

Das Konzept Responsibility to Protect

Eine besondere Rolle spielt dabei das neue Konzept der „Responsibility to Protect" (RTP), welches eine von der Kanadischen Regierung eingerichtete „International Commission on Intervention and State Sovereignty" 2001 entwickelt hat (ICISS 2001; Paech 2011c) und von der UN-Generalversammlung 2005 offiziell anerkannt wurde.[9] Der damalige Generalsekretär der UNO, Kofi Annan, unzufrieden mit dem Vorgehen der NATO in Ex-Jugoslawien, hatte die zentrale Frage gestellt: „…wenn die humanitäre Intervention ein in der Tat unakzeptabler Angriff auf die Souveränität ist, wie sollte man dann auf Ereignisse wie in Ruanda oder Srebrenica antworten – schwere und systematische Verletzungen der Menschenrechte, welche jegliche Grundsätze unserer allgemeinen Menschlichkeit verletzen" (ICISS, Anm. 6, S. VII). Der Bericht ist zum Katechismus des Menschenrechtsschutzes zwischen den Staaten geworden (Debiel 2004; Jöst, Strutynski 2009). Seine zentrale These lautet, dass „souveräne Staaten eine Verantwortung haben, ihre eigenen Bürger vor vermeidbaren Katastrophen – vor Massenmord und Vergewaltigung, vor Hunger – zu schützen, dass aber, wenn sie nicht willens oder nicht fähig dazu sind, die Verantwortung von der größeren Gemeinschaft der Staaten getragen werden muss" (ICISS 2001, S. VIII). Allerdings legt er damit die Verantwortung nicht in das Ermessen einzelner Staaten und entlässt sie nicht aus dem Gewaltverbot des Artikel 2 Ziff. 4 UN-Charta. Unmissverständlich heißt es in dem Report: „Bevor eine militärische Intervention durchgeführt wird, muss in jedem Fall die Autorisierung durch den Sicherheitsrat gesucht werden. Jene, die nach einer Intervention rufen, müssen formal um eine solche Autorisierung nachsuchen oder der Sicherheitsrat muss von sich aus die Initiative ergreifen oder der Generalsekretär gem. Art. 99 UN-Charta…" (ICISS

---

9 UN-Generalversammlung Res. 60/1 v. 16. September 2005 (http://daccess-ods.un.org/ TMP/9079986.8106842.html) und Res. 1674 v. 28. April 2006.

2001, Z. 6.15, S. 50). Dieses spiegelt nichts anderes als den aktuellen Stand des Völkerrechts wider. Die UN-Generalversammlung hat es einige Jahre später bestätigt, als sie auf dem World Summit 2005 das neue Konzept annahm und in ihr Abschlussdokument einarbeitete. Unter Ziffer 139 fasst es zusammen:

„Die internationale Gemeinschaft hat durch die Vereinten Nationen auch die Pflicht, diplomatische, humanitäre und andere friedliche Mittel nach den Kapitel VI und VIII der Charta einzusetzen, um beim Schutz der Zivilbevölkerung vor Mord, Kriegsverbrechen, ethnischer Säuberung und Verbrechen gegen die Menschlichkeit behilflich zu sein. In diesem Zusammenhang sind wir bereit, im Einzelfall und in Zusammenarbeit mit den zuständigen regionalen Organisationen rechtzeitig und entschieden kollektive Maßnahmen über den Sicherheitsrat im Einklang mit der Charta, namentliche Kapitel VII, zu ergreifen, falls friedliche Mittel sich als unzureichend erweisen und die nationalen Behörden offensichtlich dabei versagen, ihre Bevölkerung vor Völkermord, Kriegsverbrechen, ethnischer Säuberung und Verbrechen gegen die Menschlichkeit zu schützen....".[10]

Die Bindung der Entscheidung über Zwangsmaßnahmen an den Sicherheitsrat zu betonen ist wichtig, weil immer wieder versucht wird, dem RTP-Konzept Rechtsverbindlichkeit zuzusprechen, die es nicht hat, und die Staaten von der strikten Bindung an den UN-Sicherheitsrat zu entpflichten (vgl. Peral 2011).

Da der UN-Sicherheitsrat in den beiden Resolutionen 1970 und 1973 die libysche Regierung aufgefordert hat, die Schutzverantwortung gegenüber der libyschen Bevölkerung wahrzunehmen,[11] werden nun diese Resolutionen als erste Bestätigung des RTP-Konzepts durch den UN-Sicherheitsrat gepriesen (Luck 2011; Geiß, Kashgar 2011, S. 100), ja als „historischer Durchbruch" für die militärische Erzwingung von Menschenrechtsprinzipien (Hilpold 2011). Dass diese Verheißung nicht ohne Widerspruch geblieben ist, wird besonders vor dem politischen Hintergrund und dem Schicksal der beiden Libyen-Resolutionen deutlich.

---

[10] Übersetzung Jöst, L., Strutynski, P., 2009.

[11] Res. 1970, Präambel, Abs. 9. http://daccess-ods.un.org/TMP/8460790.51494598.html; Res. 1973, Präambel Abs. 4 und Zif. 3. http://daccess-ods.un.org/TMP/253337.472677231. html.

Schutztruppe oder Kolonialkrieg?

Zum einen begegnet die Erweiterung der Entscheidungskompetenz des Sicherheitsrats dem Misstrauen gegenüber seinen politischen Selektionskriterien, welche innerstaatliche Krisensituation er für unerträglich hält und welche nicht. Was John Pilger in drastischen Worten zusammenfasst, wird in zahlreichen anderen kritischen Beiträgen detailreich belegt: „Der europäisch-amerikanische Überfall auf Libyen hat nichts damit zu tun, dass jemand beschützt werden soll, solcherlei Unsinn glauben nur unheilbar Naive. Es ist die Antwort des Westens auf die Volkserhebungen in strategisch wichtigen und ressourcenreichen Regionen der Erde und der Beginn eines Zermürbungskrieges gegen den neuen imperialen Konkurrenten China" (Pilger 2011. Detaillierte Analysen u.a. bei Guilliard 2011a und b; Henken 2011; Collon 2011). Während der Sicherheitsrat die Situation in Libyen als untragbar ansah, blieb die gewaltsame Niederschlagung der Demonstrationen in Bahrein durch bahrainisches und saudi-arabisches Militär in der EU und dem UNO-Sicherheitsrat ohne entsprechende Reaktion (Haid 2011). Die Hohe Kommissarin der Vereinten Nationen für Menschenrechte (UNHCR), Navi Pillay, bezeichnete die militärischen Aktionen zwar als „schockierende und eklatante Verletzung internationalen Rechts" (Pillay 2011), diese Kritik blieb jedoch ohne konkrete Folgen. Der ehemalige Botschafter der USA in Deutschland, John Kornblum, gab im Deutschlandradio eine ebenso aufrichtige wie überzeugende Erklärung für diese Doppelmoral: „Das Problem ist, (…) dass die Interessen des Westens anders sind – vor allem unsere Interessen in Saudi Arabien und in den Golfstaaten. Es gibt (…) zumindest einen, Bahrain, der wirklich wichtig ist für die Vereinigten Staaten. (…) Da hat man die Prinzipien jetzt ein bisschen verletzt, indem man zumindest in die andere Richtung geschaut hat, als die Saudis militärisch eingegriffen haben, um eine demokratische Bewegung zu unterdrücken" (Kornblum 2011). Nichts anderes hat John Pilger zwei Wochen später in seiner Kritik behauptet, denn Bahrein ist mit dem Hauptquartier der Fünften US-amerikanischen Flotte der militärische Hauptstützpunkt der USA im Mittleren Osten, und Saudi-Arabien ist auf Grund seines Öl-Reichtums und seines bedingungslos pro-amerikanischen Herrscherhauses der engste Verbündete der USA.

Vor allem aber begründen das Ausmaß des Luftkrieges und die sie begleitenden Äußerungen aus NATO-Kreisen grundsätzliche Zweifel an der vorgeblichen Zielsetzung der Intervention, sodass z.b. Reinhard Merkel zu dem Urteil kommt: „Der demokratische Interventionismus, propagiert 2003 (…) und jetzt in der euphemistischen Maske einer Pflicht zur kriegerischen Hilfe im Freiheitskampf wiedererstanden, ist politisch, ethisch und völkerrechtlich eine Missgeburt" (Merkel 2011, S. 31). Auch Michael Walzer hält die Motive für fragwürdig, die Ziele für unklar und die Intervention deswegen durch nichts zu rechtfertigen (Walzer, 2011). Bei genauerer Betrachtung der Umstände sind allerdings die Ziele durchaus klar erkennbar gewesen, sodass man sogar zu dem Schluss kommen muss, dass ein „humanitäres" Mandat nur als Türöffner für einen Krieg kolonialer Prägung benutzt und eine völkerrechtliche Ermächtigung bewusst erschlichen und missbraucht worden ist (Paech 2011b, S. 3). Gleichgültig, welche Motive die deutsche Bundesregierung dazu bewogen haben, die beiden Resolutionen im UN-Sicherheitsrat nicht mitzutragen, das Ausmaß und die Dauer der Intervention haben dieser Entscheidung auch aus völkerrechtlicher Perspektive Recht gegeben. Die scharfe Kritik der Medien, die sich interessanterweise nur gegen Außenminister Westerwelle, nicht aber gegen Kanzlerin Merkel richtete, vertrat zu offensichtlich die strategischen Interessen und Vorgaben der NATO-Staaten.[12]

Am 14. April 2011 veröffentlichten der Figaro in Paris, The Times in London, Washington Post und New York Times in New York einen gemeinsamen Beitrag von Präsident Sarkozy, Premier Cameron und Präsident Obama, in dem sie eindeutig den Sturz Gaddafis als Ziel der militärischen Intervention bezeichneten: es sei "unmöglich, sich eine Zukunft für Libyen mit Gaddafi an der Macht vorzustellen."[13] Diese Erklärung war keine Überraschung, da aus Paris und London schon einen Monat zuvor derartige Bekenntnisse zu hören waren. Am 5. März hatte Obama das erste Mal Gaddafis Rücktritt gefordert und am 9. März gemeinsam mit Cameron bekräftigt, „dass angesichts der Kämpfe in Libyen keine Option außer Acht gelassen werde, um so schnell wie möglich der Gewalt ein Ende zu bereiten und die Entmachtung Gaddafis herbeizuführen".[14] Sarkozy gab am gleichen Tag in einer Fernsehansprache den Sturz Gaddafis als Ziel aus, und die Staats- und Regierungschefs erklärten zwei Tage später ge-

---

12 Vgl. den Beitrag von Karin Leukefeld in diesem Band S……
13 www.whitehouse.gov., 14. April 2011.
14 FAZ v. 10. März 2011.

meinsam, dass „Oberst Gaddafi die Macht unverzüglich abgeben muss".[15]
Alfred Ross, der Vorsitzende des „Institute for Democracy Studies" in
New York wirft der NATO sogar vor, die Weltöffentlichkeit und den UN-
Sicherheitsrat systematisch über die Situation in Libyen belogen und den
„regime change" von langer Hand vorbereitet zu haben (Ramachandran,
IPS, 2011). Dies wurde mittlerweile nicht nur von Roland Dumas, dem
ehemaligen Außenminister von Frankreich, auf einer internationalen Konferenz am 9. Dezember 2011 in Paris bestätigt (Mezyav 2012). Auch der
Vorwurf des ehemaligen Präsidenten der Südafrikanischen Republik, Tabo
Mbeki, dass der Westen wie in den Kolonialjahren so auch in diesem Konflikt ohne die Völker Afrikas seine Interessen durchsetze, passt in dieses
Bild. Der Sicherheitsrat der Afrikanischen Union hatte schon am 23. Februar, acht Tage nach Beginn der ersten Demonstrationen, beschlossen,
eine hochrangige Delegation nach Libyen zu entsenden, um die Lage zu
eruieren. Er wiederholte den Beschluss am 10. März, ein Ad-hoc-Komitee
von fünf afrikanischen Staatschefs nach Libyen zu entsenden. Zugleich
verwarf er „ausländische Militärinterventionen in jeglicher Form". Doch
eine Woche später ermöglichte der UN-Sicherheitsrat mit seiner Resolution die militärische Intervention und verweigerte der AU-Delegation den
Besuch von Tripolis und Bengasi. Gaddafi hatte akzeptiert, unter Aufsicht
der AU Gespräche mit der Opposition aufzunehmen, doch das lag nicht
im Interesse des Westens. „So haben sie es schon in den Kolonialjahren
gehalten, als sie unseren Kontinent beherrschten. Es sollte also niemanden
überraschen, wenn die Völker Afrikas allmählich das Vertrauen in den Willen multilateraler Institutionen wie der Vereinten Nationen verlieren, ihre
Lebensverhältnisse zu verbessern", lautete der resignierende Kommentar
Tabo Mbekis (Mbeki 2011).

Der Missbrauch der Resolution 1973

Die Resolution 1973 ermächtigt ausdrücklich nur zu Maßnahmen, die den
Schutz der Zivilbevölkerung bezwecken „unter Ausschluss ausländischer
Besatzungstruppen jeder Art" (Ziff. 4), das durch den Sicherheitsrat ver-
fügte Flugverbot (Ziff. 6 – 8) sowie das bereits in der Resolution 1970,
Ziff. 11 verordnete Waffenembargo (Ziff. 13 – 15) durchzusetzen. Hinzu
kam die Ausdehnung des schon in Resolution 1970 (Ziff. 17 – 21) be-

---

[15] FAZ v. 12. März 2011.

schlossenen Einfrierens von Vermögenswerten. Auch in der ausgedehnten Präambel der Resolution 1973 ist ausschließlich von der Sorge um den Schutz der libyschen Bevölkerung die Rede. Bekräftigt wird zudem noch einmal wie schon in der Resolution 1970 ein „nachdrückliches Bekenntnis zur Souveränität, Unabhängigkeit, territorialen Unversehrtheit und nationalen Einheit der Libysch-Arabischen Jamahiriya", welches einen „regime change" verbietet.

Die Resolution könnte also durchaus als ein Beispiel für die „Responsibility to Protect" angesehen werden, wenn man, wie die große Mehrheit im Sicherheitsrat, die Verletzung der Menschenrechte und die Bedrohung der Zivilbevölkerung für unerträglich schwerwiegend hält. Man muss dabei nicht nur über die vielfach geäußerten Zweifel an der Einschätzung und die Tatsache hinwegsehen, dass gerade die zur Intervention entschlossenen Staaten durch ihre langjährige Kollaboration mit Gaddafi diese Situation mit geschaffen haben, sondern auch darüber, dass der UN-Sicherheitsrat die viel größeren Verbrechen während des Gaza-Krieges 2008/2009 tatenlos hat geschehen lassen. Er hat damals keine Flugverbotszone eingerichtet und die Zivilisten nicht vor den Angriffen der israelischen Armee und dem Einsatz von weißem Phosphor geschützt. Das wirft zwar Zweifel an der Legitimität der Maßnahmen des UN-Sicherheitsrats im Libyen-Konflikt auf, berührt aber nicht die Legalität. Er hat dadurch nicht die Möglichkeit verwirkt, in einer anderen Situation Maßnahmen gem. Artikel 42 UN-Charta zu ergreifen. Hans Köchler, Präsident der Internationalen Progress Organisation, ist allerdings der Ansicht, dass die Res. 1973 wegen der „Übertragung praktisch unbeschränkter Vollmachten an interessierte Parteien und regionale Gruppen", ohne Vorgaben der Dauer, der Art der Durchführung und der einzusetzenden Mittel juristisch nicht haltbar ist (Köchler 2011). Es handelt sich bei dem Wortlaut der Res. 1973 jedoch um den üblichen Sprachgebrauch des UN-Sicherheitsrats bei Mandatierungen gem. Art. 42 UN-Charta.

Rechtswidrigkeit muss man vielmehr den nachfolgenden Militäraktionen der NATO vorwerfen. Sie dauerten auch dann noch an, als bereits Ende März der Chef der französischen Luftwaffe, General Jean-Paul Paloméros, erklärte, dass das Ziel, die Zivilbevölkerung zu schützen, erreicht sei.[16]

---

[16] FAZ v. 31. März 2011, S. 2: Washington plant Waffenlieferungen an Rebellen.

Sie endeten erst, nachdem Gaddafi unter immer noch nicht geklärten Umständen am 20. Oktober 2011 den Tod fand. Bis dahin hatten sie sich zu einer umfangreichen Unterstützung der Aufständischen mit Instrukteuren, eigenen Geheimdienstoperationen vor Ort und Waffenlieferungen an die Rebellen ausgeweitet. Resolution 1973 ermächtigt in Ziff. 4 die Mitgliedstaaten, „alle notwendigen Maßnahmen zu ergreifen, (…) um von Angriffen bedrohte Zivilpersonen und von der Zivilbevölkerung bewohnte Gebiete in der Libysch-Arabischen Jamahiriya, einschließlich Bengasi zu schützen, unter Ausschluss ausländischer Besatzungstruppen jeder Art in irgendeinem Teil libyschen Hoheitsgebiets,…". Dieses Mandat ist ganz eindeutig auf Maßnahmen beschränkt, die nicht den Sturz des Gaddafi-Regimes oder eine Demokratisierung Libyens zum Ziel haben (Tomuschat 2011; Geiß, Kashgar 2011, S. 103).

Das bedeutet auch, dass sich die NATO nicht offen und aktiv auf die Seite der Aufständischen schlagen durfte, um deren politischen Ziele zu erreichen. Eine Parteinahme dritter Staaten mit militärischer Unterstützung ist in einem nicht internationalen bewaffneten Konflikt, wie der in Libyen, völkerrechtlich nicht erlaubt (Tomuschat 2011). Wenn mitunter argumentiert wird, dass anders der Schutz der Zivilbevölkerung nicht zu erreichen gewesen wäre, so stehen dem eindeutig die Verhandlungs- und Vermittlungsangebote der AU, der Arabischen Liga und ebenso der türkischen Regierung entgegen, die von Gaddafi akzeptiert worden waren, aber von den Aufständischen und der NATO zurückgewiesen wurden. Es ist eher so, dass sich die von der NATO unterstützten Kämpfe nur deshalb in die Länge zogen, weil der Sturz Gaddafis – das von der Resolution 1973 nicht gedeckte Ziel – noch nicht erreicht war. Es spricht sogar viel dafür, dass die aktive Beteiligung der NATO die Kämpfe erst verlängert und die Gefahren für die Zivilbevölkerung verschärft haben. Faktisch operierten die Aufständischen schließlich als die Bodentruppen der NATO, deren Entsendung ihr laut Resolution 1973 als Besatzungstruppen untersagt war.

Der Hinweis darauf, dass Oberst Gaddafi als Oberbefehlshaber der libyschen Streitkräfte ein legitimes Angriffsziel für die NATO im Rahmen des Mandats gewesen ist (Geiß, Kashgar 2011, S. 104), trifft nur insoweit zu, als gleichzeitig das Gebot der Verhältnismäßigkeit beachtet werden muss. Das bedeutet, dass die Ausschaltung Gaddafis für die Durchsetzung des Flugverbots und den Schutz der Zivilbevölkerung unbedingt notwendig

gewesen wäre. Daran allerdings bestehen begründete Zweifel. Wer aber
den tödlichen Angriff auf Gaddafi für völkerrechtlich gerechtfertigt hält,
müsste ein Attentat auf Obama, Sarkozy oder die Queen ebenso rechtfertigen. Durch den militärischen Eingriff der NATO hat sich die Rebellion/
Bürgerkrieg in völkerrechtlicher Terminologie von einem anfangs nicht-
internationalen bewaffneten Konflikt in einen internationalen bewaffneten
Konflikt gewandelt (Roeder 2011). Damit würden auch die Oberbefehlshaber der intervenierenden Streitkräfte der USA, Frankreichs und Großbritanniens, Obama, Sarkozy und Königin Elisabeth zu legitimen Angriffs-
zielen der angegriffenen libyschen Truppen – wiederum nur im Rahmen
der völkerrechtlich gebotenen Verhältnismäßigkeit.

Schließlich geht es um die Waffenlieferungen, die die USA, Frankreich
und Großbritannien aber auch Katar an die Aufständischen getätigt haben.[17] Obwohl Resolution 1970 in Ziff. 9 ausdrücklich ein Waffenembargo
verhängt hat, werden auch diese Waffenlieferungen gerechtfertigt, da die
Interventionsermächtigung der Resolution in Ziff. 4 „ungeachtet der Ziffer
9 der Resolution 1970" ergangen sei (Geiß, Kashgar 2011, S. 104). Genau
das Gegenteil ist jedoch mit dieser Bezugnahme auf Resolution 1970 be-
absichtigt. Wie Hans-Joachim Heintze und Jana Hertwig zutreffend schreiben, soll das in Ziff. 4 der Resolution verfügte Waffenembargo gerade bestehen bleiben, wenn „alle notwendigen Maßnahmen" ergriffen werden.
Resolution 1973 ordnet in Ziff. 13 und 16 zudem spezielle Maßnahmen zur
Durchsetzung der Waffenruhe an und verlangt eine sofortige Waffenruhe.
„Die Möglichkeit, nunmehr Waffen zu liefern, würde die Resolution ad absurdum stellen. (…) Die NATO-Staaten (sind) zwar ermächtigt (…), selbst
Waffen ausschließlich zum Schutz der Zivilbevölkerung einzusetzen, es
(ist) ihnen aber gleichzeitig verboten (…), Waffen zu liefern" (Heintze,
Hertwig 2011).

Nach eigenen Angaben der NATO vom 4. Oktober 2011 hatte sie im Rahmen der Operation „United Protector" seit dem 3. März insgesamt 24.789
Einsätze geflogen, davon 9.240 Angriffe auf Bodenziele. Bis zum Ende
der Militäraktion können wir von ca. 10.000 Angriffen ausgehen. Anders
als die NATO, die nur wenige zivile Tote als Kollateralschäden der NATO-
Einsätze eingestehen will, gehen unbeteiligte Beobachter davon aus, dass

---

[17] Vgl. Meldungen in: hintergrund.de, Libysche Notizen von Peter Dale Scott v. 31. März
2011; FAZ v. 1. April 2011; focus v. 2. April 2011; Henken, L., 2011.

die schweren, selbst im Fernsehen dokumentierten Zerstörungen von Häusern, öffentlichen und privaten Gebäuden, Kulturstätten sowie Infrastruktureinrichtungen eine Vielzahl von zivilen Toten und Verletzten verursacht haben, die schwerwiegende Verbrechen gegen die Menschlichkeit darstellen (Dumas, Verges 2011). Der Menschenrechtsbericht des russischen Außenministeriums belegt ebenfalls, dass die NATO-Streitkräfte mit ihren Angriffen wiederholt gegen das humanitäre Völkerrecht verstoßen haben. Das gelte sowohl für die Tötung vieler Zivilisten als auch weil die Streitkräfte nicht einmal versucht hätten, die zahlreichen Verbrechen der von ihr unterstützten libyschen Opposition zu verhindern. Das Außenministerium fordert eine eingehende Untersuchung.[18]

Der Libyen-Krieg der NATO ist wahrlich kein Ruhmesblatt gewesen und taugt nicht als Vorbild für weitere Interventionen unter dem Banner der „Responsibility to Protect" und des Schutzes der Menschenrechte. Er trägt alle Merkmale eines spätkolonialen Feldzuges: von dem eindeutigen Missbrauch eines nur begrenzten völkerrechtlichen Mandats, über die Missachtung der afrikanischen Vermittlungsangebote bis zur Auswechslung eines Regimes, welches schon immer auf der Austausch-Liste gestanden hat, durch ein verlässliches Klientel-Regime, um den strategischen Einfluss in einer wichtigen Region mitsamt seinen unentbehrlichen Rohstoffen zu sichern.

Literatur

Ambos, Kai. 2011. Geben und Nehmen. In: FAZ v. 10. August.

Ders. und Arnold, Jörg (Hrsg.). 2004. Der Irakkrieg und das Völkerrecht. Berlin: Berliner Wissenschafts-Verlag.

Brunner, Manuel und Frau, Robert. 2011. Militärische Zwangsmaßnahmen gegen Libyen – UN-Sicherheitsratsresolution 1973 vom 17. März 2011. BOFAXE Nr. 375D, v. 29. März.

Collon, Michel. 2011. Den Krieg in Libyen verstehen. www.forumaugsburg.de, v. 25. Mai.

---

[18]   Vgl. Junge Welt v. 3. Januar 2012.

Cunningham, Finian. 2011. Libya: New York Times Drip Feeds Truth on NATO's Civilian Atrocities Reporting War Crimes AFTER the Facts. Ex Post Facto Investigative Journalism by the 'Paper of Record'. http://globalresearch.ca/index.php?context=va&aid=28297.

Debiel, Tobias. 2004. Souveränität verpflichtet: Spielregeln für den neuen Interventionismus. In: Internationale Politik und Gesellschaft, 3, S. 61 ff.

Dumas, Roland und Verges, Jacques. 2011. Sarkozy sous BHL. Paris: Pierre-Guillaume de Roux Editions.

Geiß, Robin und Kashgar, Maral. 2011. UN-Maßnahmen gegen Libyen. In: Vereinte Nationen, 3, S. 99 ff.

Guilliard, Joachim. 2011a. Kein „arabischer Frühling". In: Junge Welt v. 27. Juli.

Ders. 2011b. Kolonialkrieg gegen Afrika. In: Junge Welt v. 28. Juli .

Haid, Michael. 2011. Die Resolution 1973 (2011) des UN-Sicherheitsrates. IMI-Analyse 2011/10 v. April.

Heintze, Hans-Joachim und Hertwig, Jana. 2011. Waffenlieferungen an libysche Rebellen? Völkerrechtliche Grenzen der Unterstützung. BOFAXE Nr. 380D, v. 14. April.

Henken, Lühr. 2011. Das Libysche Öl und die NATO. Humanität als Vorwand – Krieg als Mittel. Friedenskoordination Berlin v. 3. April.

Hilpold, Peter. 2011. Ein Sieg der Humanität, der auch Österreich fordert. In: http//derstandard.at v. 22. März.

ICISS. 2011. The Responsibility to Protect. Ottawa: The International Development Research Centre.

Jöst, Lena und Strutynski, Peter. 2009. Humanitär intervenieren – aber nur mit humanitären Mitteln!. In: Ruf, Werner und Jöst, Lena und Strutynski, Peter und Zollet, Nadine. Militärinterventionen: verheerend und völkerrechtswidrig. Berlin: Dietz, S. 9 ff.

Köchler, Hans. 2011. „All Necessary Means". Memorandum, Wien v. 28 März. http://i-p-o.org/IPO-nr-UN-Libya-28Mar.htm.

Kornblum, John. 2011. Gespräch mit Michael Ziegler: „Am Anfang mussten die Waffen sprechen". In: http://www.dradio.de, v. 26. März.

Kress, Claus. 2011. Völkerrechtler kritisiert Haltung der Bundesregierung. In: Der Westen v. 19. März.

Luck, Edward C. 2011. „Wir wollen nicht warten, bis sich die Leichen türmen". Interview von Andreas Ross. In: FAZ v. 24. März.

Mbeki, Thabo. 2011. Die Kolonialisten kehren zurück. In: Die ZEIT v. 9. Juni.

Mellenthin, Knut. 2012. Der perfekte Krieg. In: Junge Welt v. 5. Januar.

Merkel, Reinhard. 2011. Der libysche Aufstand gegen Gaddafi ist illegitim. In: FAZ v. 22. März, S. 31.

Mezyav, Alexander. 2012. The War on Libya: Revelations of Former French Foreign Minister. Crimes against Humanity committed by Sarkozy & French Military. Global Research v. 4. Januar.

Mutz, R. 2011. Falscher Friedensplan. In: Frankfurter Rundschau v. 6. Dezember.

Paech, Norman. 2003. Der Irakkrieg oder der Abschied vom System der Kollektiven Sicherheit. In: Sozialismus, Heft 1, Nr. 262.

Ders. 2011a. Unser Krieg am Hindukusch. Afghanistan und Völkerrecht. In: Becker, Johannes M. und Wulf, Herbert (Hrsg.). 2011. Afghanistan: Ein Krieg in der Sackgasse. Berlin: LIT-Verlag, S. 63 ff.

Ders. 2011b. In Kreuzzugseuphorie. In: Junge Welt v. 30. März, S. 3.

Ders. 2011c. Responsibility to Protect – ein neues Konzept für neue Kriege? In: Crome, Erhard (Hrsg.). 2011. Die UNO und das Völkerrecht in den internationalen Beziehungen der Gegenwart. Rosa Luxemburg Stiftung Papers, Oktober, S. 59 ff.

Peral, Luis. 2011. Implementing R2P in Libya – How to overcome the Inaction of the UN Security Council. European Institute for Security Studies. ISS Analysis, März.

Pilger, John. 2011. David Camerons Begabung – Krieg und Rassismus für die anderen und uns. In: www.antikrieg.com v. 9. April.

Pillay, Navi. 2011. UN human rights chief alarmed by military takeover of hospitals in Bahrain. Geneva. In: http://www.ohchr.org, v. 17. März.

Ramachandran, Jaya, IPS. 2011. Sturz von langer Hand geplant. In: Junge Welt v. 18. April.

Roeder, Tina. 2011. Veränderte Situation in Libyen: schwierige Gemischlage von internationalem und nicht-internationalem bewaffneten Konflikt. BOFAXE Nr. 374D, v. 28. März.

Slaughter, Anne-Marie. 2011. Was the Libyan Intervention really an Intervention? In: the Atlantic, 26. August. http://www.theatlantic.com/international/archive/2011/08/was-the-libyan-intervention-really an-intervention/244175.

Tomuschat, Christian. 2011. Wenn Gaddafi mit blutiger Rache droht. In: FAZ v. 23. März.

Walzer, Michael. 2011. Diese Intervention ist durch nichts zu rechtfertigen – Motive fragwürdig, Ziele unklar. In: http://www.derstandard.at v. 21. März.

Kapitel 4

STREITGESPRÄCH ZU „RESPONSIBILITY TO PROTECT"

Zwischen Michael Daxner und Norman Paech

Gesprächsleitung: Johannes M. Becker und Gert Sommer.
Bearbeitung: David Stroop.

Das folgende Streitgespräch zu „Responsibility to Protect" wurde am 22. März 2012 in Berlin aufgezeichnet. Die „Verantwortung zu schützen" erscheint den Herausgebern dieses Buches – der Titel des Gesamtwerkes zeigt es schon – als eines der wichtigsten politischen Themen der Gegenwart, sowohl für den Bereich der Politik als auch für die Friedens- und Konfliktforschung, an deren Studierende wie Lehrende sich unser Buch unter anderem wendet. Der Libyen-Krieg des Jahres 2011 bietet sich als vornehme Projektionsfläche für eine Diskussion zur RtP an, freilich nicht ohne einen Rückblick auf die Kriege in Jugoslawien und Afghanistan.

Unsere Gesprächspartner sind ebenso ausgewiesene Fachleute, wie sie pronunciert für ihre jeweilige Einstellung zur „Schutzverantwortung" stehen.

• Prof. Dr. Michael Daxner ist Sozialwissenschaftler und Philosoph und war – neben vielem anderem – Präsident der Universität Oldenburg, 2000 – 2002 UNMIK-Verantwortlicher für Bildung und Hochschulen im Kosovo; Berater des afghanischen Wissenschaftsministeriums und der afghanischen Rektorenkonferenz (2003 – 2005); Berater des österreichischen Wissenschaftsministeriums für die österreichische EU-Präsidentschaft mit Schwerpunkt Südosteuropa (2005 – 2006); seit 2006 leitet er das Projekt „Interventionskultur" und weitere Arbeiten in Afghanistan, u.a. im Rahmen des Sonderforschungsbereiches (SFB) 700 an der FU Berlin.

• Prof. Dr. Norman Paech ist Rechtswissenschaftler und war von 1982 – 2005 Professor für Öffentliches Recht an der Hochschule für Wirtschaft und Politik (HWP) in Hamburg. Von 1976 – 1985 war er Vorsitzender der Vereinigung Demokratischer Juristinnen und Juristen und

von 1985 – 1993 Leitender Redakteur der rechtspolitischen Vierteljahresschrift *Demokratie und Recht*. Zwischen 2005 und 2009 war er
Mitglied des Deutschen Bundestages.

Wir danken Kerstin Beyer, Sekretärin am Zentrum für Konfliktforschung
der Philipps-Universität Marburg, für die akribische Transkription des folgenden Gespräches.

Streitgespräch

Herausgeber: *Unsere erste Frage: Was sind, Ihrer Meinung nach,
die wichtigsten Inhalte des Konzepts „Responsibility to Protect"?*

Michael Daxner: Ich denke, das Konzept entsteht in dem Augenblick, wo
die Frage nach souveränen Nationalstaaten als Akteure brennend wird, in
dem Sinne, dass die Souveränität und die Zusammensetzung der Weltgemeinschaft aus Aktionsfrieden und Nationalstaaten nicht mehr gegeben
war. Man kann auch sagen: nach dem Ende des Kalten Krieges ist klar,
dass supernationale Bündnisse und neue politische Formen an der gesellschaftlichen Basis Überlegungen dieser Art notwendig machen. Die zweite
Beobachtung, die ich gemacht habe, ist, wenn es keine kolonialen oder imperialistischen Interessen mehr gibt, die mehr oder weniger Überfälle oder
Eroberungskriege rechtfertigen, wird die normative Ebene, die ethische
Ebene immer wichtiger. Die würde ich zunächst einmal auf zwei Worte
reduzieren: „Nicht wegschauen!" Das erste Mal Wegschauen war München 1938 und dann gab es ganze Kaskaden von Wegschauen und eingegriffen wurde eigentlich immer später nach neorealistischen und anderen
Gesichtspunkten, aber die Ethik spielte eine geringe Rolle. Nach Ruanda
und Srebrenica ist das nicht mehr möglich. Ich würde also das Konzept
folgendermaßen zusammenfassen. Erstens: es gibt eine Schutzpflicht,
die wenigstens drei Komponenten hat, nämlich Prävention, Eingriff und
Sicherung des Eingreifziels, das ist ja nicht immer dasselbe und zeitlich
verschoben. Diese Schutzpflicht degradiert auf jeden Fall, nach verhältnismäßig strengen Kriterien, das Nichteinmischungsgebot als sekundär. Ich
nehme an, das wird tatsächlich ein Streitgespräch. Ich teile nämlich vor
allem den letzten Punkt: Nichteinmischung war für mich immer ein falsches
Kriterium. Und über die Inhalte – und da gibt es eine heftige Kontroverse

zur Zeit – muss gestritten werden, denn was der Inhalt ist, daran entzündet sich ja, worüber wir uns streiten. Eine Sache ist dabei klar, RtP ist keine Ermächtigung zum Krieg, sie ist auch keine Ermächtigung zum Frieden, sondern sie ist sozusagen der freie Rahmen, in dem politisch entschieden wird.

HG.: *Ganz herzlichen Dank für die erste Stellungnahme. Herr Paech, wie ist Ihre Position?*

Norman Paech: Als Jurist hat man in der Tat dazu einige andere Positionen. Zunächst einmal, wie ist es zu diesem Konzept eigentlich gekommen? Anlass war, dass der damalige Generalsekretär, Kofi Annan, sein tiefes Unbehagen dafür empfand, dass in Ex-Jugoslawien die NATO eingegriffen und die UNO vollständig außen vor gelassen hat. Das heißt, die NATO-Staaten haben in der Befürchtung, dass Russland und China nicht zustimmen würden, gleich gesagt, wir lassen den UNO-Sicherheitsrat raus, wir intervenieren mit einer höchst zweifelhaften Legitimation, der damaligen Humanitären Intervention, die aber kein völkerrechtlich zureichender Grund ist, sodass diese Intervention ein klar völkerrechtswidriger Eingriff gewesen ist. Und daraufhin hat Kofi Annan gesagt, wenn dieses Verhalten Schule macht, haben weder das Völkerrecht noch die UNO irgendeine Zukunft und dem müssen wir begegnen. Allerdings hatten wir auch andere sehr prekäre Situationen und gerade Kofi Annan musste das wissen. Er war seinerzeit für Afrika in der Verantwortung gewesen und hatte mit ansehen müssen, was für ein Völkermord in Ruanda geschah und die UNO offensichtlich ohnmächtig war. Für solche Situationen wie Ruanda, aber ich würde auch sagen Kampuchea Ende der 70er Jahre, müssen wir ein Konzept haben, mit dem wir es vermeiden, dass plötzlich einzelne Staaten einfach übernehmen und dort einfallen. Wir müssen die UNO wieder ins Spiel bringen. Und daher hat er diese Gruppe zusammengestellt, die kanadische Regierung hat das finanziert. Ein algerischer und ein australischer Diplomat waren die Vorsitzenden. Es sind zwei Elemente, die ich für ganz wesentlich halte. Erstens sagte man, souveräne Staaten haben eine Verantwortung für ihre Bürger, dass sie ihnen die Grund- und Menschenrechte garantieren, einfach eine redundante simple Selbstverständlichkeit. Für den Fall, dass sie dazu nicht in der Lage sind, muss diese Aufgabe die Völkerrechtsgemeinschaft übernehmen. Und dann kommt der zweite, der instrumentelle Aspekt, der besagt: Ja, aber wie, mit welchen Mitteln denn?

Hier gibt es das, was Sie, Herr Daxner, auch gesagt haben: die Prävention, dann die Intervention und dann die Nachsorge. Das sind die drei Ebenen die primär politisch, ökonomisch und diplomatisch gestaltet werden müssen. Wenn es aber notwendig ist, so schließen wir eine militärische Intervention nicht aus, aber, und das ist die klare Ansage auch dieses Konzeptes, das geht nicht abseits des Sicherheitsrates und nicht gegen oder ohne den Sicherheitsrat. Das heißt zweierlei: Einerseits eine Selbstverständlichkeit, jeder Staat muss für seine Bürger sorgen, und andererseits , wenn er es nicht kann, muss es die internationale Gemeinschaft übernehmen, aber nur in der Form eines Mandats durch den UNO-Sicherheitsrat, in gar keiner Weise anders. Insofern spielt für mich die Kategorie der Nichteinmischung eine ganz elementare Rolle. Denn das ist etwas, was in Artikel 2, Ziffer 7 der UNO-Charta festgeschrieben ist und als Jurist messe ich dieser Vorschrift enorme Bedeutung an. Zusammen mit dem Gewaltverbot des Artikels 2, Ziffer 4 sind das zwei grundlegende Kategorien, über die man als Politiker oder Historiker oder dergleichen nicht einfach hinweggehen kann.

HG.: *Herr Daxner, Sie haben ein paar Mal genickt, Sie haben ein paar Mal bedenklich geguckt und den Kopf geschüttelt. Beziehen Sie Stellung!*

MD: Also wo ich natürlich nicke: Es wird auf die UNO eine ganz andere Verantwortung zukommen. Wir sollten im vorliegenden Fragenkatalog ein bisschen springen. Die Frage vier kann ich ganz einfach beantworten.

HG.: *Frage vier lautet: Ersetzt oder ergänzt, Ihrer Meinung nach, das Konzept der RtP das traditionelle Völkerrecht?*

MD: Da würde ich sagen, es muss es ergänzen und es muss geschärft werden. Einerseits müssen die Bedingungen, unter denen eingegriffen werden kann, noch stärker als bisher sehr genau definiert werden, vor allem der Einsatz von militärischer Gewalt. Auf der anderen Seite aber haben wir natürlich ebenso präzise Aussagen über die schon sehr viel früher gefassten Beschlüsse zum Genozid. Wir haben allerdings eine Situation, in der der zeitliche Faktor und das sogenannte Ausschöpfen anderer Mittel zum Teil unter extremem Druck sind. In Srebrenica beispielsweise war das eine Sache von 24 Stunden. Meines Erachtens hätte da die NATO mit allen möglichen Mitteln, die sie gehabt hätte, sofort hineingehen müssen. Also sozusagen die Schlächterei unterbrechen. Das Völkerrecht hat eine große Achillesferse. Es gibt einige Länder, davon mindestens drei Mitglieder des

Sicherheitsrates, die das Völkerrecht aufgrund ihres *exceptionalism* außerordentlich stark relativieren, aber wenn es ihnen passt, auch für andere einfordern. Die USA, China und Russland sind gleichzeitig die drei Länder, in denen man RtP nicht gut anwenden kann, denn zum Anwenden gehört die ethisch-politische Dimension und die pragmatische. Es hat keinen Sinn zu sagen, ich interveniere, wenn ich es nicht kann. Ich glaube, das ist klar: Wir können nicht in Indien einmarschieren, wir können nicht in Südrussland einmarschieren und wir können nicht in Texas einmarschieren, wenn es denn Gründe dafür gäbe. Für mich ist das völkerrechtliche Argument natürlich wichtig, weil ich gerne ein starkes Völkerrecht möchte, aber dann muss man natürlich die Reform der Vereinten Nationen soweit vorantreiben, dass ich bei der Selbstlähmung des Sicherheitsrates nicht sage: Wir haben alles probiert und jetzt schauen wir zu. Das ist das, was wir im Falle von Syrien sehen. Libyen ist der eine Fall, aber in Syrien schaut die Welt einigermaßen gebannt zu.

NP: Zunächst würde ich ganz klar zu der Äußerung, dort, in Jugoslawien, in einem bestimmten Stadium hätte die NATO sofort eingreifen müssen, sagen: Nein, wieso eigentlich? Es gab keine Ermächtigung zum Eingreifen. Es ist, wenn man sich an die UNO und die UNO-Charta hält, so etwas nur im Rahmen eines Mandates möglich, denn Jugoslawien hat niemanden angegriffen. Der zweite Fall, die Verteidigung gemäß Artikel 51, ist da nicht relevant. Und selbst wenn die Situation furchtbar ist, Bürgerkriege sind immer furchtbar. In Libyen hat es an die fünfzigtausend Tote gegeben, also sehr viel mehr als in all diesen Ländern. Wenn wir dieser Anarchie der Staaten, die intervenieren können, – das sind nur wenige, die NATO-Staaten, vielleicht ist es China irgendwann und andere auch -, das Wort reden und eine Intervention zulassen, dann brauchen wir die UNO-Charta nicht mehr, dann brauchen wir auch die UNO nicht mehr. Sie haben ferner gesagt, womit ich nicht ganz einverstanden bin: Diejenigen, die sich wenig an das Völkerrecht, sondern allerhöchstens an ihre Interessen halten, seien USA, Russland und China. Ich darf daran erinnern, dass in dem Fall Syrien – aber auch bei Libyen – China und Russland immer darauf gedrungen haben, eine Intervention in fremde Länder zu verhindern, wegen Artikel 2, Ziffer 7 und Artikel 2, Ziffer 4. Dann wird man immer sagen: Ja, die haben ja ganz andere Interessen. Das stimmt, die Interessen der Chinesen in Libyen waren hoch. Dreißigtausend Chinesen sind dort rausgeworfen worden, dann ist es schon etwas zu sagen, ich halte mich aber an das Völkerrecht und allerhöchstens enthalte ich mich der Stimme. Hier, wie ich meine, kann man den Chinesen und Russen nicht einfach so unterstellen, dass es ihnen nicht um das Völkerrecht geht, wenn sie das behaupten.

Ein letzter Punkt, den Sie zu der Ohnmacht des Sicherheitsrates und der Reform der UNO-Charta gesagt haben, damit bin ich einverstanden: Die Reform müsste der UNO eine begrenzte Intervention ermöglichen. Es gibt die Möglichkeit, dass man die Charta mit einer Zweidrittel-Mehrheit in der Generalversammlung ändert. Nicht über irgendeinen Beschluss irgendeines Gremiums, sondern so oder über Völkergewohnheitsrecht. Und da gibt es ein Instrument, welches seit 1953 eine gewisse Berühmtheit erlangt hat, die sogenannte *Uniting for Peace* Resolution. Das ist eine Resolution, die seinerzeit Dean Acheson gegen die Sowjetunion, die damals den Sicherheitsrat im Korea-Krieg boykottierte, angewandt hat, indem er sagte, wenn der Sicherheitsrat, weil ein Land ein Veto-Land ist, blockiert ist, dann sollte die Generalversammlung diese Frage übernehmen und sich dann – entgegen der Dogmatik der UNO-Charta – mit dieser Frage beschäftigen. Damals gab es einen wilden Schlagabtausch zwischen den USA und der Sowjetunion, weil letztere sich natürlich überfahren sah. Aber wie das dann so ist, 1956 bei der Suezkrise war es die Sowjetunion, die mit der *Uniting for Peace* Resolution selber eine Sondergeneralversammlung einberief. Seitdem gibt es ungefähr 20 solcher Berufungen auf die *Uniting for Peace* Resolution. Das heißt, wir hätten eine Möglichkeit, wenn der Sicherheitsrat blockiert ist, dass die Frage dann an die Generalversammlung geht, und die könnte entweder mit einer einfachen oder mit einer Zweidrittel-Mehrheit darüber entscheiden. Welche Probleme das wiederum hervorruft, wissen wir seit 2003, seit der Vorkriegsära des Irakkrieges, als wir im Fernsehen verfolgen konnten, wie Powell versuchte, die Interventionsgründe zu schildern. Dort gab es eine Reihe von Staaten, die daraufhin sagten: „Wir kommen im Sicherheitsrat nicht weiter, also übertragen wir es mit der *Uniting for Peace* der Generalversammlung." Daraufhin hat die US-Regierung nur ganz cool diesen Regierungen einen kleinen Brief geschrieben: „Wir weisen darauf hin, dass das überhaupt nicht in unseren Interessen ist", und damit war das Problem erledigt. Das heißt, auch in diesem Fall unterlag die Möglichkeit einer Reform dieses ganzen schwierigen Komplexes einfach der Machtpolitik der USA. Damit haben wir auch zu rechnen. Also: Reform ja, aber wir müssen sehr konkret sein und uns fragen, wie können wir das machen?

Hg.: *Können wir jetzt doch auf die zweite Frage eingehen, denn da glaube ich, werden sich ähnliche Diskussions- und Dissens-Punkte ergeben. Unsere zweite Frage ist: Wo sehen Sie Chancen/Nutzen und wo Risiken/ Probleme von RtP?*

NP: Gut, ich sehe in dem ersten Punkt des Konzeptes die Chancen, nämlich in der Prävention. Diese ist total vernachlässigt. Sowohl in der Diplomatie, aber auch in der ganzen Krisenbewältigungspolitik und die ist das Wesentliche, denn all diese Konflikte haben sich lange Zeit vorher angekündigt. Ich verweise nur auf das, was sich in Nigeria im Augenblick abspielt. Das wird sich eventuell in genau die gleiche Richtung entwickeln, wie das, was sich im Sudan in Darfur abspielt. Alle Welt weiß es und nichts wird gemacht. Um dort überhaupt die RtP der eigenen Bevölkerung in Angriff zu nehmen, müsste es ein riesiges Programm geben, wie man die Nigerianer vor den Folgen dieser permanenten Desertifikation, vor den Konflikten zwischen Nomaden und ansässigen Bauern, Armut und so weiter schützen kann.

HG.: *Zugriffe auf die Reichtümer des Landes?*

NP: Vor allem im Süden . Wie könnte man das in den Griff bringen? Dazu ist kein Militär notwendig, sondern da sind wirklich Politik, Ökonomie und Diplomatie gefragt. Da sehe ich wirklich das größte Potential hierfür und es wäre wichtig, das auszuarbeiten und all das Geld, was man sonst in das Militär steckt, um nachher eingreifen zu können, dort hinein zu stecken.

HG.: *Das waren die Chancen. Und die Risiken haben Sie eben im Prinzip schon benannt: Aushöhlung des heute existierenden Völkerrechts.*

NP: Ja. Dass man dann letzten Endes sagt: „Wir können nichts anderes machen, in dem Moment hätte die NATO eingreifen müssen." Nein, auch Jugoslawien war ein Konflikt, den man lange, lange vorher sah. Da hätte man durch Diplomatie, durch Verhandlung und ökonomische Hilfe – und das ist das Wichtigste – Prävention leisten können. Das ist glaube ich in der deutschen Politik, überhaupt in der gesamten Politik, ein Problem: dass zwar jeder auf jeder Sonntagsrede, jeder Konferenz für Prävention plädiert, aber nichts getan wird.

HG.: *Herr Daxner, was sind Ihrer Meinung nach Chancen und Risiken?*

MD: Beim Punkt der Prävention kann man es nicht schöner sagen, als Sie, Herr Paech, es gesagt haben. Ich stimme dem zu, aber bei den Risiken sehe ich eine ganz andere Gefahr, nämlich eine Überdehnung. RtP, also die Schutzverantwortung, kann man nicht für jeden Konflikt anwenden. Gerade der dritte Golfkrieg, als einseitiger, Interessen geleiteter Krieg, passt da überhaupt nicht hinein, auch nicht in die Systematik. Was aber innerhalb des legitimen Zugriffsrechts der Vereinten Nationen das Problem ist, will ich fast ungeschützt an Jugoslawien erläutern. Ich habe als Redner auf einer Veranstaltung zum ersten September 1991 gesagt: „Ich fände es richtig, wenn die UN mit Blauhelmen so schnell wie möglich einmarschierte und dort verhindert, dass militärische Kräfte aus allen Teilen der Welt da eingreifen", und zweitens habe ich gesagt: „Dass die Diplomatie ihre Mittel in dem Fall überhaupt nicht hinreichend genutzt hat", dass also das Vorfeld ziviler Prävention nicht genutzt wurde. Nun ist das Problem, dass die UN kein stehendes Heer hat. Ich halte das für falsch. Ich bin der Meinung, es müsste eine, unter bestimmten Umständen abrufbare, Einsatztruppe geben. Wenn wir uns aber bei den Chancen einig sind, würde ich noch ein Stück weiter gehen. Oft ist der gewaltsame Eingriff in die größere Gewalt zwischen zwei Parteien – das kann Bürgerkrieg sein, das kann ein Krieg zwischen zwei Staaten sein, das kann alles Mögliche sein – in der Tat die einzige Möglichkeit, so einen Konflikt einzuhegen. Nach meiner Kenntnis, ich bin kein Afrikaspezialist, aber das hab ich schon sehr genau gelesen, wäre Ruanda so ein Beispiel gewesen, da muss man dazwischen gehen. Bei Nigeria ist es leicht, Ihrer Meinung zu sein, denn was sollte da das Militär? Bei der neuen Staatsgründung im Südsudan wird es wahrscheinlich genauso sein: Was sollte dort das Militär? Da allerdings sind natürlich andere Sachen wie wirtschaftlicher Druck und so weiter wichtig. Ich halte für die Schutzverantwortung die internationale Gerichtsbarkeit für unverzichtbar, das heißt aber natürlich die Anerkennung des Internationalen Strafgerichtshof in Den Haag durch alle. Ich würde mir auch wünschen, dass die USA dem sehr bald beitreten. Aber das ist wiederum ein ganz großes Problem mit der Souveränität, die wird uns durch alle Fragen verfolgen. Ich denke, dass die Nichteinmischung opportunistisch mal vertreten und mal nicht vertreten wird, dies darf aber im Weltvölkerrecht nicht dem Belieben eines

Staates oder gar einer Regierung überlassen werden. Also etwa der totale Schwenk der kanadischen Regierung nach der letzten Wahl. Der wesentliche Punkt ist, und darauf hat das Völkerrecht bislang überhaupt keine Antwort, dass es in Zukunft nicht um einzelne Staaten als Akteure gehen wird, sondern es geht um Gesellschaften. Das ist ein sehr heikler Punkt. Ich weiß genau, dass die Staatsfixierung natürlich ein gutes Rückgrat für rechtliche Prozeduren ist, aber fast alle die Konflikte, in denen über die Schutzverantwortung gestritten wird, sind in einem hohen Maß gesellschaftliche Konflikte. Diese Konflikte sind vom klassischen Nationalstaat nicht betroffen, die sind von ethnischen Volksstaaten zum Beispiel viel stärker betroffen, wie in Jugoslawien. Genauso im Fall von defekten Staaten, ich rede jetzt nicht von der *Failed-State*-Theorie, sondern von der Abwesenheit von Staatlichkeit, also genau das, was wir in Teilen Zentralasiens haben, in Teilen von Afghanistan, in Teilen von Pakistan. Genau dort muss ich mal schauen, wie es denn umgekehrt an der gesellschaftlichen Basis ausschaut und dort ist sowohl das Eingriffsverbot als auch das Eingriffsgebot ganz streng an die Folgerungen aus der Prävention gebunden. Wenn sich eine Ordnung herausbildet, die zwar gegen die Staatlichkeit des eigenen Landes ist, aber einigermaßen nach menschenrechtlichen Kriterien funktioniert, gibt es ein Eingriffsverbot und zwar unabhängig davon, ob wir den Staat und die Regierung schützen wollen oder nicht. Aber umgekehrt, wenn das nicht geht und wenn dort genozidal vorgegangen wird, bin ich eher auf der Seite von Interventionen und zwar nicht, um Schlimmeres zu verhindern, sondern um das Schlimmste zu verhindern. Wenn natürlich die Ausrottung bestimmter Bevölkerungsgruppen auch eine Konfliktregulierung ist, dann kann man auch sagen: Tut uns leid.

HG.: *Eine Nachfrage: Sie sagten, es gehe nicht um Staaten, sondern um Gesellschaften, aber es sind doch in Libyen die USA, Frankreich und Großbritannien, die da einmarschiert sind, oder nicht?*

MD: Nein, Libyen war schon ein Staat. Mein Beispiel bezog sich jetzt weniger auf Libyen, als auf andere Konflikte. Bei Libyen kann man ja noch fast die alte Klaviatur spielen. Hier geht es in der Tat darum, dass eine Gesellschaft in großen Teilen gegen das Herrschaftssystem ihres Staates aufbegehrt hat. Was sich jetzt abspielt im Osten von Libyen, also ich kenne zwar den Maghreb nicht gut, aber das ist ja interessant, das ist ja quasi eine staatliche Neuformierung. Ich glaube nicht, dass irgendjemand dies vor einem Jahr in irgendeiner Weise bedacht hat. Libyen, das sag ich ganz deutlich, ist für mich eine schwache Flanke, weil ich der Meinung bin, das ist gemessen an dem, was es hätte sein können, noch irgendwie erträglich ausgegangen. Syrien geht nicht erträglich aus, da wird einfach ein Teil der Minderheit so lange abgeschlachtet bis wieder Frieden ist und dann tut es uns leid. Herr Paech, es passt nicht ganz dazu, aber zu einem Satz, den Sie vorher gesagt haben zur Prävention: Ich habe ein böses Motto für die deutsche Stimmung. Auf hunderten Reden der Friedensbewegung wird Matthias Claudius zitiert: „Herr es ist Krieg und ich begehre nicht Schuld daran zu sein". Ich habe noch nie einen Pastor gehört, der gesagt hat „Herr es ist Krieg und wir müssen ihn beenden". Ich habe wirklich keinen gehört.

HG.: *Da haben Sie aber nicht gut zugehört. Beenden schon, aber eben nicht mit Gewalt.*

MD: Ich bin doch keiner der sagt, wir müssen von vornherein Gewalt anwenden.

HG.: *Sie haben unsere Frage missverstanden. Wir hatten gesagt, Staaten versus Gesellschaften, wir meinen, es sind doch Staaten, die intervenieren.*

MD: Ja, Gesellschaften intervenieren normalerweise nicht. Aber Staaten intervenieren aufgrund gesellschaftlicher Notstände. Ich nenne das Beispiel Afghanistan, das ich im Detail kenne. Ich könnte ja sagen, die *Liberal-State-Building*-Theorie hat soweit funktioniert: Da gibt es eine Regierung, da gibt es die formalen Institutionen. Den Rest soll dieser Staat mit sich selber ausmachen. Aber dieser Staat ist sozusagen eine Hüllform für eine Gesellschaft, die ihre eigene Freiheit und Situation überhaupt nicht gefunden hat. Jetzt sind wir aber dort. Ich bin nicht der Meinung, dass Afghanistan der klassische, traditionelle RtP-Fall ist. Aber wenn man dort ist, muss man natürlich auch bedenken, dass wir in Afghanistan relativ viel Prävention machen können. Was ich an der deutschen Diskussion sehr kritisiere ist, dass sehr viel von dieser Prävention, zum Beispiel in der Presse, mit keinem Wort erwähnt wird.

HG.: *Wir würden gerne darauf hinweisen, dass im Fall Afghanistan Krieg geführt wurde und wir daher hier nicht von Prävention sprechen. Prävention gilt ja der Verhinderung von Krieg.*

Wir möchten jetzt noch mal auf den Punkt vier gehen. Da haben Sie, Herr Daxner, schon Stellung genommen indem Sie klar gesagt haben, dass RtP das Völkerrecht ergänzt. Ist das auch Ihre Position, Herr Paech?

NP: Nein, RtP ergänzt das Völkerrecht überhaupt nicht. Es ist vielmehr eine Selbstverständlichkeit. Dass ein Staat für seine Bürger verantwortlich ist, ist absolut aus der UNO-Charta ableitbar. Die UNO-Charta hat ja auch einen entfalteten Friedenbegriff, der nicht nur den passiven Frieden, sondern auch den aktiven kennt. Die Staaten sind verpflichtet, inklusive aller sozialen, kulturellen und ökonomischen Pflichten, für die Menschenrechte einzustehen, selbst wenn diese nur dreimal in der UNO-Charta erwähnt sind. Insofern ist die Aussage des Berichts eine ganz andere: Es geht hier nicht um eine Alternative zur UNO, sondern es geht darum, sie handlungsfähiger zu machen. Es geht auch nicht um eine Alternative zur UNO-Charta, sondern es geht darum, wie wir mit dem – sowohl normativen als auch institutionellen – Instrumentarium besser arbeiten. Dann stehen dort einige Kriterien, die wir kennen: gerechter Grund, gerechte Absichten, militärischer Einsatz als letztes Mittel und Verhältnismäßigkeit. Alles das ist vollständig innerhalb der UNO-Charta. Das heißt, RtP ist eine Präzisierung, es ist im Grunde eine Handlungsanweisung an den Sicherheitsrat, wie er am besten mit der UNO-Charta umgeht. Es ist noch einmal ausgeführt und in das Gedächtnis dieser Mächte, die das ja immer vergessen, eingeschrieben. Das ist das eine.

Ich darf aber vielleicht doch noch etwas zu Libyen sagen. Sie, Herr Daxner, sagen, dass dieser Fall im Rahmen dessen, was geschehen ist, eigentlich so gerade noch erträglich ausgegangen ist. Hier bin ich doch anderer Meinung, denn gerade im Fall Libyen hat man das beiseite geschoben, was wir eigentlich unter Prävention auch verstehen müssen, nämlich die diplomatische Initiative. Thabo Mbeki hat sich bitter darüber beklagt, dass seine Initiative mit den afrikanischen Staatsoberhäuptern, die dort vermitteln wollten, von der NATO konterkariert und abgelehnt wurde. Das heißt, der Vorwurf gilt, dass man, bevor alle diplomatischen Möglichkeiten erschöpft waren, schon zu der militärischen Variante übergegangen ist. Das zweite ist, dass man daran doch sieht, dass es hier um etwas ganz anderes als um den Schutz der Zivilbevölkerung ging. Es ging um das, was ich als den Missbrauch dieses Mandats ansehen würde, nämlich darum, Gaddafi zu beseitigen. Der war wie ein Zauberlehrling: Eine lange Zeit hat man

mit ihm gut gearbeitet, manchmal auch weniger gut, aber nun sah man
die Möglichkeit, sich eine zuverlässigere Regierung zu holen, man instal-
liert also ein weiteres Protektorat. Damit ist man jetzt zwar noch etwas in
Verzug, das hat man noch nicht so richtig geschafft, aber darauf läuft es
hinaus. Das heißt, dieses ist ein klassischer Fall, in dem man die Präventi-
onsphase einfach beiseite geschoben hat, um sofort zur Interventionsphase
zu gehen. Wir können auch Irak 1991 nehmen, wo Sie sagten, dass sei
eigentlich nicht so ein Beispiel. Da gab es die einzige wirklich gute Resolution des UNO-Sicherheitsrats, nämlich 688, mit der sie auf der Basis
der damals noch unbekannten Responsibilty to Protect diese *Save Havens*,
also Rückzugsgebiete, für die Kurden eingerichtet haben, ohne Militär.
Das ist das, wovon ich meine, dass das die Aufgabe der UNO gewesen ist.
Dann allerdings haben sie nichts für die Prävention gegenüber dem Irak
unternommen, sondern haben ihn systematisch zugerichtet für den Krieg.
Von 1991 bis 2003 haben sie Flugverbotszonen eingerichtet – gegen die
UNO-Charta, das durften sie gar nicht – und haben die Infrastruktur des
Iraks sowohl im Norden wie im Süden bombardiert und damit den Irak so
zugerichtet, dass der Zugriff auf Bagdad im März 2003 dann nichts Bedeu-
tendes mehr war.

Aber in einem Punkt stimme ich Ihnen, Herr Daxner, vollkommen zu: Das,
was die UNO-Charta fordert, nämlich eine Einsatztruppe für die UNO,
ist nie geschehen. Keiner der Staaten, auch die Sowjetunion nicht, wollte
diesen Punkt betreffend einen Vertrag machen. Auch ich bin der Ansicht,
dieses ist ein noch unerfülltes Versprechen der UNO-Charta, was uns im
Falle seiner Einlösung eventuell helfen würde.

Einen dritten Punkt zu der Frage der Gesellschaften, dass es also um Gesellschaften und nicht um Staaten geht. Damit hat sich das Völkerrecht
schon lange beschäftigt und zwar schon in der Kolonialzeit, genauer der
Zeit der ersten kolonialen Kämpfe Lateinamerikas. Dort haben sie nämlich
ein Prinzip etabliert, was man im lateinischen *Uti possidetis* nennt. Ein
bekanntes Prinzip, das bedeutet: „Bleibe dort, wo Du bist, benutze das,
was Du hast!" Das heißt, dass die alten Grenzen nicht neu gezogen werden
müssen, je nach dem wie die Gesellschaften sind, sondern die Gesellschaften sollten sich in den Grenzen – das spielte nachher in Afrika auch eine
große Rolle – doch damit begnügen, wo sie waren. Aber weil man wusste,
dass die Gesellschaften oft durch willkürliche Grenzen getrennt wurden,

sagte man weiter: „Deswegen haben wir das Prinzip der Selbstbestimmung, nach dem diesen Völkern innerhalb dieser – nun einmal zu akzep-
tierenden – Staatsgrenzen ein weites Maß an Selbstverwaltung, Autonomie
und Selbstbestimmung gegeben werden soll." Das sind also zwei Dinge,
die man versucht hat, um das gesellschaftliche Problem in Staaten, die
beliebig kolonial zusammengeschnitten worden sind, um des lieben Friedens Willen zu regeln. Denn man ahnte, wenn man allen Gesellschaften in
Afrika eigene Staaten gäbe, sähe Afrika in Kürze so aus wie Deutschland
nach dem Dreißigjährigen Krieg. Also hat man schon einen Lösungsansatz
für dieses Problem. Dass das heute nicht immer so funktioniert, ist meines
Erachtens nicht ein Fehler des Völkerrechts, sondern der Politik.

MD: Ich habe nicht die Befassung des Völkerrechts mit diesem Thema
kritisiert, sondern das Ergebnis. Ich meine, das paradoxeste Urteil war der
Empfehlungsbeschluss zu Kosovo und Jugoslawien, nämlich die Trennung
von Politik und, sozusagen, der legitimen Selbstkonstitution. Ein weitreichen-
des Urteil, im Übrigen eines gegen die Vereinten Nationen, so wie ich es
lese. Im Fall Irak kann ich Ihnen sofort zustimmen: Da kommen wir gleich
zu anderen Sachen. Natürlich war die erste Resolution wirklich gut. Wir
haben ein Problem. Die Konflikte ähneln einander strukturell weniger als
sie sich früher ähnelten, das kann man, glaube ich, nicht einfach abtun mit
neuen Kriegen und Staatszerfall und *failed states*, das ist komplizierter.
Ich habe da ein Paradebeispiel, das ganz kompliziert ist. Im Nachhinein
müssen wir froh sein, dass wir in Myanmar bei der Flut nicht interveniert
haben. Allerdings haben wir nicht interveniert, weil erstens China Veto
eingelegt hätte und zweitens, weil die Frage, sollen wir bei einer Naturka-
tastrophe intervenieren, die ohne *regime change* nicht sofort zu bearbeiten
ist, hoch umstritten ist. Weil, wie Sie wissen, Gareth Evans und andere
gesagt haben: „Wann, wenn nicht jetzt?". Jetzt haben wir Glück gehabt,
in Myanmar gibt es einen Demokratisierungsprozess. Den gibt es wirklich, aber der war sicherlich nicht mit Dankbarkeit der Junta, sondern man
kann auch sagen, das Erschöpfungspotential der Konflikte innerhalb von
Myanmar war nach der Flut doch so viel größer als vorher, dass es nicht
anders ging. Ich frage Sie, Herr Paech: Hätten wir in Haiti, das weniger
gut gelaufen ist, ohne Militär gekonnt und wer hätte das gekonnt? Das ist
nämlich ein analoger Fall.

NP: Das ist eine sehr hypothetische Frage.

MD: Oder ich frage anders: Ist es völkerrechtlich falsch gewesen, dass Haiti vom ersten Tag an mit riesigen Militärkontingenten überhaupt nur stabilisiert werden konnte?

NP: Es gab damals eine Resolution, die das erlaubte, und da haben die Russen und die Chinesen gesagt: „Gut, das ist euer Claim, macht das dort! Da haben wir keine Interessen." Also haben sie formal das Tor in diese Richtung geöffnet, sodass man sagen konnte, dass das mit Militär gemacht wird.

Aber ich will mich noch einmal grundsätzlich äußern. Ich halte alle Beispiele, in denen wir militärische Interventionen haben, für gescheitert, auch Haiti. Afghanistan steht dabei an erster Stelle. Im Irak sieht es ähnlich aus. Wenn man sich die Gesellschaften in diesen Ländern ansieht, sieht man in Afghanistan beispielsweise 30 Jahre Krieg. Jetzt haben wir den Fall Libyen. Das heißt, man geht hinein, zerlegt eine alte Gesellschaft, die in der Tat wohl keine große Überlebensfähigkeit mehr hatte, weil sie verkrustet, veraltet und auch feudal strukturiert war. Dann versucht man sie mit allen Möglichkeiten wie ein Mosaik nach den eigenen Vorstellungen wieder zusammenzusetzen und überall sehen wir die größten Schwierigkeiten. Gehen Sie in den Kosovo, gehen Sie auf den Balkan und sehen Sie die Probleme dieser Gesellschaften. Auf der anderen Seite gibt es andere Beispiele, etwa den Jemen. Ich finde es ganz gut, dass Herr Westerwelle immer wieder auf den Jemen zu sprechen kommt, weil er sagt: „Es müsste doch auch so gehen. Ist für uns auch leichter. Wir haben nicht die ganzen schreienden Leute zu Hause, wenn das ohne Eingriff geht. Also müsste es doch auch in Syrien und in anderen Fällen so gehen." Ich bin der Überzeugung, abgesehen von den über 50 Tausend Toten und den zerstörten Städten in Libyen, dass jetzt die Probleme sich verschärfen, dass Al-Qaida kommt, dass Fundamentalisten kommen und dass man nicht weiß, wie man diese Gesellschaft strukturieren soll. Die war bestimmt nicht edel verfasst durch Gaddafi, aber sie war auf jeden Fall doch irgendwie lebensfähig und jetzt ist sie vollkommen kaputt.

HG.: *Wir möchten gerne für einen Moment in Libyen bleiben. Herr Daxner, Sie haben eben diesen Drei-Schritt bei der RtP erwähnt: Prävention, dann eventuell Eingriff und Sicherung des Eingriffsziels. Und wenn wir uns jetzt ansehen, wie der Westen mit Libyen umgegangen ist. Dass der*

Westen Libyen noch wenige Monate vor diesem Eingreifen mit Waffen ver-
sorgt hat, ist doch eigentlich eine Verletzung unserer eigenen Prinzipien,
oder nicht?

MD: Ja, natürlich. Das tun wir die ganze Zeit und ich bin der letzte, der das
verteidigt. Aber da geht es um zwei Dinge. Wann darf ich verletzen, wann
nicht? Also ich schau mir mal den dreißigjährigen Krieg in Afghanistan an.
Ich kenne mich da besser aus. Bei Libyen weiß ich nur, dass es natürlich
falsch war, Frieden mit Gaddafi um des Öls Willen zu schließen. Aber ich
sage natürlich auch, gejuckt hätte es mich, aus moralischen Gründen, den
regime change früher vorzubereiten. So etwas muss ja nicht unbedingt militärisch durchgeführt werden. Es gibt ja auch berühmte Geschichten, wo
große Länder kleine Guerillas oder Widerstandgruppen unterstützen, also
dabei ist keiner frei von Doppelmoral und Doppelaktion. Wo mich das Beispiel, eingreifen dürfen, sollen, müssen am meisten aufregt, ist Afghanistan,
deshalb: Die Sowjetunion marschiert ein, da sie in ihrem Süden schlicht
„Ruhe im Karton" haben wollte und weil die Umgestaltung Afghanistans
in einen sozialistischen Klassenstaat an allen denkbaren theoretischen und
praktischen Überlegungen gescheitert ist. Das war ein ziemlich schlimmes
Besatzungsregime. Der Westen hatte schon vorher die Landbevölkerung
unterstützt und jetzt unterstützte er die Mudschaheddin. Die Russen waren
dann raus. Dann gab es aber immerhin so etwas wie eine legitime Regierung. Die Russen haben nicht mehr zahlen können, der Westen hat nicht
gezahlt. Man hat im Grunde genommen sehenden Auges einem *bellum om-*
nium contra omnes[1] zugeschaut, und dann hat man gesagt, das funktioniert
so aber nicht. Jetzt ist es sehr gefährlich, mein Jugoslawien-Argument zu
wiederholen, aber, wenn 1991/92 eine hinreichende Zahl von UN-Truppen
dort wirklich eingegriffen hätte, und man beschlossen hätte, es ist zwar
„kein elegantes Regime", aber hätten wir die legitimere Regierung Nad-
schibullah gestützt, hätte das vielleicht einer Millionen Menschen das Leben gerettet. Dass wir 2001 einmarschiert sind – und zwar alle – hat zwei
Seiten. Die nicht zu verteidigende OEF einerseits und die meines Erachtens mandatsmäßig relativ gut abgesicherte UNAMA-ISAF-Doppelarbeit[2]
andererseits. Hier ist nicht einfach alles schief gelaufen, es ist nur sehr

---

[1] Lateinisch für: Ein Krieg jeder gegen jeden.

[2] UNAMA hat in Afghanistan kein besonders starkes operatives Mandat,während ISAF
     viele Protektoratselemente trotz einer vorhandenen Regierung in sich trägt

viel schief gelaufen, weil zum Beispiel OEF dem dauernd entgegengekom-
men ist und wir keinerlei Sicherungsmechanismus, übrigens auch rechtlich
nicht, dagegen haben, das ist schlimm. Vor allem habe ich nie gesagt, dass
das, was unter RtP geschieht, automatisch eben deshalb besser wirkt als
etwas anderes. Der Einsatz von Militär ist eine *Ultima Ratio*, aber sie läuft
nicht nach dem Vorher-Nachher-Prinzip ab. Ich kann mit meiner Famili-
engeschichte und meinen historischen Kenntnissen sagen: Warum haben
England und Frankreich Deutschland 1938 nicht bombardiert?

HG.: *Kommen wir doch einmal auf das Grundsätzliche zurück. Die UNO-
Charta betont sowohl die Souveränität der Staaten als auch die Bedeutung
von Menschenrechten. Wie sehen Sie dieses Spannungsverhältnis?*

NP: Das Souveränitätsprinzip ist seit 1648 eines der grundlegenden Prinzipien staatlichen Zusammenlebens. Das ist auch in allen internationalen
Konferenzen und in allen Dokumenten immer wieder das A und O: die
Souveränität der Staaten. Anders kann man miteinander nicht handeln
und ich will auch sagen, es ist letzen Endes die letzte und einzige Bastion schwacher Staaten gegenüber den starken Staaten. Schwache Staaten
können sowohl gegenüber ökonomischen, politischen als auch gegenüber
militärischen Interventionen nichts anderes tun, als sich auf ihre Souveränität zu berufen. Das ist das Eine. Das Andere, das Zweite, sind die
Menschenrechte. Diese sind in der Tat eine Entwicklung des Völkerrechts,
die ich in den Jahren nach 1945 als die größte und auch die erfolgreich-
ste ansehe. In der UNO-Charta war es noch nicht gelungen, eine richtige Menschenrechtsposition aufzubauen. Das hatte damit zu tun, dass sich
Churchill und Stalin nicht über die Menschenrechte einigen konnten. Aber
dann gab es die Festschreibungen 1948 und 1966/67 und allmählich gibt
es eine Unmenge von menschenrechtlichen Vorschriften, die alle einen hohen Grad an Verantwortung für das Individuum widerspiegeln, allerdings
gibt das den Menschenrechten noch keine völkerrechtliche Qualität. Das
Völkerrecht ist immer noch ein Recht der Staaten. Es ist aber so, dass man
zum Beispiel in einem der ganz wesentlichen Verträge, der Konvention
gegen den Völkermord von 1948, überlegt hat, wie die Menschen gegen
das Völkerrecht geschützt werden können. Dort hat man überlegt, ob man
den Staaten die Möglichkeit einzugreifen geben kann, wenn so etwas wie
– modern gesprochen – Kampuchea, Srebrenica oder auch Ruanda pas-

siert. Diese Frage hat man mit „nein" beantwortet und beschlossen: Wir verweisen auch dann auf die UNO-Charta und sagen, die Souveränität der Staaten darf nur in jenen Fällen militärisch durchbrochen werden, in denen die UNO-Charta das erlaubt. Sprich: einmal im Rahmen der Selbstverteidigung, wenn man angegriffen wird, oder im Rahmen der Artikel 39 und 42, wenn es ein Mandat gibt. Wir können es einzelnen Staaten nicht überlassen zu entscheiden, wann, wo die Menschenrechte verletzt werden und wir können ihnen es erst Recht nicht überlassen, dort einzugreifen. Das heißt, bei allem Fortschritt der Menschenrechte, die ich in der Tat für eine der größten Errungenschaften des Völkerrechts nach 1945 halte, ist die Souveränität nicht durchbrochen worden. Das geht nur dann, wenn die UNO-Charta das erlaubt.

Wir haben allerdings einen Bereich, in dem das etwas anders gelaufen ist, nämlich bei der Frage der Strafbarkeit, das ist ja auch eine Menschenrechtsfrage. Man kann einzelne Personen jetzt vor den Internationalen Strafgerichtshof stellen, unabhängig von ihrer Souveränität bzw. ihrer Immunität, Beispiel hierfür ist die Anklage von Umar al-Baschir. Diese Immunität als Ausdruck der staatlichen Souveränität, nehmen gerade die Staaten, die immer die Souveränität der anderen Staaten herunterhängen wollen, für sich in Anspruch. Staaten wie die USA, China, Russland, Indien und Israel haben das Römische Strafstatut nicht unterschrieben, weil sie die Interventions-Staaten sind. Sie müssen daher die Befürchtung haben, dass, wenn sie das unterschreiben, sie nachher selbst angeklagt werden und das ist das Problem. Das heißt, die Souveränität ist auch immer noch eine Souveränität der starken Staaten und dagegen können schwache Staaten nur vorgehen oder sich retten, indem sie sagen: Unsere Souveränität wollen wir genau so respektiert haben wie eure, und das mit den Menschenrechten müssen wir anders machen.

MD: Ja, wir müssen das anders machen. Dem juristischen Vortrag kann ich und will ich gar nichts entgegenhalten, aber die Bruchstelle ist doppelt. Es muss eine Legitimation geben, jemanden wegen Verbrechen gegen die

Menschlichkeit anzuklagen. Die vier Nürnberger Punkte[3] würden mir reichen, wenn sie weltweit gelten würden. Jetzt haben Sie völlig zutreffend
gesagt, das Problem liegt in dem ungeheuren Fortschritt, dass heute Menschenrechte individuell interpretiert werden. *Sie* haben das Recht, *ich* habe
das Recht. der Staat als Subjekt der Menschenrechte kann ja nicht gefoltert
werden. Da gibt es aber ein ganz großes Problem. Ich sehe erstens, dass
die Souveränität nach 1945 systematisch von unterschiedlichsten Gesell-
schafts- und Herrschaftssystemen reduziert wurde. Also ich will den Kalten Krieg nicht wieder aufleben lassen, aber ein Großteil von Lateinamerika auf der einen und der Ostblock auf der anderen Seite, das waren keinen
souveränen Staaten. Was auch immer die waren, jedenfalls *Westfalia* nicht
mehr. Das Zweite ist, dass die EU einen anderen Weg geht und behauptet,
dass die EU-Mitglieder das, was es noch in der emphatischen Souveräni-
tätstheorie gab, nicht mehr da ist. Das finde ich auch nicht schlimm. Ich
finde die Diagnose richtig, dass wir eine supranationale und eine lokale
Ebene haben. Für das Lokale gibt es aber kaum wirkliches Völkerrecht,
wo beginnt das Selbstbestimmungsrecht, das Recht über Kultur, das über
soziale Beziehungen und über Tradition? In manchen Verfassungen ist das
ganz gut geregelt, nämlich durch Multi-Legalismus. Das heißt aber, dass
die Rechtseinheit des Nationalstaates kein absoluter Wert mehr ist. So und
nun zurück vom Ausflug: Ich glaube, die Menschenrechte sind dem Staats-
recht im Prinzip über- und nicht untergeordnet. Da wird jeder Jurist sagen:
„Da werden Sie aber Probleme kriegen". In der Praxis ist das aber nicht
so, weil ich in der Praxis sehr wohl Menschenrechte zum Gegenstand politischer Verhandlungen machen kann, natürlich mit offenem Ausgang, ob
das für den Staat etwas bewirkt oder nicht. Ich glaube, das gilt auch für
Libyen. Wenn die Herrschaftsform verhindert, dass diese Verhandlungen
stattfinden, dann ist das problematisch, und wenn die militärische Intervention das verhindert, genauso. Weil mir Genauigkeit hier wichtig ist,
muss ich einen noch unveröffentlichten Satz zitieren, den ich geschrieben
habe: „Die Schutzverantwortung sollte aber beschützen, was an potenti-

---

[3] Gemeint sind die vier Anklagepunkte der Nürnberger Prozesse, die als zu bestrafende
     Verbrechen in das Völkerrecht eingegangen sind: 1. Planung, Vorbereitung oder
     Durchführung eines Angriffskrieges oder Verletzung internationaler Verträge oder
     Übereinkünfte; 2. Mitwirkung bei Planung von oder Verschwörung zu jeglichen
     unter 1. aufgeführten Handlungen; 3. Kriegsverbrechen; 4. Verbrechen gegen die
     Menschlichkeit.

eller Entwicklung der Gesellschaft sich aus dem Zwang der Verhältnisse befreien will. Man könnte das den Schutz zur Emanzipation vom Zwang dieses Schutzes nennen." Oder anders gesagt: Die Schutzverantwortung muss ertragen, dass in ihrem Schatten etwas passiert, was eigentlich mit dem Schutz nichts mehr zu tun hat. Oder noch anders gesagt: Die Grenzen unserer *Assist-* und unserer *Reconstruct-Capacity* müssen genauso streng bestimmt werden. Es ist interessant, dass die Kritiker der humanitären Intervention sagen, Transition sei wichtiger als Exit.

NP: Man könnte das vielleicht auch so fassen: Frieden kann man auch mit Krieg herstellen. Dann wäre das Ziel, die Grenzen des Instrumentariums etwas auszudehnen, um einen Friedenszustand herzustellen. Genauso wie Menschenrechte herzustellen, indem man das Instrumentarium der Schutzverantwortung etwas ausweitet. Abgesehen davon, dass das juristisch nicht möglich ist – und daran müssen wir uns halten –, habe ich grundsätzliche Zweifel: Ob es erstens möglich ist, durch Krieg wirklich Frieden herzustellen und ob es zweitens möglich ist, durch militärische Interventionen Menschenrechte zu garantieren. Der Zustand der afghanischen Menschenrechte ist so katastrophal wie lange nicht. Ich kenne Afghanistan sehr gut. Ich war während der Zeit Karmals und Nadschibullahs dort und später ebenfalls öfters im Land. Was dort derzeit menschenrechtlicher Standard ist, ist absolut ein Horror. Den Einmarsch oder die Truppenpräsenz kann man überhaupt nicht begründen. Mehr noch: Zu sagen, der Einmarsch oder die Truppenpräsenz hätten humanitäre Gründe, halte ich für eine absolute Lüge. Ähnliches gilt für den Irak. Was ist dort übrig geblieben von den Menschrechten? Was ist der Menschenrechtstatus in Libyen? Ohne juristisch zu argumentieren, alleine auf einer empirischen Basis, die wir angeblich präsentiert bekommen, halte ich das Mittel, eine Gesellschaft zu zerstören, um die Menschenrechte zu retten, für falsch und auch für gescheitert.

MD: Darf ich Sie mal was fragen?

NP: Ja.

MD: Gegen wen führen wir denn in Afghanistan Krieg?

NP: Das frage ich mich auch. Schauen Sie: Als 2001 erst die Amerikaner und dann später auch die NATO dort hinein gingen, dauerte es ungefähr zwei Monate, bis die Taliban beseitigt waren. Zu diesem Zeitpunkt hätte man alles versorgen können, indem man versucht diesen Staat, ohne militärische Mittel, wieder aufzubauen, dritte Phase der RtP. Das hat man nicht getan, weil man ganz klare, andere Ziele hatte. Dies ist auch ein Punkt, an dem wir uns, Herr Daxner, vielleicht voneinander unterscheiden, nämlich bei der Einschätzung der Motivation und der Zielsetzung einer solchen Intervention: Es geht nicht um die Rettung der afghanischen Gesellschaft. Es geht nicht um die Rettung der Frauen und auch nicht der Kinder. Sondern es geht darum, hier ein Protektorat in den globalen Auseinandersetzungen um Rohstoffe und um geostrategische Positionen, unter anderem gegenüber China, aufzubauen. Das heißt, dass demnächst dort eine US-Botschaft errichtet wird, die vielleicht nicht ganz so groß ist wie die US-amerikanische in Bagdad, aber ebenfalls von bedeutender Größe sein wird. Ein Löwe wird nie sein Reh aus dem Rachen lassen und so werden auch die USA nie Afghanistan aus ihrem Rachen lassen, sowie sie den Irak und auch Libyen nicht herauslassen werden. Das beschreibt, meines Erachtens, das Ziel. Darin sind die deutschen Bemühungen wiederum vollständig eingeklammert. Viele wissen das auch, aber man redet natürlich nicht darüber. Man fühlt sich unwohl in dieser Situation, man versucht es so ähnlich zu bearbeiten wie in Palästina: Man hilft den Israelis, aber man hilft durch Zahlungen auch den Palästinensern. Man weiß, dass das alles eigentlich ein Chaos und ein absolutes Verbrechen ist, was dort geschieht, aber um sich da heraus zu halten, weil man nicht anders kann als sich heraus halten, versucht man sich frei zu kaufen.

HG.: *Die NATO selbst hat ja die Intervention in Afghanistan inzwischen auch als gescheitert angesehen. – Kommen wir aber vielleicht doch noch auf eine andere Frage. Unsere Frage sieben ist uns sehr wichtig, sie lautet: Der Libyen-Krieg wurde insbesondere damit begründet, dass Gaddafi Luftangriffe auf die Zivilbevölkerung befohlen habe, bei denen 6000 Menschen getötet wurden. Nach Kriegsbeginn konnten diese Meldungen nicht mehr bestätigt werden. Wie bewerten Sie das? Der Hintergrund dieser Frage steckt natürlich auch in der nächsten Frage: Wir alle sind auf Medienberichte angewiesen. Welchen Medienberichte glauben wir und wann sagen wir, die sind so verlässlich, dass wir einen Krieg beginnen – gesetzt einmal wir akzeptieren dieses Konzept? Also konkret: Es war die Rede von 6000 Menschen und, dass auch auf die wehrlose Bevölkerung und auf friedliche Demonstranten geschossen wurde. Diese Berichte konnten nicht bestätigt werden. Es waren maximal 1000 Tote und für einen Teil dieser waren auch* *bewaffnete Gruppen verantwortlich. Die wesentliche Begründung für den Libyen-Krieg konnte also nicht aufrechterhalten werden.*

NP: Für die Juristen gibt es eine einfache Frage: Wer ist beweispflichtig? Das sind diejenigen, die diese Behauptungen aufstellen. Sie können es aber nicht beweisen. Wenn sie das nun nicht können, dann ist offensichtlich an diesen Berichten auch nichts Wahres dran. Wenn wir literarisch immer sagen, dass im Krieg die Wahrheit zuerst stirbt, dann müssen wir die Konsequenzen daraus auch ziehen. Das stimmt für diesen Krieg ebenfalls. Das ist in Syrien wahrscheinlich ähnlich und in Afghanistan ebenfalls. Ich habe mich darum bemüht zu fragen, welche Zahlen gibt es bei der NATO? Ich habe beim Bundestag angefragt, es werden keine Zahlen genannt. Die einzig nachweisbare Zahl stammt von dem späteren libyschen Gesundheitsministerium und vom Übergangsrat, die haben eine Zahl von 40 bis 50 Tausend Todesopfern genannt, wohlgemerkt im gesamten Krieg. Diese 40 bis 50 Tausend aber nur dem internen Bürgerkrieg anzulasten, und nicht der NATO, scheint mir nicht haltbar zu sein. Sondern es ist wahrscheinlich doch ein Kriegszusammenhang, indem man nicht mehr unterscheiden kann, wer für wie viele Tote verantwortlich ist, auch weil ja die Rebellen quasi als Bodentruppen der NATO fungiert haben. Dieses Problem der Glaubwürdigkeit der Berichterstattung ist etwas, was mir prinzipiell immer Zweifel an jeder Kriegsberichterstattung beschert, obwohl ich mich nicht dagegen wehren kann. Ich habe ja keine anderen Informationen. Ich kann immer nur ein Fragezeichen dahinter setzen und kann dann sagen, warten wir einfach fünf Jahre ab, dann haben wir wahrscheinlich die richtigen Zahlen. Bisher hat sich immer bestätigt, dass das, womit der Krieg begründet wurde, falsch war. Wir kennen das von der Tonkin Bucht bis hin zu den Inkubatoren, welche übrigens jetzt auch wieder in Syrien – oder in Libyen, ich weiß es gar nicht mehr – eine Rolle gespielt haben, von denen angeblich die Zuleitungen abgezogen wurden und die Babies deshalb gestorben sind. Das geht bis hin zu falschen Fotos, und so weiter. Dies ist also ein hoch dubioser Umkreis der Kriegsführung, dem ich in gar keiner Weise irgendwie mehr Glauben schenken kann.

HG.: *Daher ist dies für uns eine wichtige Frage. Herr Daxner, was sagen Sie dazu?*

MD: Ich habe ja zuerst gesagt, ich denke in Libyen wurde die Schutzverantwortung überdehnt. Ein Freund und Kollege von mir hat das so gesagt:

Eigentlich war das Mandat der militärischen Flüge der Schutz der Zivilbevölkerung. Die internationalen Verbände waren aber nicht als Luftwaffe
der Rebellen gedacht, das also ist diese schmale Grenze. Das ist, finde ich,
schon ein gutes Argument, das Vorgehen ist also zu kritisieren. Aber gehen wir mal zurück. Hätte man aufgrund der Vorgeschichte nicht eingreifen dürfen? Das ist ein höchst gefährliches Argument. Wie weit gehe ich
zurück? Wann haben wir Gaddafi unterstützt? Wann haben wir ihn nicht
unterstützt? Wann war er der beste Freund der Deutschen Linken? Wann
war er ein Monstrum? Also da kann ich nur sagen, *profana vox populi* ist
da immer sehr zweifelhaft und hat ein kurzes Gedächtnis. Es gibt aber die
aktiven Aufstände und die Frage: Darf ich oder darf ich nicht? Wo ist das
Maß überschritten? Wo ist also die Wahrscheinlichkeit genozidaler Gewalt
– im juristisch definierten Sinn – so groß, dass ich eingreifen muss? Jetzt
kann ich nur sagen, aus meiner Kenntnis von Libyen war das zu einem
bestimmten Zeitpunkt erreicht, wie dass zum Beispiel in Tunesien nie der
Fall war und wie das, zu meiner Überraschung, in Ägypten überhaupt nicht
der Fall war, da war das ganz anders. Wenn das so gewesen wäre, würde
ich sagen, dass das UN-Mandat vielleicht überdehnt, aber korrekt ist.

HG.: *Auch wenn es auf einer Falschmeldung beruht?*

MD: Was heißt auf einer Falschmeldung? Dass Powell im Sicherheitsrat
gelogen hat, wusste die ganze Welt, einschließlich er selbst.

HG.: *Da gab es aber auch kein UN-Mandat.*

MD: Nein, ich weiß, das war kein UN-Mandat und damit würde ich den
Irakkrieg als reinen, ich sage mal, neorealistischen Gewaltkrieg ansehen
und da überhaupt nicht diskutieren. Deshalb ist alles richtig, was Sie über
den Fall Irak sagen. Es ist aber in anderen Ländern, glaube ich, anders. Ich
denke, in Libyen gab ein ganz großes Problem: Je mehr Gewalt angewendet wurde, desto weniger ist an den ersten Tag nach Gaddafi gedacht worden. Das heißt also genau: Die Schutzverantwortung ist in hohem Maße
eingeengt worden, als sie sich nur noch auf den *regime change* konzentriert
hat. Das finde ich natürlich falsch.

HG.: *Jetzt eine Zwischenfrage dazu. Was, Herr Daxner, wenn wir, der
Westen, diese Gewalt, diese Aufstände in Libyen zum Beispiel, gesponsert
haben? Was wir in Syrien im Augenblick offensichtlich – wenn ich dem
ehemaligen CDU-Bundestagsabgeordneten Todenhöfer und auch Scholl-*

*Latour glauben darf – sehr systematisch tun, nämlich systematisch bewaff-
nete Banden ausrüsten. Wenn wir da also quasi die RtP provozieren, ist das
doch gegen das Völkerrecht, oder? Da greifen wir doch in die Souveränität
des libyschen Staates ein – dass der Mann ein Diktator ist, darüber müssen
wir nicht diskutieren.*

MD: Nein, darüber braucht man nicht zu diskutieren. Wie viel sicherer ist
die eine Meldung als die andere? Also da bin ich grundsätzlich skeptisch.
Ich habe da diese etwas altmodische Formel: Ich glaube es nicht, ich sehe
es denn; ich bin da Empiriker, ich glaube nicht daran.

HG.: *Ja, aber trotzdem waren Sie doch dafür, dass interveniert wird?*

MD: Ja, weil es natürlich die Aufstände, einmal unabhängig davon, wer sie
gesponsert hat, tatsächlich gab.

HG.: *Ja, das war ein Bürgerkrieg...*

MD: ...aber da bin ich jetzt anderer Meinung. Ich weiß, dass das von Herrn
Paech nicht geteilt wird, aber ich meine, ein Bürgerkrieg ist keine andere
Form der Gewaltanwendung als andere Fälle. Wenn ich meine, intervenieren zu müssen, ist mir die formale Bezeichnung dieses Gewaltszenarios
relativ sekundär. Ich würde auch in einen Bürgerkrieg eingreifen und es
mir dann nicht so leicht machen, zu sagen, mit Gewalt kann man keinen
Frieden erzwingen. Sie haben Recht: Mit Gewalt kann man keine Menschenrechte erzwingen. Was uns diese gerettet hat, war, für meine und
auch Ihre Generation, *reeducation* und der Marshall-Plan. Die haben uns
in Deutschland das Leben und die Demokratie gerettet. Andererseits ist es
aber schon ganz gut, dass die Alliierten den Krieg gewonnen und damit die
Bedingungen für Frieden geschaffen haben. Das ist jetzt aber ein größeres
Feld. – Für Afghanistan stimme ich Ihnen aufgrund der Empirie nicht zu,
und in Libyen hoffe ich, dass das eintritt, was sich jetzt in einem ganz
anderen Kontext abspielt, dass nämlich Ägypten, Tunesien, Libyen und
vielleicht Algerien und Marokko sich sozusagen wechselseitig beflügeln.

HG.: *Aber, dass das ein Grund für eine militärische Intervention vom Westen sein soll, dass sich möglicherweise die Maghreb-Staaten etwas entwickeln? Also noch einmal: Es geht wirklich darum, dass fast alle Kriege
– und das kann man belegen – mit teilweise ganz bewussten Falschmeldungen begründet wurden. Der zweite Golfkrieg, als es um die irakische*

Michael Daxner und Norman Paech

Annexion Kuwaits ging, ist das ja sogar mit UN-Mandat geschehen. Der war aber auch mit einer ganz bewussten Lüge provoziert worden und wir sehen bei fast allen Kriegen, dass mit ganz bewussten Fehlinformationen operiert wird. Wir können die Lügen nennen; die ist auf Betreiben der kuwaitischen Regierung von einer PR-Stelle in New York entwickelt worden. Da gibt es also das doppelte Problem, dass einerseits der Sicherheitsrat gesagt hat – und das ist ja auch berechtigt: Wenn ein Staat einen anderen überfällt, muss das rückgängig gemacht werden. Andererseits aber wurde die Mehrheit durch eine explizite Lüge gewonnen.

NP: Darf ich noch einmal auf Libyen zurückkommen? Zu der Frage von Bürgerkrieg. Nicht ich bin anderer Ansicht – wie Sie, Herr Daxner, eben sagten -, sondern das Völkerrecht ist anderer Ansicht. Das Völkerrecht ist für diesen Fall ganz klar, bei einem Bürgerkrieg, so er die Grenzen nicht überschreitet, ist jeder andere, dritte Staat zur Neutralität verpflichtet und darf weder auf der Seite der Regierung noch auf der Seite der Aufständischen eingreifen. Das ist festgelegt worden, um einen Bürgerkrieg nicht irgendwie in einen internationalen Krieg übergehen zu lassen. Erst dann, wenn ein Krieg über die Grenzen geht und sich auf diese Weise internationalisiert, sind diese Grenzen aufgebrochen. Das ist auch keine Frage der politischen Einschätzung unterschiedlicher Fälle, sondern das Völkerrecht – und das ist eigentlich seine Stärke – ist da ganz kategorisch und sagt: So man nicht angegriffen wird und man kein Mandat hat, darf man auch in Bürgerkriegssituationen, so schlimm sie auch sind, nicht eingreifen. Dass war das, was ich gerade mit dem Beispiel der Genozidkonvention sagen wollte, die sich darüber Gedanken gemacht hat, ob man nicht doch im schlimmsten Falle der Verbrechen irgendwie eingreifen können muss. Denn, um es auf die Spitze zu bringen, Ihr Argument nützt nur denjenigen, die überhaupt intervenieren können. Das wiederum sind in diesem Fall die NATO, die USA auf der einen und auf der anderen Seite wären es wahrscheinlich Russland, China. Schwache Staaten können das aber natürlich gar nicht.

HG.: *Wäre das anders zu sehen, wenn die UNO eine 200.000 Soldaten starke Armee hätte?*

NP: Ja, denn dann hätte die UNO auf jeden Fall die Möglichkeit zu beschließen, dass sie in einem Fall Blauhelmtruppen, auch gegebenenfalls mit robustem Mandat, entsendet. Auf jeden Fall beschlösse das dann nicht jemand, der immer in einem anderen Interesse handelt. Da die USA nun einmal an jedes Land der Welt grenzen, haben sie auch überall Interessen. Und weil das heute international so ist, muss man solchen Staaten jegliches Interventionsrecht verwehren. Selbst wenn sie das durch sogenannte *proxy-wars*, also über Dritte, machen, beispielsweise indem man – wie in Libyen – den Weg über die NATO geht. Dahinter stehen trotzdem die gleichen Interessen. Das Credo der Verwehrung jedes Interventionsrechts lässt sich, meines Erachtens, mit dem aktuellen Stand des Völkerrechts sehr gut verbinden. Diese Haltung ruft, auch für die Situation von Menschenrechten und von Frieden in dieser Gesellschaft kein Chaos hervor, sondern bietet durchaus die Möglichkeit, den Druck auf jene Mittel zu vergrößern, die bisher vernachlässigt werden. Ich wiederhole sie noch mal: Diplomatie, Verhandlungen und ökonomischer Beistand.

MD: Ja, gut, beim letzten Punkt gibt es keinen Dissens. Sie fingen ja so schön an, aber dann kam ein kleiner Dreher hinein. Die Weltverschwörungstheorie zu den Interessen der USA stimmt schlicht empirisch nicht, weil die USA im Augenblick eher aus einer Position vergleichbarer Schwäche heraus agieren. Außerdem grenzt auch militärisch nicht jedes Land an die USA, weil die USA auch militärisch mehr oder weniger an der Grenze ihrer Kapazität sind, was übrigens sehr gefährlich ist, was die Waffentechnik betrifft. Ich finde, die USA haben so viel Mist in dem Bereich gebaut, dass ich der erste bin, der sie kritisiert. Aber ich leugne, ich leugne ganz massiv, dass es mehr als intendierte Interessen bei vielen Interventionen in vielen Ländern gibt. Sie, Herr Sommer, sagen zum Beispiel und das finde ich interessant, sehr viele tatsächliche Einsätze werden durch Lügen untermauert. Das ist richtig. Woher wissen aber Sie eigentlich, dass dieses Rohstoffgeschwätz sowohl im Kosovo als auch in Afghanistan stimmt?

HG.: *Das haben wir nicht behauptet.*

MD: Stimmt, das haben Sie nicht, aber ich meine nur, dass da gesagt wurde, die Amerikaner hätten so ein großes Interesse an den Rohstoffen in Afghanistan. Also da kann ich nur sagen, dieses Interesse gibt es vielleicht in dreißig Jahren.

NP: Moment, um das klarzustellen, da geht es nur um die strategischen Handelswege.

MD: Gut, aber dann hieße es zurück zum Kalten Krieg, nur eben drei- oder vier-lateral. Das, glaube ich aber, geht nicht mehr. Dazu ist die Information zur Waffentechnologie zu weit, der ich damit nicht das Wort rede. Nun komme ich zurück zu Libyen. Es gibt einen schwachen Punkt in allen Argumenten, den ich auch sehe. Aus diesem Grund habe ich mich zum Beispiel nie – auch in meiner Forschung – hinreichend zu Libyen geäußert, weil ich finde, wenn man gegen die Menschenrechtsverletzungen in Libyen interveniert hätte, hätte man das früher machen müssen. Das ist ja mein Hauptargument, dass man Ihre Punkte – Diplomatie, Gerichte, Wirtschaft und so weiter – viel früher machen kann.

HG.: ...*Stopp von Waffenexport...*

MD: ... und der Stopp von Waffenexporten. Ich weiß nicht, wer von Ihnen dreien jemals dabei war, bei „Waffen für El Salvador", einer durchaus linken Bewegung in Westdeutschland vor vierzig Jahren. Ich sage das ironisch. Ich habe damals aufgebrüllt und habe gesagt: „Waffen für niemanden!" Der Meinung bin ich noch immer. Der entscheidende Punkt ist aber, dass wir zum Beispiel die Waffenexporte der Bundesrepublik Deutschland nicht über Bande spielen können, weil jetzt die und die Gruppe mit deutschen Waffen ausgerüstet ist. Sondern dann muss man hier mal an die Waffenindustrie, an die Waffenlobby und an die Gewerkschaftsteile herangehen, die die Arbeitsplätze der Waffenindustrie mit Zähnen und Klauen verteidigen. Dann hätten wir ein innenpolitisches Projekt, aber sehr wohl ein Schutzverantwortungsprojekt, auf das man sich sofort einigen könnte. Wenn das stimmt, was Sie sagen, man hätte die Guerillatruppen unterstützt, würde mich interessieren, was man genau getan hat. Wenn man den Leuten Geld gibt, um Waffen zu kaufen oder wenn man ihnen direkt Waffen zukommen lässt, finde ich das immer falsch. Im Fall Libyen kann ich es beim besten Willen nicht sagen. Im Fall Syrien sage ich ganz deutlich, wenn man mit vergleichsweise harten und guten Gründen sagt, wir intervenieren dort nicht, stellt sich allerdings die Frage, wie lange man zuschaut. Ich würde sagen, wenn die ersten hunderttausend Menschen tot sind, wird Frieden im Land sein und dann wird Herr Assad wieder freundlich mit uns reden und es sind halt hunderttausend Menschen tot. Das finde ich zynisch, da würde ich schon sagen, ich gehe und schaue mir mal an, was die Guerilla will. Leider Gottes macht al-Qaida das auch und das ist sehr schlimm. Da muss man dann auch überlegen, wie gehen wir mit der al-Qaida um? Man kann aber auch nicht alles auf einmal lösen. Was aber machen wir denn mit Syrien im Vergleich zu Libyen? Das hängt doch mit Libyen zusammen.

HG.: *Ganz kurz zu Syrien: Wir glauben, wenn man Diplomatie in der Art betreibt, dass man eine Konfliktpartei unterstützt, propagandistisch, militärisch und so weiter, bekommt man keinen Frieden und das hat die NATO, der Westen, eindeutig wieder gemacht. Russland und China haben gesagt, Waffenstillstand als erstes. Die NATO und die westlichen Staaten haben immer gesagt, Assad soll die Waffen ruhen lassen, von den Rebellen haben sie nichts gesagt. Also da muss man anders vorgehen.*

MD: Aber einen Waffenstillstand hätte man doch in Libyen, meines Erachtens, erzwingen können.

NP: Er ist vorgeschlagen worden und wer hat ihn abgelehnt? Das waren die Rebellen. Die sagten „Nein".

HG.: *Sie hatten ja schon gesagt, dass es von der Afrikanischen Union diesen Vorschlag gab und die Rebellen das ablehnen konnten, weil sie wussten, dass die NATO hinter ihnen steht.*

NP: ...weil Sie sagten, keine Verhandlungen mit Gaddafi, also Vorbedingung für Waffenstillstand ist: Gaddafi muss weg. Das war natürlich auch voll im Interesse der Anderen.

MD: ...und wann sagen wir, jetzt nicht das Völkerrecht, sondern wann sagen wir, wann Sie, wann sage ich, so eine Forderung ist berechtigt und wann sagen wir, die Forderung ist falsch?

NP: Ich sage, die Forderung kann berechtigt sein. Das kann man nicht nach der Zahl der Toten bemessen. Wenn Sie sagen hunderttausend Tote in den drei Wochen, in drei Monaten waren es fünfzigtausend, ist das schon zu viel. Ich hätte schon vorher auf diplomatischer Ebene agiert. Die diplomatischen Beziehungen werden da ausgeblendet, als wenn es nur entweder Intervention oder Nicht-Intervention gibt. Die ganzen Angebote, die aus Afrika kamen, in Libyen diplomatisch und politisch zu intervenieren, eventuell Gaddafi dort herauszuholen oder so etwas. Das ist alles abgelehnt worden, weil man sagte, nein, wir wollen das jetzt grade ziehen. Es ist eben nicht mehr ein Bürgerkrieg und leider ist es auch in Syrien nicht mehr ein Bürgerkrieg. Die ausländischen Interessen in diesem Bereich sind bestimmend. Ich erinnere Sie nur an einen unverdächtigen Zeugen, der jetzt immer im Fernsehen auftritt, Michael Lüders, kein Hitzkopf, kein Chaosdenker. Der sagt, es ist ganz klar, Israel will Krieg gegen Iran und gegen Syrien. Sie wollen den ganzen Bereich neu strukturieren. Das ist von Anfang an wahrscheinlich auch der Plan gewesen. Da brauch ich gar nicht verschwörungstheoretisch zu argumentieren, das ist ein gemäßigter Mann, der aber davon überzeugt ist, und zwar aufgrund von relativ guten literarischen Unterlagen, die wir auch alle lesen können. Das ist das Problem dabei: Hier sind Interessen, die sehr viel weiter gehen als zum Beispiel nur die der Rebellen.

HG.: *Wir möchten noch mal auf einen dieser Punkte zurückkommen. Wir sind uns ja einig, dass Menschenrechte wichtig sind und Souveränität auch. Wir würden vielleicht wollen, dass Menschenrechte wichtiger sind als Souveränität, aber wie kriegen wir das hin? Wenn es aber jetzt so ist, dass teilweise in Staaten interveniert wird, indem eine Rebellenbewegung gestärkt wird. Und wenn uns die Medien oder die Politiker falsche Informationen geben. Wie können Sie, Herr Daxner, dann Ihre Interventionsbegründungen aufrecht erhalten? Das ist wirklich eine sehr zugespitzte Frage, denn jeder von uns möchte, dass in Libyen nicht tausende Menschen sterben, gleiches gilt für Syrien. Was aber machen Sie mit dieser Problematik, wenn eine Seite ganz bewusst gestützt wird und vor allem, wenn wir falsche Informationen bekommen? Dafür gibt es ...*

MD: ...dafür gibt es ganz viele Beispiele, das ist richtig. Darum habe ich ja immer mit Nachdruck gesagt, erstens: Wer eine Intervention macht, haftet für alle Folgen, das gilt für alle. Zweitens, das ist vielleicht die bitterere Wahrheit: Ich kriege keinen zweiten Versuch. Ich kann ja nicht nach 2001 zurückgehen. Das heißt, das ist von der Theorie her ganz schrecklich: Der Interventionsanlass und die Interventionsfolgen verhalten sich nicht kausal zueinander. Oder anders gesagt: Fehler, die in Afghanistan gemacht wurden, die Sie völlig richtig benannt haben, kann ich nicht mehr zurückholen. Ich kann nicht Herrn Bush 2001 absetzen, was wir gerne gemacht hätten, weil das, was in Afghanistan in den ersten drei Jahren geschehen ist, skandalös war, nicht genau das war, was eigentlich damals logisch gewesen wäre, was nach 2004 schwieriger war, als man eingesehen hat, was da alles versaut wurde. In Libyen bin ich auch der Meinung, dass es so ähnlich gelaufen ist. Was wir nicht können, auf der Ebene des Diskurses, ist zu sagen, weil ich jetzt weiß, dass die Information falsch war, hätte ich das und das nicht tun dürfen. Wir sind uns einig, was-wäre-wenn-Fragen gelten für uns beide nicht. Also kann ich mich nur fragen, was ich jetzt mache. Ökonomisch fördern statt Sanktionen ist gut. Das gehört wiederum in die Schutzverantwortung. Das Zweite ist, so schnell wie möglich die Einbindung Libyens in internationale Verbände erreichen. Das geht zu Lasten der Souveränität, natürlich denke ich beim Maghreb nicht an Kandidatenstatus für die EU, aber ich habe zuerst gesagt, die fünf Länder zusammen, kann ich mir schon vorstellen, würden im Augenblick, glaube ich, eine wechselseitig stabilisierende Politik machen können. Nun zu der Organisation Afrikanischer Staaten. Es wurde mit Recht kritisiert, dass sie sich in Libyen nicht durchgesetzt hat. Zu ihrer Entlastung möchte ich sagen, dass sie sich davor so oft nicht durchgesetzt hat oder keine Meinung hatte, dass man auf die Initiative nicht viel gegeben hat, was wahrscheinlich falsch war. Die OAS ist aber mittlerweile keine *qualité négligeable* mehr. Wir haben ja ein bisschen was gelernt und das sollten wir anwenden. Ich meine, dass mit jeder Intervention – das ist jetzt eine Metapher –, der Marshall-Plan schon in den Tornistern der Einmarschierenden sein muss, wenn denn einmarschiert wird. Darüber hinaus, dass die letzte Stufe vor der Ultima Ratio Militär viel zu wenig angewendet wird, das ist *transitional justice*. Das ist eine der Sachen, bei denen die Versäumnisse katastrophal sind. Ich fürchte, das Völkerrecht muss für diese *transitional justice* ergänzt und ersetzt werden. Im Übrigen habe ich eine optimistische Prognose: Nach der letzten Intervention, wo auch immer die stattfinden wird, an der die USA beteiligt sind, sind auch die in Den Haag dabei und unterschreiben. Die können sich nicht mehr heraushalten.

NP: Das sehe ich überhaupt nicht so. Auch Israel wird sich nach seinem Krieg nicht dazu bereit erklären, diesem Gerichtshof beizutreten, denn dann würde die Regierung wirklich vorgeführt werden.

HG.: *Schließen wir mit Frage sechs: Ist, Ihrer Meinung nach, der Libyen-Krieg ein Beispiel für RtP?*

NP: Man könnte diese Resolution 1973 schon interpretieren, dass das eine Anwendung der RtP ist, denn es liegt ja kein internationaler Friedensverstoß vor. Artikel 39 trifft nicht zu und daher mussten sie eine andere Begründung finden, ähnlich wie seinerzeit 1991 im Irak als sie sagten, die Situation sei so gefährlich, dass man einfach dort eingreifen müsse, um die Zivilbevölkerung zu schützen. Insofern kann man das damit begründen, weil es keine andere Begründung gibt, Artikel 39 tritt nicht ein. Allerdings ist das mit großer Naivität geschehen, wenn nicht von denjenigen, die diese betrieben haben, schon mit dem Hintergedanken: Wir werden uns nicht daran halten. Denn das, was getan worden ist, hatte mit Zivilschutz und Flugverbotszonen vielleicht in den ersten zwei Wochen etwas zu tun. Aber schon am ersten März sagte der französische Oberbefehlshaber der Luftstreitkräfte, Jean-Paul Paloméros, Zivilschutz ist erfüllt, also hätte man die Angriffe einstellen müssen. Libyen ist das Beispiel einer totalen Verhöhnung des Mandates des Sicherheitsrates und eines Missbrauches eines Mandates. Das sollte keine Schule machen und alle diejenigen, die das jetzt als eine Resolution exemplarisch für die RtP erklären, halte ich für sehr gefährlich, weil sie ein humanitäres Mandat vorschützen, um andere Zwecke – wie in Libyen – zu erfüllen. Ein letzter Punkt, den ich nur wiederholen will: Man sollte sich hüten, dieses Konzept der RtP als eine weitere Ermächtigung zu militärischer Intervention zu sehen. Das ist es nämlich nicht, sondern es versucht, dem Sicherheitsrat Handlungsmöglichkeiten im politischen und im diplomatischen Bereich zu eröffnen. Wenn es dann möglich ist oder notwendig wird, Artikel 42 anzuwenden, dann mit ganz festen Kriterien und nicht irgendwie beliebig. Die RtP gibt keinem anderen Staat in irgendeiner Form eine zusätzliche Möglichkeit, militärisch zu intervenieren. Das ist für mich das Hauptsächliche, weil es Tendenzen gibt, dieses RtP-Konzept zu missbrauchen.

MD: Gar keine Zweifel an den letzten zwei Sätzen. Mit denen hätte ich begonnen. Das Schlimme an Libyen und der Resolution war, dass die RtP dort überdehnt wurde. Das mit den zwei Wochen sehe ich ähnlich wie der französische General.

HG.: *Was meinen Sie mit „überdehnt"?*

MD: Mit überdehnt meine ich, dass man im Nachhinein auch noch alles mögliche, was man militärisch unternommen hat, unter die Schutzverantwortung gefasst hat. Das ist weder die Intention noch die mögliche, präzise völkerrechtliche Fassung. Vor allem: Wo die Grenze des Schutzes ist, wird eigentlich noch recht volatil interpretiert. Da sehe ich also erheblichen politischen Bedarf. Erstens einmal, die Punkte, wo Militär erlaubt wird, sehr viel strenger einzugrenzen. Zwischen Schutz und Militär ist im Augenblick eine unklare Grenze. Ich meine, dass das, was man mit einer Skala die schwersten Menschrechtsverletzungen nennt. Da würde für mich aus der letzten Zeit Kambodscha dazu zählen und die letzten Jahre der Taliban. Außerdem zählen tatsächlich ethnisch begründete – aber noch nicht einmal ethnisch empirische – Konflikte wie in Ruanda – Hutus und Tutsis sind ja Konstruktionen – dazu. In diesen Fällen sollte es Pflicht sein, einzugreifen. Diese Pflichten gehören innerhalb des Katalogs der Schutzverantwortung definiert. Ich weiß auch, dass dies nicht auf Nationalstaaten einfach übertragen werden kann. Eine Frage hätte ich noch aus unserer Diskussion: Darf die UN, solange sie keine stehende Interventionstruppe hat, irgendjemanden mandatieren das für sie zu tun? Wenn sie das darf, dann ist es mir eigentlich relativ egal, ob das die NATO oder Frankreich und England sind. Da geht es um ein Prinzip: Ich finde das alles schlecht, ich möchte Blauhelme, kein Zweifel. Wenn sie hineingehen dürfen, dann sind das auch Soldaten, die schießen und sterben, das muss uns schon klar sein, es ist nur eine andere Legitimationsebene. Ansonsten finde ich Libyen aus einem Grund, der seltsam klingen mag, besonders schwierig: Im Gegensatz zu Ihnen, Herr Paech, war ich nie Politiker und mir ist das zu nahe an der Politik. Zum Beispiel will ich mir bestimmte Sachen, die Sie gesagt haben, jetzt mal genauer anschauen, vor allem, was die Informationspolitik zu Libyen betrifft. Die generelle Sache ist: Im Prinzip finde ich es richtig und möchte auch, dass die Schutzverantwortung rechtlich stärker abgesichert wird, als eine Ergänzung. Sie ersetzt die Grundsätze nicht. Eines der ganz großen Probleme haben wir noch nicht genannt: Wir wollen die UN stärken. Eine UN-Reform ist also die Voraussetzung dafür, dass RtP besser angewandt wird. Zu dem Thema der Instrumente habe ich gesagt, dass man innenpolitisch aufräumen muss, damit auch die eigene Diplomatie mehr Glaubwürdigkeit kriegt. Das ist zum Beispiel bei den Waffen eindeutig.

Hg.: *Wir danken Ihnen herzlich für dieses interessante Gespräch!*

Kapitel 5

DER LIBYEN-KRIEG UND DIE INTERESSEN DER NATO

Jürgen Wagner

Unter Berufung auf die Resolution 1973 des UN-Sicherheitsrates begann eine Koalition, angeführt von Frankreich, Großbritannien und den USA, am 19. März 2011 die „Operation Odyssey Dawn" und damit die Bombardierung Libyens. Bar jeder rechtlichen – ganz zu schweigen von einer moralischen – Grundlage interpretierten dabei die kriegführenden Mächte die Sicherheitsratsresolution zu einer Lizenz zum Sturz des libyschen Machthabers Muammar al-Gaddafi um (siehe den Beitrag von Norman Paech). Am 31. März ging die Kriegführung von der ad-hoc-Koalition auf die „Operation Unified Protector" (OUP) der NATO über. Es folgten bis zur Beendigung der Intervention sieben Monate später 26.500 Lufteinsätze, bei 9.700 davon erfolgten Bombardierungen.

Ganz eindeutig handelte es sich hierbei um eine letztlich ausschlaggebende „gewaltsame Parteinahme zur Entscheidung eines Bürgerkriegs" (Merkel 2011). Nicht der Schutz der Zivilbevölkerung, sondern der Sturz Gaddafis stand an erster Stelle der Interventionsagenda, wie etwa Bundeswehr-General Klaus Reinhardt kritisiert: „Der Hauptgrund war, dass man Gaddafi absetzen wollte, und ihn von seiner Position vertreiben wollte. Das war ja ganz zu Beginn gleich politisch wieder und wieder gesagt worden. Und das wurde ja auch letztendlich zum zentralen Thema dieses Einsatzes und hat mit dem ursprünglichen Plan, [die] Zivilbevölkerung zu schützen, nur sehr begrenzt zu tun." (Flocken 2011) Bereits Ende März 2011 räumte der französische Außenminister Alain Juppé offen ein: „Dank unserer Militäroffensive ist das Gleichgewicht hergestellt. Gaddafi hat seine Luftwaffe und einen Teil seiner Artillerie verloren. Das erlaubt den Kräften in Libyen, die die Freiheit wollen, in die Offensive zu gehen." (Tagesschau, 28.03.2011) Mitte April 2011 veröffentlichten die Präsidenten der wichtigsten am Krieg beteiligten Staaten, Nicolas Sarkozy, David Cameron und Barack Obama, einen gemeinsamen Brief, in dem sie unmissverständlich klarmachten, es sei „unmöglich, sich eine Zukunft für Libyen vorzustellen, in der Gaddafi weiter an der Macht ist." (Obama, Cameron und Sarkozy 2011)

Damit war die Tür für eine Verhandlungslösung, wie sie u.a. von der
Afrikanischen Union vorgeschlagen wurde, endgültig zugeschlagen – sie
war augenscheinlich auch nicht gewollt: „Es gab kein Drängen auf einen
schnellstmöglichen Waffenstillstand und eine Konfliktschlichtung der
Kontrahenten. […] So wurde auch die Rolle regionalpolitisch wichtiger
Akteure, wie die der Afrikanischen Union, durch die Ereignisse geschmä-
lert, wenn nicht gar negiert. Die von ihr vorgeschlagenen Wege zu einem
Waffenstillstand und zu Verhandlungen zwischen den Bürgerkriegspartei-
en wurden von der multinationalen Koalition mit der Zielsetzung eines
Regimewechsels ausgebremst und bei ihrem weiteren Vorgehen nicht berücksichtigt." (Kursawe 2011, S. 575 und 581)

Dieser Kritik wird vielfach entgegengehalten, dass der Sturz Gaddafis
die notwendige Bedingung zum Schutz der Menschenrechte gewesen sei
(Schütte 2011, S. 726). Doch es gibt zu viele Hinweise darauf, dass diese
allenfalls für die Legitimation des Einsatzes wichtig waren, ansonsten aber
eine vollkommen untergeordnete Rolle in den Erwägungen der kriegsführenden Staaten spielten. Vor diesem Hintergrund stellt sich die Frage, welche Interessen tatsächlich im Vordergrund standen. Dabei zeigt sich auch
in diesem Fall, dass Entscheidungen für einen Kriegseinsatz in den selten-
sten Fällen auf *eine einzige* Motivationslage zurückzuführen sind. Zumeist
sind sie das Ergebnis verschiedener sich überlappender und ergänzender
Interessen, die dann zusammengenommen eine kritische Masse erzeugen.
Dieses „komplexe Gemisch" (Cremer 2011) reicht von dem konkreten Interesse, sich eines unliebsamen Machthabers zu entledigen sowie sich die
Ressourcen Libyens – insbesondere natürlich das Öl – zu sichern, über
den Versuch, eine Art Gegenoffensive zur Zurückdrängung der arabischen
Revolutionen zu starten, bis hin zum Ziel, nach den desaströsen Resultaten
der Intervention in Afghanistan, ein neues Rahmenwerk zu etablieren, mit
dem NATO-Kriege künftig „erfolgreicher" und „effizienter" durchgeführt
werden können sollen.

Krieg für Menschenrechte?

Es gibt wenig eindrücklichere Beispiele für den scheinheiligen und instru-
mentellen Umgang, den die westlichen Staaten bei Menschenrechtsverletzungen an den Tag legen, wie die Aussagen Robert Coopers kurz nach Beginn der Bombardierung Libyens. Der enge Berater der EU-Außenbeauf-

tragten Catherine Ashton gilt seit vielen Jahren als einer der einflussreichsten europäischen Sicherheitspolitiker (vgl. Foley 2007). Er wurde am 22. März 2011 im Auswärtigen Ausschuss des Europäischen Parlaments befragt, was er denn zu den Vorgängen in Bahrein sage, wo seit Wochen mithilfe des saudischen Militärs Proteste brutal niedergeschlagen und Menschenrechte ebenfalls massiv verletzt wurden. Erst am Tag zuvor waren bei Auseinandersetzungen 200 Menschen verletzt und 4 getötet worden. Cooper tat dies lapidar mit dem Kommentar ab, „Unfälle kommen vor". Aufschlussreich ist seine Begründung: „Man muss verstehen, dass die Autoritäten das Recht hatten, Ruhe und Ordnung wieder herzustellen und das ist es, was sie getan haben." (Rettman 2011)

Augenscheinlich entscheidet die Interessenlage, in welchem Land unter Verweis auf die Menschenrechte eingegriffen wird und in welchem nicht: „Weshalb – an diesem Beispiel verdeutlicht – mit zweierlei Maß gemessen wird, offenbart der ehemalige US-Botschafter in Deutschland John Kornblum. Auf die Frage von ‚Deutschlandradio Kultur': ‚Was ist denn der Unterschied zwischen einer Intervention in Libyen, um dort die Aufständischen zu unterstützen, und einer möglichen Intervention in Bahrain, in Jemen, in Syrien, möglicherweise sogar, wenn das schlimmer wird, auch in Saudi Arabien?' antwortete John Kornblum: ‚Das Problem ist (…), dass die Interessen des Westens anders sind – vor allem unsere Interessen in Saudi Arabien und in den Golfstaaten. Es gibt (…) bestimmt mindestens einen, Bahrain, der wirklich wichtig ist für die Vereinigten Staaten. (…) Da hat man die Prinzipien jetzt ein bisschen verletzt, indem man zumindest in die andere Richtung geschaut hat, als die Saudis militärisch eingegriffen haben, um eine demokratische Bewegung zu unterdrücken.' Diese Doppelmoral hat natürlich Gründe: In Bahrain befindet sich das Hauptquartier der Fünften Amerikanischen Flotte, der wichtigste Militärstützpunkt der USA im Nahen Osten. Die Mehrheit der Demonstranten sind Schiiten, die verdächtigt werden, die Sache des schiitischen Iran, des großen Gegners in der Region, zu vertreten. Gleichzeitig ist Saudi Arabien der engste Verbündete des Westens, der für 2011 Waffen im Wert von Milliarden Dollar beziehen wird." (Haid 2011a, S. 11) Offensichtlich wurden hier die Menschenrechte ganz unverhohlen auf dem Altar der Interessenspolitik verhökert: „Am Ende gab es einen Deal zwischen Außenministerin Clinton und dem Königshaus der Sauds: Wir haben nichts dagegen, wenn ihr in Bahrein einmarschiert; im Gegenzug besorgt ihr das Votum der Arabischen Liga dafür, dass wir Gaddafi aus Libyen hinauswerfen." (Crome 2011, S. 21)

Wer diese doppelten Standards kritisiert, bekommt von Menschenrechtsinterventionisten stets entgegengehalten, es sei schließlich besser wenigstens in einem Fall militärisch die Menschenrechte zu schützen, als nirgendwo. Schließlich sei es ja unmöglich, überall einzumarschieren (Kristof 2011; Schütte 2011, S. 722). Die Auflösung des staatlichen Souveränitätsrechts sowie die Aushebelung des völkerrechtlichen Nicht-Angriffsverbots im Namen des Menschenrechtsschutzes wird so jedoch zum Türöffner, der es interessierten Großmächten erlaubt, nahezu beliebig zur Durchsetzung ihrer Interessen in kleineren Ländern anzugreifen. Dies gilt umso mehr, da die Erfahrung zeigt, dass Menschenrechtsverletzungen häufig extrem übertrieben, manchmal sogar frei erfunden (oder fabriziert) werden, um eine Militärintervention zu rechtfertigen. Die unglaublichen Lügen im Zusammenhang mit angeblichen Menschenrechtsverletzungen im Vorfeld des Angriffskrieges gegen Jugoslawien im Jahr 1999 sind hierfür nur ein, wenn auch besonders drastisches und warnendes Beispiel (vgl. Hofbauer 2011).

Auch im Falle Libyens deutet vieles in eine ähnliche Richtung. Zwar war das libysche Regime unter Gaddafi zweifellos sehr repressiv (vgl. Amnesty International 2012, S. 16ff.), das sind jedoch viele andere, mit dem Westen „befreundete" Regime auch. Vor allem aber steht die Argumentation, auf deren Grundlage sich auf die angebliche „Verantwortung zum Schutz" (Responsibility to Protect, RTP) berufen wurde, auf extrem wackeligen Füßen: Nämlich dass Gaddafi-Truppen – gezielt und systematisch – Zivilisten getötet hätten, ja in Bengasi sogar ein Massaker gedroht habe. Auf die vielen fragwürdigen oder nachgewiesen falschen Annahmen für diese Behauptungen wurde an anderen Stellen ausführlich verwiesen (vgl. etwa Merkel 2011; Kuperman 2011 und Sommer i.d.B.).

Darüber hinaus hat der Krieg gegen Libyen einmal mehr gezeigt, dass der Menschenrechtsschutz auf den hintersten Rängen der NATO-Prioritätenliste rangiert. So weigerte man sich etwa kategorisch, den Einsatz hochschädlicher Uranmunition explizit auszuschließen (vgl. Leukefeld 2011). Auch die Tatsache, dass unter den geschätzt 30-50.000 Kriegstoten zahlreiche Zivilisten waren, die laut Recherchen der „New York Times" Bombardierungen der NATO zum Opfer gefallen sind, spricht Bände (vgl. Chivers und Schmitt 2011). Dass die Allianz sich nicht einmal die Mühe macht, zu untersuchen, wie viele Zivilisten ihre Luftschläge das Leben kostete, untermauert zusätzlich, wie scheinheilig es ist, wenn genau dieses Bündnis unter der Fahne des Menschenrechtsschutzes zu den Waffen greift. Wenn den NATO-Staaten außerdem wirklich etwas daran gelegen gewesen wäre, den Menschen in Libyen und der Region zu helfen, so hätten sie hierzu eine einfache und effektive Möglichkeit gehabt: Sie hätten für alle Menschen, die der Militarisierung der Proteste und der Eskalation des Bürgerkrieges entgehen wollten, die Grenzen öffnen können. Stattdessen wurde die Überwachung und Abschottung der EU-Außengrenzen sogar intensiviert.

Wenn also Rhetorik und Praxis derart weit auseinanderliegen, spricht vieles dafür, dass die beschworene Schutzverantwortung wohl eher eine Schutz*behauptung* war und die Intervention auf weniger altruistische Motive zurückzuführen ist.

Gaddafi – der unsicherer Kantonist

Jahrzehntelang stand Gaddafi weit oben auf der Liste westlicher Staatsfeinde. Allerdings hatte sich das libysch-westliche Verhältnis spätestens ab dem Jahr 1999 sichtlich entspannt. Die UN-Sanktionen gegen das Land wurden schrittweise aufgehoben, wodurch amerikanische und europäische Investitionen möglich wurden – insbesondere im extrem lukrativen Ölsektor. In der Folge gaben sich westliche Staatsoberhäupter in Tripoli die Klinke in die Hand, Libyen erklärte 2004 den Verzicht auf Massenvernichtungswaffen und wurde von der Liste der „Schurkenstaaten" gestrichen. Ferner kooperierte das Land auch eng mit der Europäischen Union bei der Abschottung gegen „illegale" Migranten (siehe auch den Beitrag von Gertrud Brücher).

Eigentlich entwickelte sich das beiderseitige extrem wechselhafte Verhältnis aus westlicher Sicht auf den ersten Blick also eher in eine positive Richtung. Ganz so rosig stellte sich die Lage bei genauerer Betrachtung aus Sicht der NATO-Staaten denn aber doch nicht dar. Denn Gaddafi unterschied sich weiterhin deutlich von seinen kurz zuvor abgesetzten Spießgesellen in Ägypten und Tunesien. Während Hosni Mubarak und Zine el-Abidine Ben Ali eindeutig westliche Marionettenfiguren waren, an denen deshalb auch so lange festgehalten wurde, wie es nur irgendwie ging, traf dies für Gaddafi nicht zu. Für ihn stand stets die eigene Agenda im Vordergrund, für die er auch immer wieder bereit war, sich mit dem Westen anzulegen. Vor allem die Afrika-Politik Gaddafis, die auf eine stärkere Unabhängigkeit des Kontinents abzielte, war vielen im Westen ein Dorn im Auge.

So besehen war Gaddafi also vor allem eines: ein (zu) unsicherer Kantonist: „Was Gaddafi unterschied und zu einem westlichen Kriegsziel machte, war die Tatsache, dass er nicht ausreichend fügsam war – ein unzuverlässiger und instabiler Diener des Westens." (Greenwald 2011)

Krieg für Öl und Profit

Libyen ist ein verhältnismäßig reiches Land: „Die staatlichen Fonds, die der ‚Libyan Investment Authority' (LIA) verwaltet, werden auf rund 70 Milliarden Dollar geschätzt. Sie betragen über 150 Milliarden Dollar, wenn die Auslandsinvestitionen der Zentralbank und anderer Organe mitgerechnet werden." (Dinucci 2011) Große Teile dieser Gelder wurden in den USA und der Europäischen Union investiert und noch vor Beginn der Angriffe von diesen Staaten eingefroren. Der Verdacht liegt also nahe, dass nach Freigabe der Gelder Ende 2011 die Investitionsströme im Sinne der westlichen Interventen fließen sollen (vgl. ebd.) Noch wichtiger aber dürfte die Quelle für diesen Reichtum im Kalkül der kriegführenden Staaten gewesen sein: Das libysche Öl.

Die Relevanz der libyschen Ölvorkommen steht außer Frage, sie sind mit 46,4 Mrd. Barrel die größten Afrikas (BP 2011, S. 6). Besonders für die Europäische Union, die zehn Prozent ihrer Ölversorgung aus Libyen deckt, ist das Land von enormer Bedeutung. Im Falle Italiens machen die Libyen-Importe sogar 24 Prozent des Gesamtbedarfs aus, bei Frankreich sind es zehn Prozent und Deutschland importiert sechs Prozent aus dem nordafrikanischen Land (Strategic Forecast 2011). In Zeiten abnehmender Ölvorkommen bei gleichzeitig zunehmenden Auseinandersetzungen um die verbleibenden Ressourcen, sind diese Vorkommen aber nicht nur von enormer wirtschaftlicher Bedeutung, sie sind auch „systemrelevant" für die Energieversorgung Europas (Buro und Ronnefeldt 2011, S. 3).

Zwischenzeitlich hoffte die westliche Ölindustrie auf extrem profitable Geschäfte mit Gaddafi. Denn wer über Libyen spricht, spricht nicht zuletzt über riesige potenzielle Gewinne für die einflussreiche Ölindustrie.

Zumal große Teile des Landes bislang noch unerschlossen sind: „Nur etwa ein Drittel der Fläche ist bisher konzessioniert. Bei einem gegenwärtigen Rohölpreis von 115 Dollar je Barrel errechnet sich für Libyen ein Wert für die nachgewiesenen Ölressourcen von über 5 Billionen Dollar." (Henken 2011)

In der Tat hatten westliche Firmen während Gaddafis Herrschaft erhebliche Summen in den libyschen Ölsektor investiert bzw. Verträge mit astronomischen Summen abgeschlossen – insgesamt ist von einem Gesamtvolumen in Höhe von über 50 Mrd. Dollar die Rede (vgl. Sanati 2011). Allerdings machte sich aufseiten der Ölindustrie schnell Ernüchterung breit: „Die libysche Regierung vergab Lizenzen an die ausländischen Konzerne nach einem System namens EPSA-4, wonach der staatlichen libyschen Ölfirma NOC (National Oil Corporation of Libya) der höchste Anteil des geförderten Öls gesichert blieb. Angesichts des starken Wettbewerbs lief das auf einen Anteil von ungefähr 90 Prozent hinaus. ‚Die EPSA-4-Verträge hatten die härtesten Bedingungen der Welt,' sagt Bob Frylund, früherer Präsident der libyschen Niederlassung des US-amerikanischen Unternehmens ConocoPhillips." (Dinucci 2011)

Es braucht nicht viel Phantasie, um sich vorzustellen, dass diese mageren Profitmargen für extremen Unmut in der Ölbranche sorgten. Noch gravierender war aber sicherlich, dass bereits ab 2007 der Druck auf die im Land operierenden Firmen enorm anwuchs: „Nach der letzten Bieterrunde im November 2007 entschied die LNOC jedoch, vorerst keine neuen Ausschreibungen durchzuführen, sondern stattdessen die bestehenden Verträge nachzuverhandeln. Laut einer von WikiLeaks veröffentlichten Botschaftsdepesche aus Tripolis sah sich z.B. Petro-Canada gezwungen, alle Verträge an den neuen Standard anzupassen und dafür eine Abschlussgebühr von einer Milliarde Dollar zu bezahlen, sowie Investitionen in Höhe von knapp vier Milliarden Dollar für die Erneuerung alter und die Erforschung neuer Öl- und Gasvorkommen zuzusichern. Gleichzeit mussten die Kanadier auch noch einem reduzierten Anteil von 12 Prozent am geförderten Rohöl akzeptieren." (Guilliard 2011, S. 9)

Überaus aufschlussreich ist ein Beitrag in der „Washington Post", der die von WikiLeaks veröffentlichten US-Dokumente zu Libyen auswertete. So warnte eine Depesche der US-Botschaft in Tripolis bereits im November 2007: „Die Leute, die über die politische und wirtschaftliche Orientierung Libyens entscheiden, verfolgen im Energiesektor eine zunehmend nationalistische Politik." Gaddafi habe sich zunehmend erbost darüber gezeigt, dass die westlichen Ölfirmen, trotz aus seiner Sicht weit reichender Zugeständnisse, sich einen immer größeren Anteil am libyschen Ölkuchen sichern wollten, anstatt, wie er forderte, höhere Beträge in die Infrastruktur zu investieren. Dies habe dann im Februar 2008 zu einem Treffen zwischen Jim Mulva, dem Geschäftsführer von ConocoPhillips, und Gaddafi geführt. Auf dem Treffen habe Gaddafi laut einer Depesche des US-Außenministeriums „angedroht, die libysche Ölproduktion drastisch zu reduzieren und/oder [...] US-amerikanische Öl- und Gasfirmen aus dem Land zu werfen." (Mufson 2011)

Im Jahr 2009 überschritt Gaddafi dann eine rote Linie, als er „Eigentum" der in Libyen operierenden kanadischen Ölfirma Verenex verstaatlichte (vgl. Walkom 2011). Natürlich war die Ölindustrie alles andere als begeistert von dieser Entwicklung, wie ein Branchenreport aus demselben Jahr zeigt: „Wenn Libyen die Nationalisierung von Privatbesitz androhen kann; wenn es bereits verhandelte Verträge neu aufmacht, um sein Einkommen zu vergrößern oder ‚Tribut' von Firmen zu extrahieren, die hier arbeiten und investieren wollen; [...] dann wird den Unternehmen die Sicherheit verweigert, die sie für langfristige Investitionen benötigen. [...] Libyen hat es versäumt, eine stabile Plattform bereitzustellen." (Zweig 2009, S. 9) Inmitten des sich immer weiter zuspitzenden Konfliktes ging Gaddafi dann noch einen Schritt weiter: „Am 13. März 2011 traf sich Gaddafi in Tripolis mit den Botschaftern Chinas, Indiens und Russlands. Dabei habe er diesen drei Staaten den Vorschlag gemacht, die bereits zu diesem Zeitpunkt wegen der Unruhen geflüchteten westlichen Ölunternehmen mit jeweils eigenen Konzernen zu ersetzen." (Buro und Ronnefeldt 2011, S. 3)

Aus Sicht der Ölindustrie bot sich also mit dem Aufstand die Möglichkeit, sich des Diktators zu entledigen. Andererseits bestanden in den Reihen der Ölmultis aber auch große Sorgen, dass aus den Auseinandersetzungen eine Regierung hervorgehen könnte, die sich womöglich sogar noch unaufgeschlossener gegenüber ihren Profitinteressen erweisen könnte, als es das Gaddafi-Regime war. So schreibt das Magazin Fortune: „Unglücklicherweise könnten diese großen Deals mit hoher Wahrscheinlichkeit wertlose Papierfetzen werden, sollte Gaddafi das Land verlassen müssen. Jede Regierung, die an die Macht gelangen wird, wird zweifellos eine Neuverhandlung der Verträge wollen, was zu weniger Profiten aufseiten der Ölfirmen führen könnte. Eine neue Regierung könnte sogar die Industrie vollständig nationalisieren und alle Ausländer aus dem Land werfen." (Sanati 2011)

Wie man es also dreht und wendet, für die Ölindustrie und die westlichen Regierungen bestand Handlungsbedarf. Ohne den Aufstand hätte man wohl mit Gaddafi leben und sich irgendwie arrangieren können: Mit einem Bürgerkrieg und fortgesetzten Unruhen, die nicht nur die Ölversorgung gefährden, sondern auch die „Flüchtlingsgefahr" erhöhten, jedoch nicht. Die Rechnung scheint – leider – aufzugehen, wie Presseberichte von Anfang 2012 zeigen: „Libyen belohnt jene Länder, die gegen den früheren Diktator auftraten, mit Öl. […] Ali Tarhouni, im libyschen Übergangsrat für die Finanzen zuständiger Minister, sprach in Washington davon, dass sein Land ‚den Freunden' zu Dank verpflichtet sei. Als befreundete Nationen, in deren Schuld man stehe, nannte er in absteigender Reihenfolge: Frankreich, die USA, Großbritannien und Italien." (Die Presse, 09.01.2012) Kein Wunder, dass der russische Premierminister Wladimir Putin die Motive der kriegführenden Staaten mit folgenden Worten überdeutlich kritisierte: „Übrigens lagern in Libyen die größten Ölreserven Afrikas. Den Gasvorräten nach nimmt Libyen den vierten Platz auf dem Kontinent ein. Da stellt sich die Frage, ob das nicht der Hauptgrund für das Interesse jener ist, die jetzt dort tätig sind." (RIA Novosti, 26.04.2011)

Kaperung der Revolutionen

Vielfach wurden innenpolitische Motive für die extrem aggressive Haltung von Sarkozy und Cameron angeführt (vgl. Crome 2011, S. 23), wichtiger dürften hierfür jedoch die sich zuspitzenden Konflikte zwischen Frankreich und Großbritannien auf der einen sowie Deutschland auf der anderen Seite gewesen sein, auf die an anderer Stelle ausführlich eingegangen wird (siehe den Beitrag von Uli Cremer). In beiden Fällen hatte die Entscheidung zur westlichen Intervention nur bedingt etwas mit der Situation in Libyen selbst zu tun – ebenso bei einem weiteren wichtigen Interesse.

Die revolutionären Umbrüche in Nordafrika werden von EU-Strategen in erster Linie als Bedrohung der eigenen Interessen begriffen, gleichzeitig eröffnen sie aber auch die Chance, die Region (noch) stärker unter Kontrolle zu bringen. Schon länger wird mehr oder minder offen im Rahmen der Europäischen Nachbarschaftspolitik darauf hingearbeitet, einen von

Brüssel dominierten imperialen Großraum zu schaffen (vgl. Rogers 2001; Wagner 2011). Für diese Ambitionen waren die arabischen Revolutionen ein schwerer Rückschlag, und es spricht vieles dafür, dass, neben den unmittelbaren ökonomischen und strategischen Interessen am libyschen Öl, hier einer der wichtigsten weiteren Gründe für die westliche Kriegsentscheidung zu finden ist.

Der Krieg ist damit zuallererst auch als eine Art Gegenoffensive zu sehen, mit dem zunächst einmal sichergestellt werden sollte, dass aus den libyschen Konflikten pro-westliche Machthaber hervorgehen würden. Die von den NATO-Staaten maßgeblich mitverursachte Militarisierung der Proteste erwies sich hierfür als „probates" Mittel: „Auch in Libyen gingen – wenn auch nicht so zahlreich – junge Leute, Akademiker, Anwälte etc. gewaltfrei mit der Forderung nach mehr Freiheit, mehr Demokratie auf die Straße, veröffentlichten Manifeste oder bildeten Arbeitsgruppen, die eine demokratische Verfassung ausarbeiten wollen. In dem Maß, wie die militärischen Auseinandersetzungen eskalierten, wurden sie jedoch von den bewaffneten Aufständischen und den nun in Erscheinung tretenden abtrünnigen Regierungspolitikern und Führern der Exil-Opposition an den Rand gedrängt. Mit Beginn der NATO-Intervention waren sie endgültig aus dem Spiel. Selbst wenn die libysche Protestbewegung zu Beginn das fortschrittliche Potential hatte, das viele Linke in ihr sahen, so war dies nun passé. Die mit der libyschen Opposition sympathisierende Frauenrechtsorganisation MADRE brachte dies schön auf den Punkt: ‚Wandelt man eine von den Bürgern selbst kontrollierte Volksbewegung in eine hierarchisch organisierte, ausländische Militäroperation, nimmt man den Leuten den Kampf aus den Händen. Dies garantiert, dass egal welches Regime auch immer folgen wird, es kein Produkt der Macht des Volkes, sondern der Macht der NATO sein wird, und dass das neue Regime vom Westen abhängig sein wird.'" (Guilliard 2011, S. 4). Die Entscheidung über Art, Form und Verlauf der Proteste wurde damit ganz wesentlich von den NATO-Staaten und ihrer Eskalation des Konfliktes beeinflusst. Völlig zutreffend merkte ein Artikel der „Süddeutschen Zeitung" (01.03.2011) deutlich vor Beginn der Bombardierungen kritisch an, hierdurch würde „die Machtfrage ins Ausland verlagert."

Das Ziel bestand also darin, Einfluss auf den Ausgang der revolutionären Prozesse nehmen zu können – und zwar nicht nur in Libyen, sondern in der gesamten Region: „Die Libyer waren nicht Subjekt dieser Entscheidung, dieser Dienst war vorbereitet worden, um den sich ausweitenden Prozess der auf Revolution zielenden Umbrüche insgesamt einzufangen und zu kanalisieren. [...] In Bezug auf die Umbrüche in der arabischen Welt ist es offensichtlich die historische Aufgabe dieses Krieges, dem einen Riegel vorzuschieben. Für die Mächte des Westens ging es zugleich darum, die Dominanz, die Europa gegenüber der arabischen Welt seit Jahrhunderten ausgeübt hatte, wiederherzustellen. Das ist nicht nur eine Frage von Eigentumstiteln und von Geopolitik, sondern auch eine geistige und mentale Frage. Wenn man dieses Gefühl der Überlegenheit gegenüber China und Indien schon verliert, will man es wenigstens vor der Haustür noch verspüren." (Crome 2011, S. 60 und 62)

Machtpolitiker wie etwa James Rogers, Chef der „Group on Grand Strategy", die sich für eine offensive europäische Geopolitik einsetzt, machen ebenfalls keinen Hehl aus den Motiven der intervenierenden Staaten: „Über Libyen hinaus, ist die Zukunft der Europäischen Nachbarschaft noch offen. Die Europäer müssen ein strategischeres und zukunftsorientiertes Konzept für ihre Südliche Nachbarschaft, einschließlich des Mittleren Ostens entwickeln. Diese Regionen, nicht zuletzt die Levante, sind – zusammen mit der Östlichen Nachbarschaft – von zentraler Bedeutung für Europas Sicherheit. [...] Was dies an ‚konkreten Politiken' bedeutet, ist noch unsicher: zumindest bedeutet es aber ein hohes Maß an Kontrolle über egal welche Regierungen zu behalten, die aus den Trümmern der Revolutionen hervorgehen, indem ihre Integration in die europäische Nachbarschaft ermutigt wird. Brüssel muss sich stärker damit befassen, wie eine neue Geografie europäischer Macht etabliert werden kann – und zwar schnell." (Rogers und Simon 2011) Die unmittelbar nach Ausbruch der arabischen Revolutionen eingeleitete Neufassung der Europäischen Nachbarschaftspolitik basiert genau auf solchen Überlegungen, hat sie doch zum Ziel, den wirtschaftsliberalen Umbau der dortigen Gesellschaften zu forcieren und die Kontrolle Brüssels über die Region auszubauen (vgl. Lösing und Wagner 2011).

Libyen-Doktrin – neuer NATO-Interventionsrahmen?

Während die katastrophalen Folgen der jüngsten Kriege gegen den Irak und Afghanistan möglichst unter den Teppich gekehrt werden, wird der

Libyen-Einsatz derzeit zu einer Art Vorzeigeintervention mit Präzedenz-
fallcharakter deklariert. So schrieb Susan Glasser (2011) in der „Foreign
Policy": „Zum selben Zeitpunkt, an dem Schweigen bezüglich diesen beiden langwährenden Konflikten [Irak und Afghanistan, JW] herrscht, hat
sich die außenpolitische Elite der Vereinigten Staaten einmal mehr in ein
neues Kriegsmodell verliebt, eines, das vorgeblich mit moderaten Investitionen, keinen Bodentruppen und einem befriedigenden Narrativ von Freiheit, die über Diktatur obsiegt, lockt. Ja, ich Rede über Libyen. [...] Mit
anderen Worten: Dies ist ein Krieg, der funktioniert." Auch für NATO-Generalsekretär Anders Fogh Rasmussen (2011) ist eine der wichtigsten Lehren der Intervention, dass diejenigen eines Besseren belehrt worden seien,
die „meinten, Afghanistan sei die letzte out-of-area Operation der NATO
gewesen." Einige sehen in dem Krieg sogar eine „historische Wegmar-
ke" (Ischinger und Noetzel 2011), eine Art „Libyen-Doktrin" (Speckmann
2011) sei im Entstehen, die den Rahmen für künftige Militärinterventionen
des Bündnisses vorgeben könnte.

In der Tat weist der Einsatz mehrere weit reichende „Besonderheiten"
bzw. „Neuerungen" auf: Auf der legitimatorischen Ebene lag ihm mit der
Schutzverantwortung eine *neue Kriegsrechtfertigung* zugrunde; strategisch
basierte er auf einer *neuen transatlantischen Macht- und Arbeitsteilung*;
und taktisch-operationell wurde im Vergleich zu den vorherigen Interventionen im Irak und Afghanistan auf eine *neue Form der Kriegsführung*
gesetzt. Ob es sich hierbei allerdings angesichts zahlreicher ungelöster und
unsicherer Fragen tatsächlich um ein tragfähiges Konstrukt für künftige
NATO-Interventionen handelt, ist äußerst fragwürdig.

Neue Kriegsrechtfertigung?

„Erstmalig in seiner Geschichte hat der Sicherheitsrat der Vereinten Nationen am 17. März 2011 mit der UN-Resolution 1973 eine militärische
Einmischung in die inneren Angelegenheiten eines souveränen Staates
zum Schutz der Bevölkerung gebilligt." (Kursawe 2011, S. 574) Kurz
darauf wurde mit derselben Argumentation in der Elfenbeinküste interveniert, wodurch abermals gewaltsam Partei auf einer Seite eines inner-
staatlichen Bürgerkrieges ergriffen und dessen Ausgang zugunsten der
pro-westlichen Fraktion entschieden wurde (vgl. Marischka 2011). Hierin
sehen Befürworter des Konzeptes den endgültigen Durchbruch für die mi-

litärisch-gewaltsame Durchsetzung von Menschenrechten. So äußerte sich
UN-Generalsekretär Ban Ki-Koon: „Was in Libyen, in der Elfenbeinküste
und anderswo passiert, ist ein historischer Präzedenzfall, ein Wendepunkt
für die im Entstehen befindliche Doktrin der Schutzverantwortung." (UN
Press Relase SG/SM/13548)

An dieser Stelle auf die vielen problematischen Aspekte des Konzeptes und
seine kriegsfördernde Wirkung einzugehen, würde den Rahmen sprengen
(vgl. Haid 2011b; Cuncliffe 2011). Hier stellt sich vielmehr die Frage, inwieweit davon auszugehen ist, dass mit RTP ein neues Standardargument
zur Legitimation von NATO-Militärinterventionen entstanden ist, das nun
in regelmäßigen Abständen herangezogen werden dürfte.

Dem lässt sich zunächst einmal entgegenhalten, dass die auch von RTP-
Befürwortern vielfach kritisierte und weiter oben bereits angesprochene
Beliebigkeit, wann das Konzept zur Anwendung gebracht wird und wann
nicht, beileibe kein Zufall ist. Denn es existieren keinerlei Ambitionen,
wirklich eine Schutzverantwortung, ganz zu schweigen von einer Schutzpflicht akzeptieren zu wollen. Vielmehr will man eine Schutzoption, um
das Konzept zur Rechtfertigung eines Kriegseinsatzes heranziehen zu
können, wann immer dies die Interessenlage erfordert und die strategisch-
ökonomische Kosten-Nutzen-Rechnung erlaubt. Auffällig ist jedenfalls,
dass im neuen Strategischen Konzept der NATO, das im November 2010
verabschiedet wurde, keinerlei Verweis auf Menschenrechte oder gar eine
Schutzverantwortung zu finden ist. Berichten zufolge liegt die Ursache
dafür darin, dass zumindest einige Staaten befürchteten, solche Passagen
könnten dazu führen, dass nicht eine Schutzoption, sondern eine Schutzpflicht entstehen könne, was nicht ihrer Interessenslage entsprochen habe
(vgl. Paynter 2011). Diese Willkür und Beliebigkeit untergräbt die Legitimität des Konzeptes massiv und führt zu wachsenden Vorbehalten: „Eine
treffendere Beschreibung für RTP wäre [...] umdekorierter Neokolonialis-
mus", kritisierte etwa der Präsident der UN-Generalversammlung, Miguel
d'Escoto Brockman, ein Diplomat aus Nicaragua (Nokes 2011).

Darüber hinaus wurde die Existenz der RTP zwar tatsächlich von der
UNO-Generalversammlung anerkannt, geltendes Völkerrecht ist es damit
aber keineswegs, wie vielfach fälschlich behauptet wird (vgl. Haid 2011b).
RTP hin oder her, letztlich entscheiden muss über eine Militärinterventi-

on nach geltendem Völkerrecht weiterhin der UN-Sicherheitsrat (Chesterman 2011). In diesem Zusammenhang ist es schwer vorstellbar, dass sich
die Vetomächte Russland und China noch einmal auch nur in die Nähe
des Konzeptes begeben werden, nachdem sie der keineswegs abwegigen
Auffassung sind, im Falle Libyens gezielt getäuscht und in die Irre geführt worden zu sein (vgl. Bellamy 2011). Insofern ist es überaus fraglich,
ob sich die Schutzverantwortung bei künftigen NATO-Interventionen als
tragfähiges Konstrukt erweisen wird.

Neue Macht- und Arbeitsteilung?

Der Libyen-Krieg wird vielfach als erster Anwendungsfall der Obama-
Doktrin betrachtet (Valasek 2011, S. 1), die Ryan Lizza (2011) auf die grif-
fige Formel „Führung aus dem Hintergrund" (leading from behind) zusammengefasst hat. Ein wesentliches Element dieser Doktrin besteht aus der
Überlegung, dass der profunde Machtverlust, den die Vereinigten Staaten
in den letzten Jahren erlitten haben, eine neue Macht- und Arbeitsteilung
im transatlantischen Bündnis erforderlich macht. Die Kosten für die Aufrechterhaltung der westlichen Vorherrschaft sollen, so eine der Kernideen,
auf breitere, vor allem europäische Schultern verteilt werden. Vor diesem
Hintergrund bietet Washington den EU-Staaten einen „Transatlantischen
New Deal" an. Er umfasst einerseits das US-Angebot, künftig in deutlich
größerem Umfang als bislang auf EU-Interessen Rücksicht zu nehmen –
also die von den Europäern lang eingeforderte, von den USA aber bislang
stets strikt abgelehnte Partnerschaft auf gleicher Augenhöhe umzusetzen.
Umgekehrt fordern die Vereinigten Staaten hierfür jedoch von den Verbündeten eine erheblich größere (militärische) Unterstützung ein. Im Kern
lautet der „Transatlantische New Deal", dessen Grundelemente bereits
unmittelbar nach Obamas Amtsantritt formuliert wurden, also folgendermaßen: Wenn die Europäer künftig adäquat mitkämpfen, dürfen sie auch
substanzieller mitreden.

Diese Überlegungen flossen auch in das neue Strategische Konzept der
NATO ein: „Die NATO erkennt die Bedeutung einer starken und fähigeren
europäischen Verteidigungsfähigkeit an." Anschließend ist die Rede von
einer „strategischen Partnerschaft zwischen der NATO und der EU" und
– entscheidend – vom „Respekt vor der Autonomie und institutionellen
Integrität beider Organisationen." (NATO 2010, Abs. 32) Bis zu diesem

Zeitpunkt wurde eine eigenständige EU-Militärkomponente von den USA stets strikt abgelehnt. Nun wird diese akzeptiert, sofern hiermit eine größere Unterstützung der USA im Rahmen von NATO-Operationen einhergeht. Deshalb findet sich im NATO-Konzept auch der Appell für eine „fairere Lastenverteilung" im Bündnis (ebd., Abs. 3).

Wie erwähnt, wird der Libyen-Krieg als erster Anwendungsfall der Obama-Doktrin betrachtet, die Resultate fallen jedoch gemischt aus. Auf der einen Seite haben die USA eine bis dato für undenkbar gehaltene Bereitschaft an den Tag gelegt, die Führungsrolle bei einem NATO-Kriegseinsatz an EU-Verbündete – namentlich Frankreich und Großbritannien – abzugeben (vgl. Valasek 2011, S. 2; Ischinger und Noetzel 2011). Was die europäischen Beiträge anbelangt, klafft die Bewertung jedoch weit auseinander. Einerseits betonen vor allem europäische Vertreter, mit dem Libyen-Krieg sei unter Beweis gestellt worden, dass europäische Länder in der Lage seien, eine umfangreiche Militärintervention durchzuführen (vgl. Valasek 2011, S. 2f.). Die Bewertung der US-Seite fällt demgegenüber komplett anders aus. Im Juni 2011 las der damalige US-Verteidigungsministers Robert Gates den europäischen Verbündeten in mehr als deutlicher Form die Leviten: „Die mächtigste Militärallianz in der Geschichte befindet sich gerade einmal in der elften Woche einer Operation gegen ein schlecht ausgerüstetes Regime in einem spärlich besiedelten Land – und trotzdem geht vielen Verbündeten bereits die Munition aus und sie sind einmal mehr auf die USA angewiesen, damit diese den Ausschlag geben." In ungewohnt drastischen Worten warf Gates den Verbündeten Trittbrettfahrerei vor. Die „ungeschminkte Wahrheit" sei, dass in den USA „der Appetit und die Geduld schwinden, zunehmend wertvolle Mittel zugunsten von Nationen auszugeben, die offenbar nicht willens sind, die notwendigen Ressourcen zu stellen oder notwendige Änderungen vorzunehmen, um ernsthafte und fähige Partner zu ihrer eigenen Verteidigung zu sein". Um zu verhindern, dass sich die USA andere Partner suchen werden, forderte er die EU-Verbündeten auf, „ernsthafte Anstrengungen zu unternehmen, um die Verteidigungsbudgets davor zu schützen, von der nächsten Sparrunde noch weiter zusammengestrichen zu werden." Ansonsten drohe der NATO die "gemeinsame militärische Bedeutungslosigkeit" und eine "düstere, wenn nicht sogar trostlose Zukunft." (Gates 2011)

Diese klare Ansage wurde in den europäischen Hauptstädten verstanden und mit zahlreichen Versicherungen beantwortet, die militärischen Fähigkeiten ernsthaft verbessern zu wollen. Inwieweit dies jedoch gelingt, ist gegenwärtig fraglich. Die eine Option hierfür, substanzielle Erhöhungen der Rüstungshaushalte, dürfte angesichts der Budgetrestriktionen aufgrund der Wirtschafts- und Finanzkrise sowie des Widerstands in der Bevölkerung kaum gangbar sein. Die einzige andere Möglichkeit, eine deutlich stärkere Europäisierung der Militärpolitik und damit verbundene Effizienzsteigerungen durch die massive Bündelung von Ressourcen, ist aber ebenfalls schwer auf den Weg zu bringen. Denn dies wird augenblicklich durch die massiven innereuropäischen Konflikte zwischen Großbritannien und Frankreich auf der einen und Deutschland auf der anderen Seite erheblich erschwert (siehe den Beitrag von Uli Cremer). Vor dem Hintergrund dieser Zentrifugaltendenzen ist es zumindest ungewiss, ob es zu der anvisierten neuen transatlantischen Macht- und Arbeitsteilung, verbunden mit einer Stärkung der NATO, kommen wird, für die der Libyen-Krieg eigentlich ein wichtiger Impuls hätte sein sollen.

Neue Form der Kriegsführung?

Allgemein wird davon ausgegangen, dass nach dem desaströsen Verlauf der Kriege in Afghanistan und im Irak der Appetit auf weitere großangelegte Besatzungs- und Aufstandsbekämpfungsoperationen mit ihrem hohen personellen und finanziellen Aufwand in den USA und mehr noch in Europa massiv zurückgegangen ist. Die Art, wie der Libyen-Krieg durchgeführt wurde, wird deshalb vielfach als eine neue, „ressourcensparendere" und begrenztere Form der Kriegsführung interpretiert, die sich grundlegend von den beiden vorher genannten Einsätzen unterscheide (Francois 2011, S. 4).

Als konkrete Elemente dieser mutmaßlich neuen Interventionsdoktrin werden die Konzentration auf Luftschläge und der Verzicht auf Bodentruppen benannt, allenfalls Spezialeinheiten sollen zur Anwendung kommen: „Um nach Afghanistan und dem Irak nicht auch in Libyen historische Fehler zu wiederholen, orientiert sich der Westen dort heute an einer Strategie, die bereits im jugoslawischen Bürgerkrieg der Neunzigerjahre den Gegner stoppte. [...] Anstatt sich mit dem Einsatz von eigenen Bodentruppen auf das Risiko eines langwierigen und verlustreichen Krieges einzulassen, setzt der Westen auf die Überlegenheit seiner Luftwaffe und unterstützt mit

Geheimagenten, Spezialeinheiten, Militärberatern und Waffenlieferungen über Drittstaaten die Streitkräfte der verbündeten Konfliktpartei vor Ort." (Speckmann 2011, S. 53)

Hieraus aber abzuleiten, die NATO werde auch bei künftigen Einsätzen grundsätzlich auf eine solche Libyen-Doktrin zurückgreifen, ist aus verschiedenen Gründen nicht tragfähig. Erstens hinkt das Beispiel Jugoslawien erheblich, schließlich sind dort bis heute, mehr als zehn Jahre nach der Intervention, Bodentruppen stationiert. Zweitens ignoriert ein solcher Befund die weiterhin hohe Priorität, die der Aufstandsbekämpfung im Strategischen Konzept eingeräumt wird, in dem es heißt: „Wir müssen die Doktrin und die militärischen Fähigkeiten für Auslandseinsätze weiter ausbauen, einschließlich Aufstandsbekämpfungs- sowie Stabilisierungs- und Wiederaufbaumissionen." (NATO 2010, Abs. 25) Zwar dürfte die Einschätzung, dass nach den gemachten Erfahrungen künftig wohl nicht mehr ganz so schnell Besatzungs- und Aufstandsbekämpfungsoperationen gestartet werden dürften (vgl. Overhaus 2011, S. 3) zweifellos zutreffen, allerdings nur bis zu einem gewissen Grad: Ist die Interessenlage entsprechend, dass ein Regimewechsel für notwendig erachtet wird, können Bodentruppen unter Umständen unvermeidlich sein. In Libyen kamen diverse Faktoren zusammen, die einen „Regimewechsel aus der Luft" ermöglichten, dies ist beileibe keine Garantie, dass dies anderswo auch funktioniert (vgl. Wilson 2011, S. 4).

Im Gegenteil, selbst für Libyen stellt sich die Frage, was die NATO-Staaten unternehmen werden, sollten die Dinge dort „aus dem Ruder laufen". Zumal Libyen noch lange nicht „befriedet", sprich: unter Kontrolle gebracht ist. Regionalexperten warnen deutlich davor, dass dem Land noch schwere Konflikte bevorstehen könnten (vgl. Lacher 2012). Sollten sich die innerlibyschen Spannungen in einen erneuten Bürgerkrieg entladen, würde dies enormen Druck auf diejenigen NATO-Staaten ausüben, nun mit Bodentruppen zu intervenieren, die seinerzeit den Angriff maßgeblich auf den Weg gebracht hatten: „Letztlich sollten wir durch den Libyen-Einsatz nicht eine zentrale Lehre vergessen, die uns aus vorhergehenden Konflikten beigebracht wurde, nämlich dass der Krieg der einfachere Teil ist, während es die Friedensbildung ist, die die wirkliche Schwierigkeit darstellt. Wenn die Entwicklungen in Libyen in die falsche Richtung gehen sollten, kann die

NATO und die internationale Gemeinschaft nicht einfach danebenstehen und zuschauen." (Overhaus 2011, S. 3)

Erfolg liegt im Auge des Betrachters

Nach Beendigung des Einsatzes verkündete NATO-Generalsekretär Anders Fogh Rasmussen stolz: „Das war wohl eine der erfolgreichsten Missionen in der Geschichte der NATO." (Tagesspiegel, 27.10.2011) Ist der Gradmesser für Erfolg, inwieweit es gelang, westliche Interessen durchzusetzen, so ist die Euphorie des Generalsekretärs durchaus nachvollziehbar: Der unliebsame Gaddafi wurde beseitigt, der Zugriff auf die Ölvorkommen scheint gesichert und die Revolutionsdynamik im arabischen Raum zumindest teilweise gebremst. Ambivalenter stellt sich die Bilanz in der Frage dar, ob es gelang, ein neues und tragfähiges Interventionsgerüst auf den Weg zu bringen. Dies ist, wie beschrieben, eher fraglich.

Allerdings können nur Menschen wie der NATO-Generalsekretär, für die der „Erfolg" eines Einsatzes davon abhängt, inwieweit es gelang, ökonomische und strategische Interessen umzusetzen, überhaupt eine positive Bilanz aus diesem (und anderen) Einsätzen ziehen: „Der offizielle Zweck, der ‚Schutz der Zivilbevölkerung',„ erscheint anhand geschätzter 50.000 Toter als Farce. Auch dürften Autokraten anhand der unterschiedlichen Behandlung von Libyen und Syrien registriert haben, dass sie offenbar umso besser geschützt sind, je besser das Verhältnis zu den UN-Vetomächten Russland und China ist. Und, dass Abrüstung und Verträge mit Ländern wie den USA, Frankreich und Italien keine Garantien gegen militärische Angriffe sind." (Mühlbauer 2011)

Literatur

Amesty International. 2012. The Year of the Rebellion. The State of Human Rights in the Middle East and North Africa. January. http:// www.amnesty.org/en/library/info/MDE01/001/2012/en.

Bellamy, Alex J. 2011. R2P and the Problem of Regime Change. In: The Responsibility to Protect. Challenges in light challenges & opportunities in light of the Libyan intervention e-International Publication November. http://www.e-ir.info/wp-content/uploads/R2P.pdf, S. 20-23.

BP. 2011. Statistical Review of World Energy, June.

Buro, Andreas und Ronnefeldt, Clemens. 2011. Der NATO-Einsatz in Libyen ist (Öl-)interessengeleitet. http://www.versoehnungsbund.de/sites/default/files/artikel/231/2011-Libyen_april2011_8s.pdf.

Chesterman, Simon. 2011. Leading from Behind: The Responsibility to Protect, the Obama Doctrine, and Humanitarian Intervention After Libya. New York University Public Law and Legal Theory Working Papers. Paper 282. http://lsr.nellco.org/nyu_plltwp/282.

Chivers, C.J. und Schmitt, Eric. 2011. In Strikes on Libya by NATO, an Unspoken Civilian Toll. New York Times, 18.12.2011.

Cremer, Uli. 2011. Komplexes Gemisch: Die westlichen Mächte und der Libyen-Krieg. In: Wissenschaft & Frieden 4/2011, S. 19-22

Crome, Erhard. 2011. Der libysche Krieg des Westens. Ein Zwischenstand, RLS-Paper, Mai 2011.

Cuncliffe, P. (ed). 2011. Critical Perspectives on the Responsibility to Protect: Interrogating Theory and Practice. New York: Routledge.

Dinucci, Manlio. 2011. Der Raub des Jahrhunderts: Die Beschlagnahme der Gelder der staatlichen libyschen Fonds durch die „Willigen". Il Manifesto, 22.4. 2011 (Übersetzung Bernd Duschner).

Fogh Rasmussen, Anders. 2011. NATO After Libya. The Atlantic Alliance in Austere Times. In: Foreign Affairs, July/August 2011, pp. 2-6.

Flocken, Andreas. 2011. Eine Erfolgsgeschichte? NATO beendet Libyenkrieg. Streitkräfte und Strategien, 05.11.2011.

Foley, Frank. 2007. Between Force and Legitimacy: the Worldview of Robert Cooper, EUI-RSCAS Working Paper 2007/09.

François, Isabelle. 2011. NATO and the Arab Spring. Transatlantic Current, October.

Gates, Robert. 2011. The Security and Defense Agenda (Future of NATO), speech delivered in Belgium Belgium, 10.06.2011. http://www.defense.gov/speeches/speech.aspx?speechid=1581.

Glasser, Susan. 2011. The Wars America Doesn't Talk About. Foreign Policy, 12.09.2011. http://www.foreignpolicy.com/articles/2011/09/12/the_wars_america_doesnt_talk_about.

Greenwald, Glenn: In a pure coincidence, Gaddafi impeded U.S. oil interests before the war. Salon.com Saturday, Jun 11, 2011 12:12 PM 15:12:13 GMT+0100

Guilliard, Joachim. 2011. Der Krieg gegen Libyen – ein Überblick. In: Heidelberger Forum gegen Militarismus und Krieg (Hg.). NATO-Krieg gegen Libyen Hintergrund, Akteure, Ziele, S. 3-13. http://www.antikriegsforum-heidelberg.de/afrika/libyen/krieg2011/_doku_libyen_krieg_01-05-2011.pdf.

Haid, Michael. 2011a. Persilschein für Interventionen in Bürgerkriege? Die Resolution 1973 (2011) des UN-Sicherheitsrates, in: AUSDRUCK (April 2011), S. 9-13.

Haid, Michael. 2011b. Die „Responsibility to Protect". Kriegslegitimation unter Missbrauch der Menschenrechte? AUSDRUCK (August 2011), S. 17-23.

Henken, Lühr. 2011. Krieg gegen Libyen – Ursachen, Motive und Folgen. http://www.ag-friedensforschung.de/regionen/Libyen/henken2.html.

Hofbauer, Hannes (Hg.). 2001. Balkankrieg. Wien: Promedia 2001.

Ischinger, Wolfgang und Noetzel, Timo. 2011. Libya could be a catalyst for Europe's security policy. In: Europe's World, Summer.

Kristof, Nickolas D. 2011. Is It Better to Save No One? The New York Times, 02.04.2011.

Kuperman, Alan J.. 2011. False pretense for war in Libya? Boston Globe, 14.04.2011.

Kursawe, Janet. 2011. Pflicht zum Krieg? Der Libyenkonflikt als Testfall für die internationale Interventionspolitik. In: Zeitschrift für Außen- und Sicherheitspolitik, 4/2011, S. 573-583.

Lacher, Wolfram. 2012. Libyens Neuanfang. Herausforderungen des Übergangsprozesses. SWP-Aktuell. Januar.

Leukefeld, Karin. Uranmunition – verstrahlt in alle Ewigkeit. In: Friedens-Journal, Nr. 3, Mai 2011, S. 11-12.

Lizza, Ryan. 2011. How the Arab spring remade Obama's foreign policy, New Yorker, 02.05.2011.

Lösing, Sabine und Wagner, Jürgen. 2011. Neuausrichtung der Nachbar-schaftspolitik. EUropas neoliberale Offensive an der südlichen Peri-pherie. In: Wissenschaft & Frieden 4/2011, S. 36-38.

Marishka, Christoph. 2011. Côte d'Ivoire: erste Bilanz eines angekündig-ten Bürgerkrieges. In: AUSDRUCK (Juni 2011), S. 25-26.

Merkel, Reinhard. 2011. Völkerrecht contra Bürgerkrieg. Die Militärin-tervention gegen Gaddafi ist illegitim. Frankfurter Allgemeine Zei-tung, 22.03.2011.

Mühlbauer, Peter. 2011. Auf dem Weg zum zweiten Somalia? Telepolis 03.11.2011.

Mufson, Steven. 2011. Conflict in Libya: U.S. oil companies sit on sideli-nes as Gaddafi maintains hold, Washington Post, 11.06.2011.

NATO. 2010. Active Engagement, Modern Defence, Strategic Concept For the Defence and Security of the Members of the North Atlantic Treaty Organisation", Adopted by Heads of State and Government in Lisbon, 19.11.2010.

Nokes, Roger. 2011. Libya and the Future of the Responsibility to Protect. The Interdependent, 08.12.2011. http://www.theinterdependent. com/111208/libya-and-the-future-of-the-responsibility-to-protect.

Obama, Barack, Cameron, David und Sarkozy, Nicolas. 2011. Libya's Pathway to Peace. International Herald Tribune, 14.04.2011.

Overhaus, Marco. 2011. NATO's Operation in Libya, SWP Comments 36, November.

Paynter, Allyd. 2011. Libya: Evaluating NATO's Strategic Concept. Institute for Defence Studies & Analyses, 06.07.2011. http://www.idsa.in/idsacom-ments/LibyaEvaluatingNATOsStrategicConcept_apaynter_060711

Rettman, Andrew. 2011. Top EU official defends Bahrain crackdown, euobserver, 23.03.2011.

Rogers: James. 2001. A New Geography of European Power? Egmont Paper No. 42, January.

Rogers, James und Simón, Luis. 2011. After Libya: Consequences, futures and options, European Geostrategy, 19.04.2011. http://europeangeostrategy.ideasoneurope.eu/2011/09/19/after-libya-consequences-futures-and-options/.

Sanati, Cyrus. 2011. Big Oil's $50 billion bet on Libya at stake, Fortune, 23.02.2011.

Schütte, Robert. 2011. „Just War or just War?" Die Lehren der Libyenintervention und ihre Konsequenzen für die Schutzverantwortung. In: Zeitschrift für Außenpolitik, 4/2011, S. 715–733.

Speckmann, Thomas. 2011. Die Libyen-Doktrin. Lernen aus den Fehlern in Afghanistan und im Irak. In: Die Politische Meinung, Nr. 498, Mai 2011. S. 53-56.

Strategic Forecast. 2011. Import Dependence on Libyan Oil, 22.02.2011.

Valasek, Tomas. 2011. What Libya says about the future of the transatlantic alliance. Centre for European Reform. July.

Wagner, Jürgen. 2011. Die Geostrategie Europäischer Macht: ‚Grand Area' – ein imperiales Raumkonzept als Rezept fürs Desaster. In: AUSDRUCK (Oktober 2011), S. 1-12.

Walkom, Thomas. 2011. Libyan oil, not democracy, fuelling the West, The Star, 03.03.2011. http://www.thestar.com/article/946900--walkom-libyan-oil-not-democracy-fuelling-the-west.

Wilson Damon M.. 2011. Learning from Libya: The Right Lessons for NATO. Strategic Advisory Group, Issue Brief, September.

Zweig, Stefan. 2009. Profile of an Oil Producer: Libya, Heatingoil.com, 29.09.2009. http://www.heatingoil.com/wp-content/uploads/2009/09/profile-of-an-oil-producer-libya.pdf.

Kapitel 6

DEUTSCHLAND, FRANKREICH UND DER LIBYEN-KRIEG

Uli Cremer

Der Schlüssel für das Verständnis des Libyen-Krieges liegt weniger in Nordafrika, sondern mitten in Europa. Wer nachvollziehen will, wie es zum Libyen-Krieg der NATO 2011 kam, muss die Ereignisse in Bengasi oder Tripolis in Zusammenhang mit den tektonischen Verschiebungen in der EU setzen. Um genau zu sein: Man muss sich mit dem deutsch-französischen Verhältnis beschäftigen. Dann erscheint auch die deutsche Enthaltung im UN-Sicherheitsrat in einem anderen Licht. Es ging beim Libyen-Krieg nicht so sehr um die „Responsibility to protect" und Menschenrechte als vielmehr um den Kampf um die Führung in der EU.[1]

Deutschland als EU-Führungsmacht

Ende 2011 ist unübersehbar, welches Gewicht Deutschland inzwischen in der EU hat. Laut CDU-Fraktionschef Kauder wird in Europa jetzt Deutsch gesprochen. Ein Beispiel mag das illustrieren: Als die irische Regierung im Herbst 2011 einen Gesetzesentwurf zur Steigerung der Staatseinnahmen erarbeitet hatte, legte sie diesen zuerst dem Deutschen Bundestag vor, nicht etwa dem irischen Parlament (Kaufmann 2012, S. 5). Der FAZ-Redakteur Frankenberger konstatiert allenthalben „die Anerkenntnis, dass das Land in der Mitte Europas wirtschaftlich und potentiell auch politisch so stark ist wie noch nie in den vergangenen Jahrzehnten; und dass sich die deutschen Politiker dieser Stärke bewusst sind; und dass der wirtschaftliche Abstand zu den anderen europäischen Ländern wächst. Schmerzlich wird das besonders in Frankreich festgestellt." Für ihn ist „unzweideutig, dass Deutschlands Wirtschafts-, Europa- oder auch Sicherheitspolitik für

---

[1] Im ZEIT-Jargon werden übrigens solche Kriege als „Mädchen-Kriege" bezeichnet (Ulrich 2011, S. 105). Der Libyen-Krieg war so gesehen eher ein „Jungen-Krieg", bei dem um die Führungsrolle in Europa bzw. der EU „gerangelt" wurde.

seine Partner in nah und fern zu einem zentralen Parameter ihres eigenen Handelns geworden ist." (Frankenberger 2011)

Über die deutsche Führungsrolle wird offen berichtet. Italienische oder polnische Regierungsmitglieder drängen Deutschland geradezu, diese Rolle auszufüllen. Der polnische Außenminister Sikorski bezeichnete Deutschland in Berlin im November 2011 als „unverzichtbare Nation" und forderte die deutsche Regierung auf, ihrer Führungsverantwortung nachzukommen: „Deutsche Macht fürchte ich heute weniger als deutsche Untätigkeit" (Sikorski 2011). Franco Frattini, inzwischen nicht zuletzt durch deutsche Intervention nur noch *ehemaliger* Außenminister Italiens (das die deutschen Ambitionen auf einen ständigen Sitz im UN-Sicherheitsrat jahrelang energisch bekämpft hatte), bekannte: „ Deutschland hat den ihm zustehenden Platz in Europa zu Recht inne. Was wäre Europa ohne die wichtige, starke deutsche Führung?" (Fratini 2011)

Die Dominanz Deutschlands bildete sich auf der Grundlage der ökonomischen Stärke in den vergangenen Jahren heraus. Andreas Rinke – Chefkorrespondent Außenpolitik beim Handelsblatt – erkannte dies früher als Andere und erklärte bereits im Januar 2011 in der Zeitschrift „Internationale Politik" Angela Merkel zur „EU-Kanzlerin": „In der erweiterten EU mögen viele murren über die deutschen Wünsche bei der Stabilisierung des Euro. Aber Merkel hat nun eine Art ‚Richtlinienkompetenz' im Kreis der 27 Staats- und Regierungschefs bekommen." (Rinke 2011)

Das deutsch-französische Verhältnis

Lange Jahrzehnte hatte Frankreich erst auf Westdeutschland, später auf das vereinigte Deutschland als treuen Bündnispartner zählen können. Frankreich konnte gewissermaßen die wirtschaftliche Macht Deutschlands leihen, um sein eigenes politisches Gewicht zu erhöhen. Gemeinsame außenpolitische Initiativen wie die Etablierung des Weimarer Dreiecks mit Deutschland, Frankreich und Polen in der Ära Kohl, die Vertiefung und Erweiterung der EU bis hin zur Einführung des Euro oder auch der Widerstand gegen den US-Irak-Krieg 2003 in der Ära Schröder zeugen von einheitlichem deutsch-französischen Handeln – und zwar unabhängig von der politischen Ausrichtung der jeweiligen Regierungen. Der Konservative Kohl zog mit dem Sozialisten Mitterrand genauso an einem Strang wie der

Sozialdemokrat Schröder mit dem Konservativen Chirac. Die personellen Wechsel zu Merkel (2005) und Sarkozy (2007) – beide RepräsentantInnen der jeweiligen konservativen Partei – markieren die einschneidende Veränderung im Verhältnis. Seitdem tritt die Rivalität beider europäischen Mächte in den Vordergrund. Das bedeutet natürlich nicht, dass die überwundene „Erbfeindschaft" des 19. und 20. Jahrhunderts wieder auflebt. Die nationalen Wirtschaften sind tief miteinander verwoben. Beide Staaten sind fest in der EU und anderen gemeinsamen Bündnissen verankert. Diese bilden aber gleichzeitig den Rahmen, in dem die beiden nationalen Machtstaaten um nationalen Einfluss ringen. Die Zeiten, in denen Berlin sich französischen Vorschlägen unterordnete, sind vorbei. Heute gibt Berlin die Richtung vor und erwartet, dass Paris sich fügt.

Richtschnur des Handelns ist für den französischen Präsidenten Sarkozy jedoch, dass Frankreich „weiterhin mit all jenen Nationen an der Spitze stehen will, die Geschichte schreiben, anstatt sie zu erleiden" (Sarkozy 2008). Heftige politische Auseinandersetzungen mit Berlin sind die logische Folge.

Der Libyen-Konflikt im Frühjahr 2011 war dabei keineswegs der erste größere Streit zwischen Merkel und Sarkozy (als RepräsentantInnen ihrer beiden Länder). Letzterer hatte sich seit seinem Amtsantritt die Gründung einer Mittelmeer-Union auf die Fahnen geschrieben. Frankreich müsse sich erinnern, "dass es eine Macht im Mittelmeerraum ist", so Präsident Sarkozy (Sarkozy 2008) bei der Begründung seines Projekts einer "Mittelmeer-Union". "Dem wachsenden Einfluss der nord- und osteuropäischen Länder sollte ein südlicher Schwerpunkt entgegengesetzt werden, mit Frankreich als Führungsmacht", analysierte die FAZ (Nonnenmacher 2011). Solch ein Angriff auf die deutsche Machtposition in der EU würde "den Zerfall Europas provozieren", war die harsche Reaktion der deutschen Kanzlerin[2]. Aus der Mittelmeer-Union wurde ein Projekt der EU: "Merkel bremst Sarkozy bei Mittelmeerunion aus"[3].

2009 kehrte Frankreich nach über 40 Jahren in die Militärorganisation der NATO zurück. Zuvor war Paris stets die treibende Kraft gewesen, die eine autonome westeuropäische Streitmacht in Konkurrenz zur NATO aufbau-

---

[2]   Merkel warnt vor Spaltung Europas, Spiegel Online 5.12.2007
[3]   Merkel bremst Sarkozy bei Mittelmeerunion aus, Spiegel Online 4.3.2008

en wollte. Sarkozy verkaufte seinen Diplomaten die Kehrtwende, also die mit „Entschlossenheit" erfolgte „Neupositionierung Frankreichs auf der internationalen Bühne", so: „Frankreich ... hat seinen Handlungsspielraum und sein Einflussvermögen sowohl innerhalb als auch außerhalb seiner Familie gestärkt." (Sarkozy 2008)

Der nächste Schritt Sarkozys war der militärische Schulterschluss mit Britannien. 2010 schlossen Paris und London den Vertrag von Lancaster House ab und vereinbarten eine enge militärpolitische Zusammenarbeit, darunter „einen Zehn-Jahres-Plan zur Zusammenarbeit auf dem Feld komplexer Waffensysteme..., der ihren Willen unterstreicht, Industriezusammenschlüsse zu fördern." (Kempin u.a. 2010) In der Konsequenz wird die 2004 von der EU geschaffene und von Frankreich stets gestützte Europäische Verteidigungsagentur geschwächt. Die deutsche Stiftung Wissenschaft und Politik (SWP) schlussfolgert: „Vor diesem Hintergrund ist die Botschaft des Londoner Gipfels klar: Frankreich und Großbritannien räumen einer bilateralen Kooperation bis auf weiteres Vorrang vor europäischen Projekten ein." (Kempin u.a. 2010) Mit dem Vertrag wurden die autonomen EU-Militärpläne also endgültig zur Makulatur.

Die nächste Generation Drohnen entwickelt Paris nun mit London, ein „Gleichstand mit Deutschland in der internationalen Sicherheitspolitik oder in der euroatlantischen Bündnispolitik ist ... kein vorrangiges Ziel der französischen Politik mehr." (Rühl 2011)

In der Zeitschrift Internationale Politik sieht der außenpolitische Analyst Speck für die Zukunft die Gefahr, dass „sich, aus Angst vor Deutschland, sofort Gegenkoalitionen bilden, zunächst informelle, später formelle." Dieses negative Szenario träte ein, sofern Deutschland den „Weg in den eigenständig agierenden nationalen Machtstaat" (Speck 2012, S. 92) einschlüge. Die Zukunft hat offensichtlich schon begonnen.

Da sich die deutsche Wirtschaftskraft zunehmend in politische Macht umsetzt und so Berlin zunehmend die Geschicke Frankreichs bestimmt, gewinnt für Paris der Machtbereich an Bedeutung, in dem es Deutschland überlegen ist: der Militärbereich. Bei der Bewertung des Vertrags von Lancaster House wies Sarkozy darauf hin, dass Britannien und Frankreich praktisch die einzigen Staaten in Europa seien, die den NATO-Standard einhielten, mindestens 2% ihres Bruttoinlandsprodukts für „Verteidigung" auszugeben. Das ist natürlich auch in Deutschland bekannt. Berlin ist jedoch nicht bereit, die eigenen Militärausgaben so exorbitant zu erhöhen: Zur Zeit liegt Berlin bei 1,4% – entsprechend wären die Ausgaben um 50%, d.h. ca. 15 Mrd. € zu steigern, um die NATO-Vorgabe einzuhalten. Generell ist zu beachten, dass die militärische Machtwährung sich zunehmend weg von den Atomwaffen hin zu Schnellen Eingreiftruppen verschiebt. Der FAZ-Korrespondent Busse gibt den Hinweis: „Macht und Größe eines Landes werden in der Weltpolitik zunehmend an der Fähigkeit gemessen, technisch überlegene Expeditionstruppen in weit entfernte Einsatzgebiete schicken zu können." (Busse 2009) Entsprechend soll die neueste Bundeswehrreform diese machtpolitische Ressource Deutschlands ausbauen. Aktuell liegen Britannien, Frankreich und Deutschland bei den Expeditionstruppen auf ähnlichem Niveau allerdings ist Deutschland nur Dritter.[4]

Der französische Führungsanspruch wird angemeldet

Betrachten wir aber die Ausgangssituation Anfang 2011, als der Libyen-Konflikt sich zuspitzte. Frankreich war über die Jahre gegenüber Deutschland nicht nur ökonomisch weiter zurückgefallen, auch politisch hatte es Terrain eingebüsst. Zudem war die von Merkel zurechtgestutzte Mittelmeer-Union geschwächt: Sarkozys Co-Präsident Mubarak war gerade von seinem Volk gestürzt worden.

Nur militärisch hatte Frankreich noch eine stärkere Position. Entsprechend erschienen Kriegseinsätze als probates Mittel, den französischen Macht- und Gestaltungsanspruch anzumelden. In diesem Zusammenhang kam die Libyen-Krise Anfang 2011 wie gerufen. Denn nun konnte das gerade neu begründete Militärbündnis mit Britannien in Aktion vorgeführt werden. Gewünschter Nebeneffekt wäre, Deutschland einmal deutlich seine Grenzen aufzuzeigen. Also trieb man den Militäreinsatz gegen das Gaddafi-Regime mit Vehemenz voran. Symbolträchtig sagte der neu ernannte französische Außenminister Juppé seinen Antrittstermin in Berlin ab, weil er just an dem Tag beim UN-Sicherheitsrat in New York gefordert war. Dort wurde

---

[4] Die von Verteidigungsministerium aus budgettaktischen Gründen gestreute Zahl von nur 7.000 parallel in Interventionen einsetzbaren Bundeswehrsoldaten ist deutlich zu niedrig und entspricht nicht den Tatsachen. Vergl. dazu Cremer/Achelpöhler 2011, S. 8

nämlich am 17. März 2011 die Resolution 1973 verabschiedet, die das militärische Eingreifen westlicher Staaten in den Libyenkonflikt ermöglichte. Die FAZ resümierte: „Frankreich hat mit seinem Werben für eine Flugverbotszone seinen Führungsanspruch auf der Weltbühne bekräftigt. Die Abstimmung im UN-Sicherheitsrat stellt einen diplomatischen Erfolg dar, der Außenminister Juppé nach nervenaufreibenden Tagen gelang."[5] Der Antrittsbesuch in Berlin wurde dann erst fünf Monate später nachgeholt.

In Deutschland wurde der französische Führungsanspruch registriert: „Dieser Waffengang dient ihm (Sarkozy, UC) dazu, den Anspruch auf die Führungsrolle Frankreichs in Europa deutlich zu untermauern. Dafür setzt er auch militärische Macht ein." (Clement 2011) Die deutsche Regierung hatte nun zwei Möglichkeiten: Sie konnte den Führungsanspruch anerkennen, sich der französischen Kriegsinitiative anschließen und am Krieg teilnehmen. Oder sie konnte durch Kriegsdienstverweigerung die Führungsrolle zurückweisen. Sie entschied sich für Letzteres und enthielt sich im Sicherheitsrat der Stimme.

Sarkozy findet Kriegspartner

Zwar konnte Frankreich die libysche Gegenregierung im Alleingang politisch anerkennen. Allerdings war Frankreich militärisch nicht in der Lage, den Krieg allein zu führen. Also wurde Britannien im Sinne der gerade neu begründeten militärischen Partnerschaft ins Boot geholt.

Wie die französische war die britische Position in der arabischen Welt durch die Teilnahme am Irak-Krieg und die Parteinahme für die Unterdrückerregimes in Tunis und Kairo erodiert. Auch für Britannien versprach die Initiierung des Krieges Einflussgewinne.

Da Frankreich und Britannien nur „ersatz pocket superpowers" (Lindley-French 2011) sind, konnte allein die Teilnahme der führenden Militärmacht der Welt, der USA, militärischen Erfolg ermöglichen. Zusammen repräsentieren die drei Staaten 85% der NATO-Militärmacht. Frankreich versuchte deshalb nicht, die USA herauszuhalten. Die Sarkozy-Ära ist, wie erwähnt, gerade durch eine stärkere transatlantische Ausrichtung gekennzeichnet, in die der Schulterschluss mit London eingebettet ist. Nachdem

---

[5] „Frankreich freut und ärgert sich", FAZ 19.03.2011

sich in Washington Mitte März die Kriegsbefürworter um Außenministerin Clinton durchgesetzt hatten, stand das Kriegsbündnis.

Clement, Sicherheitsexperte des Deutschlandfunks, analysiert: „Alle drei Hauptakteure im Libyen-Krieg haben Interessen bedient, bei denen Libyen nur das Mittel zum Zweck ist..." (Clement 2011) Mit anderen Worten wurde nicht primär um Öl, die libyschen Wasservorräte oder Menschenrechte gekämpft, sondern für "höhere Ziele", die eigene Position im „Zeitalter der relativen Mächte" im Kampf um "ein neues Gleichgewicht der Kräfte" (Sarkozy 2008), so die Worte des französischen Präsidenten Sarkozy.

Im UN-Sicherheitsrat konnten die drei kriegsbereiten Mächte keinen Beschluss für einen Regime Change in Tripolis durchsetzen. Die Resolution war insofern keine Carte Blanche, aber eine unerlässliche Basislegitimation für das geplante militärische Vorgehen. Wolfgang Ischinger, Chef der Münchener Sicherheitskonferenz, wies auf die „gewaltige strategisch-konzeptionelle Lücke" hin, die „zwischen der politischen Zielsetzung einerseits („Gaddafi muss weg") und dem restriktiven Mandat des UN-Sicherheitsrats zum Schutz der Zivilbevölkerung andererseits klafft" und warnte: „In Washington – und noch mehr in Moskau und Peking – warten manche nur darauf, dass das europäische Häuflein in Libyen eine militärisch-politische Bauchlandung produziert." (Ischinger 2011)

Die deutsche Kriegsdienstverweigerung

Auch in Berlin wurde gewartet. Westerwelle begründete die deutsche Nichtteilnahme so: „Meine Aufgabe als Außenminister ist, dafür zu sorgen, dass wir als Deutsche nicht leichtfertig in einen Krieg hineingezogen werden, aus dem wir dann viele Jahre nicht hinauskommen können."[6] Sein Ministerkollege Niebel sekundierte: „Man sollte wissen, wie man ein militärisches Engagement wieder beendet, bevor man es beginnt." Ein weiteres Argument war: „Die Geschichte zeigt, dass Flugverbotszonen keine Massaker verhindern." (Niebel 2011) Dafür seien Bodentruppen notwendig, das müsse man bedenken.

Berlin glaubte offensichtlich, dass der Libyen-Krieg in einem ähnlichen Desaster wie der Regime Change im Irak enden und Paris am Ende schwä-

---

[6] Westerwelle im ZDF-Morgenmagazin am 11. März 2011

chen würde. Und solch ein Desaster gönnte man den Kollegen in Paris und London. Die Bundesregierung war wochenlang davon ausgegangen, dass auch die US-Regierung sich gegen den Militärkurs stellen würde, und wurde kurzfristig von dem politischen Schwenk überrascht. Bei Nichtteilnahme der USA wäre die „Bauchlandung" noch wahrscheinlicher gewesen.

Laut Niebel hätte Deutschland bei einer Zustimmung im Sicherheitsrat in der Pflicht gestanden, sich am Einsatz zu beteiligen, politisch wie militärisch-technisch: „Neben den USA hat allein die Bundesluftwaffe mit ihren ECR-Tornados die militärischen Fähigkeiten, die Flugverbotszone durchzusetzen und die Flugabwehr auszuschalten."[7] Mit anderen Worten: Deutschland hätte militärisch durchaus einen substantiellen Beitrag leisten können, wollte dies aber nicht. Nachdem die NATO das Kommando im Libyen-Krieg übernommen hatte, zog die Bundesregierung konsequent alle deutschen Kräfte aus den Bündnisoperationen im Mittelmeer zurück, die vor dem 22.3.2011 noch das verhängte Waffenembargo gegen Libyen mit überwacht hatten: „Ein Sprecher des Verteidigungsministeriums sagte, zwei Fregatten und zwei Boote mit insgesamt 550 Soldaten würden wieder unter nationale Führung gestellt. Die etwa 60 bis 70 deutschen Soldaten, die bisher an einer Aufklärungsmission mit Awacs-Flugzeugen im Mittelmeerraum teilgenommen haben, werden abgezogen."[8] Um bei den NATO-Partnern anschlussfähig zu bleiben, beteiligte sich Deutschland allerdings ab April 2011 am AWACS-Einsatz in Afghanistan. Außerdem hielt Berlin sich an die gültigen NATO-Regeln und –Gepflogenheiten, als es den kriegführenden NATO-Ländern später beim Libyen-Krieg Munition anbot.

Wer international „mitspielen" will, muss natürlich auch eigene Vorschläge unterbreiten. Das tat die deutsche Regierung durchaus. Statt das Gaddafi-Regime militärisch zu bekämpfen, setzte sie sich für eine konsequente Sanktionspolitik ein. „Wir waren der Überzeugung, dass noch nicht alle nicht-militärischen Mittel ausgeschöpft sind", so Niebel in der Maybrit Illner-Talkshow am 25.3.2011. Ein kompletter Öl-Boykott würde Gaddafi finanziell ruinieren, so die richtige Argumentation, von der man aber in Paris, London oder Rom nichts hören wollte. Niebel konstatierte in besagter Talkshow deswegen, es sei „bemerkenswert, dass gerade die Nationen

---

[7]   „Wir sind ausdrücklich nicht neutral", Passauer Neue Presse, 19.3.2011

[8]   „Marine verlässt NATO-Missionen" 22.3.2011, http://www.n-tv.de/politik/Marine-verlaesst-NATO-Missionen-article2920416.html

munter in Libyen bomben, die noch Öl von Libyen beziehen." Außerdem rieb er Sarkozy recht undiplomatisch dessen jahrelange Kumpanei mit Gaddafi unter die Nase: „Wir sind die einzigen, die einen Ölboykott wollen und das Zelt von Gaddafi nicht im Kanzleramt stehen hatten." So stand es also im März 2011 um die deutsch-französischen Beziehungen.

Im September 2011 stellte sich heraus, dass Sarkozys und Camerons Kalkül aufgegangen war. Sie hatten mit Hilfe von anderen NATO-Mitgliedern und Verbündeten wie Qatar den Krieg gewonnen und standen als Sieger da. Der Bürgerkrieg war zugunsten des Übergangsrats entschieden worden. Internationaler Verlierer war die deutsche Regierung, die dem Krieg ihre Zustimmung verweigert und sich nicht beteiligt hatte. Zuerst pochte Außenminister Westerwelle noch darauf, dass die Sanktionspolitik Gaddafi entscheidend getroffen hätte. Andere Regierungsmitglieder gaben die Sache verloren und gratulierten den Kriegsherren zum Sieg. Inzwischen steht auch Westerwelle nicht mehr zu der Entscheidung von März und winkt ab, wenn er eine Frage zum Libyen-Krieg beantworten soll. Die deutsche Führungsrolle in der EU ist jedoch durch die Kriegsdienstverweigerung nicht relevant beeinträchtigt worden, wie der Verlauf der Eurokrise im Herbst 2011 beweist.

Innenpolitik: Die dunkle Seite der deutschen Enthaltung

Während in Frankreich politische Elite, Medien und Bevölkerungsmehrheit hinter der Libyen-Politik der eigenen Regierung und entsprechend auch dem Kriegseinsatz standen, war die Situation in Deutschland völlig anders. In der Bevölkerung gab es all die Monate stabile Mehrheiten für die deutsche Enthaltung und Nichtteilnahme am Krieg. Sogar nach dem Sturz Gaddafis unterstützten 54% noch rückblickend den Kurs der Bundesregierung.[9]

Anders die veröffentlichte Meinung, die die Regierungslinie sofort heftig kritisierte und Westerwelle-Bashing betrieb. Dass die deutsche Abstimmungsentscheidung genauso von Kanzlerin Merkel und Minister de Maizière (beides CDU-PolitikerInnen) mit getroffen wurde, ging in den folgenden Monaten immer mehr unter, zumal auch CDU-Außenpolitiker

---

[9] Vergl. ARD-DeutschlandTrend September 2011, S.15 – www.infratest-dimap.de/uploads/media/dt1109_bericht.pdf – gefunden 14.02.2012

wie MdB Mißfelder gleich im März auf Distanz zur Enthaltungsentscheidung gingen.

Da es im Bundestag zu keiner Abstimmung kam, blieben die Positionen der parlamentarischen Opposition öffentlich wenig bekannt, unklar und widersprüchlich. Während SPD-Fraktionschef Steinmeier am 17.3. „das Abstimmungsverhalten der Bundesregierung für verständlich und nachvollziehbar"[10] hielt, war sein Parlamentarischer Geschäftsführer Oppermann fünf Tage später zu der Erkenntnis gelangt: „Das Verhalten der Regierung bei der UN-Abstimmung war allerdings falsch."[11] Auch der GRÜNE Fraktionschef Trittin lobte noch am 18.3. die Enthaltung: „Hier hat Deutschland gemeinsam mit Brasilien und Indien richtig reagiert"[12] Drei Tage später waren ihm erste Zweifel gekommen. „Man hätte sich nicht enthalten müssen."[13] Die Trittin-Linie lautete nun: „Es ist richtig, dass Deutschland sich an dieser Operation nicht beteiligt. Aber diese richtige Haltung kann man auch anders ausdrücken als durch Enthaltung. Die Resolution des Sicherheitsrates enthält viel Richtiges, deswegen wäre es klug gewesen, ihr zuzustimmen".[14]

Über eine solche filigrane Taktik hatte der ehemalige Außenminister Fischer einige Jahre früher schon einmal nachgedacht und das in seinen Memoiren dokumentiert. Diese erschienen im Februar 2011 und lagen somit rechtzeitig vor, um daraus Schlussfolgerungen für die Libyen-Entscheidung abzuleiten.

Angesichts einer möglichen Abstimmung zur Legitimierung des Irak-Krieges im UN-Sicherheitsrat 2003 hatte Fischers Büroleiter Martin Kobler die Frage aufgeworfen, „warum wir unsere Ablehnung des Irak-Krieges nicht von unserem Abstimmungsverhalten im VN-Sicherheitsrat trennen könnten. Wir würden keine Soldaten in den Irak schicken, und damit wäre die Glaubwürdigkeit von Kanzler und Regierung gesichert." (Fischer 2011, S.193f) Fischer testete mittels eines mehrdeutigen Spiegel-Interviews am

---

[10] „Kakophone Führung", FAZ 22.3.2011

[11] Oppermann im ZDF Morgenmagazin am 22.3.2011

[12] http://www.zeit.de/politik/deutschland/2011-03/libyen-flugverbot-westerwelle-spd-gruene – gefunden 31.12.2011

[13] http://www.tagesschau.de/inland/reaktionenlibyen118.html – gefunden 31.12.2011

[14] zitiert nach: FAZ 23.03.2011

28.12.02, „ob eine Trennung vom deutschen Nein zum Irak-Krieg (keine Truppen) und dem Abstimmungsverhalten im VN-Sicherheitsrat (mögliche Zustimmung) von der deutschen Öffentlichkeit akzeptiert werden würde." Im Interview machte sich Fischer sogar (probeweise?) die Bush-Linie zu eigen: Es gäbe „*keinen mandatsfreien Zustand*" mehr, man brauche keine neue UN-Resolution, um den Irak ggf. anzugreifen. Angesichts der entsetzten Reaktionen aus Medien und rotgrünem Lager pfiff dann Bundeskanzler Schröder das Auswärtige Amt zurück und holte Deutschland wieder auf den Anti-Kriegs-Kurs zurück.

Fischers Lehre: „Eines zumindest hatten mein medialer Testballon und die von ihm ausgelöste Aufregung zweifelsfrei klargemacht: dass eine Trennung von unserer Nichtteilnahme am Krieg und unserem Abstimmungsverhalten im VN-Sicherheitsrat von der deutschen Öffentlichkeit niemals akzeptiert werden würde. Und insofern konnte man diesen vermeintlichen Ausweg ad acta legen." Nichts Anderes gilt für die Aufwärmung dieser Idee im Falle der Libyen-Abstimmung.

Allerdings hatte Fischer seine eigenen Erkenntnisse nach kurzer Zeit vergessen und zog eine düstere Bilanz der deutschen Enthaltung[15]: "der Anspruch der Bundesrepublik auf einen ständigen Sitz im Sicherheitsrat wurde soeben endgültig in die Tonne getreten", er beschwor den Ordnungsanspruch Deutschlands: "Wie der Balkan gehört die südliche Gegenküste des Mittelmeers zur unmittelbaren Sicherheitszone der EU. Es ist einfach nur naiv zu meinen, der bevölkerungsreichste und wirtschaftlich stärkste Staat der EU könne und dürfe sich da heraushalten. Wir reden bei dieser Region über unmittelbare europäische und deutsche Sicherheitsinteressen " und auch für die gemeinsame Außen- und Sicherheitspolitik der EU sähe es nicht gut aus, "Frankreich macht sich mit Großbritannien in einer Koalition der Willigen selbständig".

Die Medien sahen die Bundesregierung gleich nach der Enthaltung nahezu einhellig auf dem deutschen „Sonderweg", wobei Josef Joffe von der ZEIT, ein ausgewiesener Sonderwegexperte, der Deutschland permanent auf neuen Sonderwegen sieht, sogar einen doppelten Sonderweg beklagte, nämlich Enthaltung plus Atomausstieg (Joffe 2011). Suggeriert werden

---

15 http://www.sueddeutsche.de/politik/streitfall-libyen-einsatz-deutsche-aussenpolitik-eine-farce-1.1075362-2

sollte, dass Deutschland mit seiner Libyen-Politik isoliert sei. Denn alle anderen westlichen Staaten hätten im Sicherheitsrat mit JA gestimmt. Der angegriffene Westerwelle wurde nicht müde darauf zu verweisen, dass sich auch Brasilien, China, Indien und Russland enthalten hätten. Der Vorsitzende des Auswärtigen Ausschusses im Bundestag und sein Stellvertreter, Polenz (CDU) und Klose (SPD), ließen das so nicht gelten: „Fatal an diesem Abstimmungsverhalten war, dass die deutsche Enthaltung in Wahrheit ‚Nein' bedeutete, die der Russen und Chinesen dagegen ‚Ja'... Deutschland stimmte nicht mit seinen Verbündeten, sondern gegen sie..." (Klose/Polenz 2011, S.20f)

Wäre es im Bundestag je zu einer Abstimmung über die deutsche Haltung im Libyen-Krieg gekommen, hätte die Regierung zu keinem Zeitpunkt eine Mehrheit erhalten. Ihre Linie wäre nur von FDP und Linkspartei gestützt worden, in der CDU/CSU hätte es reihenweise „Abweichler" gegeben. Und die Äußerungen des SPD- und GRÜNEN Spitzenpersonals lassen vermuten, dass diese Fraktionen mehrheitlich für ein JA zum Libyen-Krieg gestimmt hätten.

Deutschlands Gefährten

In Wirklichkeit war Deutschland in der NATO keineswegs isoliert, wie in der deutschen Diskussion behauptet wurde. Denn die Hälfte der NATO-Mitglieder nahm am Krieg nicht teil – auch wenn es neben Polen nur kleinere Staaten aus Mittel- und Osteuropa waren. In der deutschen Libyen-Politik spiegelt sich gewissermaßen eine neue bündnispolitische Ausrichtungsoption nach Osten. Wenn Frankreich neue Koalitionen schmieden kann, will Deutschland dem nicht nachstehen. Westerwelles erster Antrittsbesuch als Außenminister führte 2009 nach Warschau und nicht nach Paris. Die NATO soll um Russland erweitert und so zum veritablen Nordpakt ausgebaut werden. Dabei ziehen Warschau und Berlin inzwischen an einem Strang.

Um die Idee ins Gespräch zu bringen, veröffentlichten im September 2011 die Herren Karaganow (Leiter eines einflussreichen russischen Think-Tanks), Olechowski (in den 90er Jahren polnischer Außenminister) und Teltschik (jahrelang Chef der Münchener Sicherheitskonferenz) in der FAZ einen gemeinsamen Artikel. Ihr Vorschlag: „Der Nato-Russland-Rat müsste, wie von Bundeskanzlerin Angela Merkel vorgeschlagen, weiterentwickelt werden. Langfristiges Ziel könnte eine stufenweise Mitgliedschaft Russlands in der Atlantischen Allianz sein. Wie Frankreich könnte Russland zuerst Mitglied der politischen Organisation der Allianz werden. Präsident Clinton hatte dem russischen Präsidenten Jelzin. vorgeschlagen, Russland in die Nato aufzunehmen. Doch dieser Vorschlag kam für beide Seiten zu früh. Auch der polnische Außenminister Radoslaw Sikorski schließt eine Nato-Mitgliedschaft Russlands nicht aus." (Karagonow/ Ochelowski/Teltschik 2011) Der französischen Führungsrolle in Europa wäre das vermutlich nicht dienlich. Sicher hat man in Paris diesen Beitrag mit Interesse zur Kenntnis genommen – genauso wie den zweiten deutschpolnisch-russischen Trialog auf Ministerebene, der am 21.03.2012 in Berlin stattfand.[16]

Literatur

Busse, Nikolas. 2009. Entmachtung des Westens, Propyläen

Clement, Rolf. 2011. Libyen nur Mittel zum Zweck, Deutschlandfunk, 26.3.2011

Cremer, Uli / Achelpöhler, Wilhelm. 2011. Libyen-Krieg und Bundeswehrreform, in: Sozialismus 6/2011, S. 5-8

Frankenberger, Klaus-Dieter. 2011. Führungsverantwortung, in: FAZ 3.12.2011

Fischer, Joschka. 2011. I am not convinced, Kiepenheuer & Witsch

Fratini, Franco. 2011. „Italien ist gar nicht Teil des Euro-Problems", Interview mit FAZ, in FAZ 28.10.11, S.4

Ischinger, Wolfgang. 2011. Es gibt keine gerechten Kriege – aber notwendige, Monthly Mind April 2011

Joffe, Josef. 2011. Sonderweg – „Platz an der Sonne" 23.4.2011, http://www.zeit.de/2011/17/P-Atompolitik-Aussenpolitik

Nonnenbacher Günter. 2011. Weckruf für Europa, faz.net 3.2.2011

---

[16] http://www.auswaertiges-amt.de/DE/Aussenpolitik/AktuelleArtikel/120321-Trialog-Berlin.html - gefunden 31.3.2012.

Karaganow, Sergej / Olechowski, Andrzei / Teltschik, Horst. 2011. Frieden und Sicherheit von Vancouver bis Wladiwostok, FAZ 16.9.2011, S. 7

Kaufmann, Stephan. 2012. Europa unter deutscher Fuchtel, in: Blätter für deutsche und internationale Politik 1/2012, S. 5-8

Kempin, Ronja / Mawsdsley, Jocelyn / Steinicke, Stefan. 2010. Abkehr von der GSVP?, SWP-Aktuell 81, November 2010, www.swp-berlin.org/.../2010A81_kmp_ste_mawdsley_ks.pdf

Klose, Hans-Ulrich / Polenz, Rupert. 2011. Wahre Werte, falsche Freunde, in: Internationale Politik 5/2011, S. 18-27

Lindley–French, Julian. 2011. The Franglosphere – No, Not Bad, BBC Science Fiction, April 21, 2011

Niebel, Dirk. 2011. Gezielte Sanktionen gegen das libysche Regime, www.bundesregierung.de 23.3.2011

Rinke, Andreas. 2011. Die EU-Kanzlerin, Internationale Politik 21.1.2011, http://www.internationalepolitik.de/2011/01/21/die-eu-kanzlerin/

Rühl, Lothar. 2011. Militärisch nachrangig, in FAZ 24.12.2011

Sarkozy , Nicolas. 2008. Botschafterkonferenz Eröffnungsrede, Paris, 27. August 2008, http://www.botschaft-frankreich.de/IMG/pdf_sarkozy_conf_amb.pdf

Sikorski, Radoslaw. 2011. Poland and the future of the European Union, Rede in Berlin, 28. November 2011, https://dgap.org/sites/default/files/event_downloads/radoslaw_sikorski_poland_and_the_future_of_the_eu_0.pdf

Speck, Ulrich. 2012. Macht gestalten, in: Internationale Politik 1/2012, S. 88-96

Ulrich, Bernd. 2011. Wofür Deutschland Krieg führen darf. Und muss. Rowohlt

Kapitel 7

DAS NEUE BILD VOM KRIEG. VON DEN HINTERGRÜNDEN DES SCHWEIGENS DER KRIEGSGEGNER BEIM LIBYEN-KRIEG

Johannes M. Becker

Von März bis Oktober 2011 führte die NATO in Libyen Krieg. Die Liquidierung des Revolutionsführers Muammar-Al-Gaddafi am 20. Oktober beendete einen Krieg, der mit bewaffneten Aufständen gegen dessen Regime im Frühjahr desselben Jahres begonnen hatte und der mit der Resolution 1973[1] vom 17. März 2011 eine Legitimation durch den UN-Sicherheitsrat erhalten hatte. Deutschland hatte sich als Nicht-Ständiges Mitglied des Sicherheitsrates – neben Brasilien, der VR China, Indien und Russland – der Stimme enthalten. Zehn Länder, darunter die Protagonisten eines militärischen Eingreifens, Frankreich, Großbritannien und USA, hatten der Resolution zugestimmt. Das nicht erfolgte Veto der VR Chinas und Russlands hatte die politische Welt erstaunt; um die Enthaltung Außenminister Westerwelles gab es in Deutschland, nachzulesen in der Presse der darauf folgenden Tage, eine erhitzte Auseinandersetzung. Der Libyenkrieg zeitigte innerhalb seiner wenigen Wochen, wie der Hamburger Friedensforscher Reinhard Mutz (am 6.12.2011 in der FR) schrieb, „über 26.000 Einsätze alliierter Kampfjets, davon fast 10.000 Bomben- und Raketenangriffe", in denen, wie Joachim Guilliard in einem Resüme ein Jahr nach Beginn des Bombardements konstatierte (jW, 10.3.2012) 30.000 Bomben abgeworfen wurden.

Ende August des Kriegsjahres (Frankfurter Allgemeine Zeitung/FAZ, 18.8.11 und junge Welt/jW, 20./21.8.11) wurde für kurze Zeit in den Medien thematisiert, dass Deutschland durch den Einsatz von elf Bundeswehrsoldaten (in NATO-Zusammenhängen) in Italien sehr wohl, wenn auch in bescheidenem Maße, in den Krieg verwickelt sei. Das MdB Hans-Christian Ströbele (B90/GRÜNE) sagte der FAZ u.a.: „Mit diesem Einsatz nimmt die Bundeswehr am Libyen-Krieg aktiv teil." Bereits vorher, inmitten der

---

[1] http://www.un.org/depts/german/sr/sr_11/sr1973.pdf. Norman Paech wird in seinem Beitrag hierauf näher eingehen.

heftigsten Bombardements, tat sich Deutschland hervor durch das Angebot von Munitions-Lieferungen an die kriegführenden Länder (FAZ v. 29. Juni 2011): Dieses wurde letztendlich abgelehnt.

Die NATO feierte Anfang November[2] „stolz" ihren Erfolg. „Wir haben das Richtige getan, wir haben es richtig organisiert und wir haben das Richtige erreicht", so der Generalsekretär der Allianz, Anders Fogh Rasmussen. Er verstieg sich in der ersten Siegeseuphorie des Weiteren zu der Einschätzung: „Wie haben diese Operation sehr sorgfältig durchgeführt, ohne bestätigte zivile Verluste." Dabei ist die Zahl der Getöteten, für politische Beobachterinnen und Beobachter nicht unerwartet, höchst umstritten. Nach Angaben des libyschen Gesundheitsamtes waren durch die NATO-Luftangriffe bereits bis zum 13. Juli 1.108 Zivilisten getötet und 4.500 verletzt worden.[3] Joachim Guilliard (jW vom 3.11.2011) schrieb am Ende der offiziellen Kampfhandlungen von insgesamt 60.000 Toten. Von den 6,5 Millionen Einwohnern des Landes dürften in der Hochzeit des Krieges mehr als eine Million auf der Flucht gewesen sein.

Keine Erwähnung fand in den deutschen Medien bis auf wenige Ausnahmen (jW, Neues Deutschland/ND und Freitag) die sozioökonomische Bilanz der über 40 Jahre währenden Herrschaft Gaddafis, die wir an den Beginn dieses Buches gestellt haben. Diese hebt sich in einigen Punkten signifikant von der der Nachbarländer Libyens und von den übrigen Öl-Ländern der Region, um vom Gros der afrikanischen Länder insgesamt zu schweigen, ab.

Der 20. Oktober 2011 markierte das Ende des autoritären und vieler Verbrechen verdächtigten Herrschers Gaddafi, dem nur Wenige positive Züge abgewinnen konnten, abgesehen von Lobbyisten der Rüstungsindustrie und den sie protegierenden Staatschefs, wie Herbert Wulf in seinem Beitrag anschaulich schildert. Es scheint so, dass Gaddafi gleichsam hingerichtet wurde (jW, 21.10.2011). In der Juli-Ausgabe der „Blätter für deutsche und internationale Politik", inmitten des Bombardements also, schrieb („Störfaktor Gaddafi") die Publizistin Daniela Dahn: „Derweil steht die bundesdeutsche Öffentlichkeit fast geschlossen hinter diesem Krieg und kritisiert statt dessen die Bundesregierung für die deutsche Nichtbeteiligung."

---

2   http://www.spiegel.de/politik/ausland/0,1518,795675,00.html.

3   Umfassend informiert hierzu Knuth Mellenthin in jW, 5.1.12, „Der perfekte Krieg".

Die deutsche Friedensbewegung, und dies ist das zentrale Thema dieses Beitrages, war während der Kriegsmonate in der Öffentlichkeit nur begrenzt präsent, sie schien, den Krieg in Libyen betreffend, wie paralysiert. Was sich bereits seit Monaten andeutete, die eigenartige Diskrepanz zwischen einer weit reichenden Ablehnung der Kriege in Afghanistan und Irak in den Umfragen einerseits und einer nur schwach ausgebildeten Neigung, gegen diese Kriege aktiv zu werden, ob in NGOs, auf der Straße oder im sonstigen Alltag, gipfelte während der acht Kriegsmonate in dem nordafrikanischen Land in eine in der Breite des Landes umfassende Sprachlosigkeit. Der Krieg gegen den Diktator Gaddafi fand, makropolitisch eingebettet in die Sympathie-besetzte „Arabellion", nur wenige nüchterne Köpfe, die in ihm zum einen den Modellcharakter der neuen Interventionen, Jürgen Wagner schreibt hiervon in diesem Band, sahen. Es fanden sich nur wenige, die auch die hinter diesem Krieg stehenden Interessen um das Öl und um die Zerstörung der starken staatlichen Strukturen Libyens und damit Interessen an der Öffnung des Landes für eine ungebremste Involvierung in den Kapitalismus sahen. Es scheint, dass sich im Libyen-Krieg eine Entwicklung vollendete, die mit den verteidigungspolitischen Richtlinien von 1992 mit der Abkehr von der Verteidigungs-Rhetorik und der Hinwendung zur Rede von der „Wahrnehmung von Interessen" ihren Ausgangspunkt fanden und deren Weg über den Jugoslawien- und Afghanistankrieg ging. In der deutschen Bevölkerung scheint sich *ein neues Bild vom Krieg* festgesetzt zu haben. Betrachten wir einige Facetten dieses Neuen Kriegsbildes, das nach unseren Überlegungen für das Schweigen der Friedensbewegung verantwortlich sind.

Krieg gegen einen Diktator

Die jeweiligen „Koalitionen der Willigen" führen heute, anders als zu offen imperialistischen Zeiten, keine Kriege mehr zum Gewinn von Land, Völkern oder Bodenschätzen: Die agierenden Staaten führen – gleichsam altruistisch – scheinbar Kriege gegen Despoten, Diktatoren etc....

• Im Jugoslawienkrieg von 1999 (Becker/Brücher 2002) wurde der „Despot" Milosevic bekämpft, der in seinem angeblichen Wahn von Großserbien viele andere Ethnien unterdrückte und dabei scheinbar auch vor einem Genozid nicht zurückschreckte; dass die serbischen

Truppen erst *nach* Beginn des NATO-Bombardements in blinder Wut agierten, interessierte nach dem Krieg ebenso wenig wie die bspw. vom deutschen Verteidigungsminister Scharping maßlos übertriebenen Opferzahlen.

• In Afghanistan sollte ab 2001 (Becker/Wulf 2010) die „Keimzelle des Terrors" in Gestalt der Taliban bekämpft werden. Beweise für eine Verantwortung des Staates Afghanistan oder eine tragende Funktion der Taliban bei den Anschlägen in den USA 2001 fehlen bis heute; sehr wohl wird andererseits die vorangegangene Finanzierung des Netzwerkes um Osama Bin Ladin durch den US-Geheimdienst verschwiegen.

• Im Irak-Krieg (Becker/Wulf 2008) wurde agiert gegen einen Diktator, der Teile seiner Bevölkerung unterdrückte, der zudem angeblich Massenvernichtungswaffen produzierte und hortete. Massenvernichtungswaffen wurden nicht gefunden. Das Jahre später erfolgte Schuldeingeständnis des US-Außenministers Powell („Schandfleck meiner Karriere") ging im schnelllebigen Medienalltag rasch unter.

• In Libyen nun wurde Krieg geführt gegen einen autoritären Herrscher, der angeblich „zahlreiche Opfer unter der Zivilbevölkerung" verursacht hatte, der sich überdies der „groben und systematischen Verletzung der Menschrechte" schuldig gemacht hatte (Auszüge aus der UN-Resolution 1973). Im Oktober 2010 noch von Staatschefs wie Rüstungslobbyisten hofiert, wurde Muammar-al-Gaddafi binnen Wochen zum Monster, wieder einmal wurde von der Boulevardpresse ein „Irrer", ein „neuer Hitler" kreiert. Beweise für massive Waffengewalt des Gaddafi-Regimes *vor* dem Einsatz von Waffen auf Seiten der Aufständischen fehlen bis heute. Die Menschenrechte wurden bekanntermaßen von Gaddafi auch schon zu Zeiten der Rüstungsexportverhandlungen im Herbst 2010 verletzt; die Verstöße gegen das humanitäre Völkerrecht durch die Truppen der Aufständischen wie auch der NATO wurden in nennenswertem Umfang erst um die Jahreswende (jW vom 3.1.2012) durch eine Kommission des russischen Außenministeriums thematisiert.

Das UN-Mandat 1973 hatte eine „sofortige Waffenruhe" ebenso wie „ein vollständiges Ende der Gewalt und aller Angriffe und Missbrauchshandlungen gegen Zivilpersonen" gefordert. Nur selten brachten deutsche Medien zum Umgang der Interventionstruppen mit der UN-Resolution den folgenden Klartext (FAZ v. 23.8.11): „Das Bündnis hat immer wieder betont, all das geschehe ausschließlich zum Schutz der libyschen Bevölkerung, aber natürlich war die NATO die informelle Luftwaffe der Aufständischen. Etappe für Etappe schossen sie den eigentlich schlecht ausgebildeten und ausgerüsteten Gegnern des Regimes aus der Luft den Weg in die Hauptstadt frei. Selbst den staatlichen Rundfunk griff das Bündnis an, um die Propaganda des Machthabers zu durchkreuzen."

Die Person Gaddafis bot sich als Feindbild (vergl. die Beiträge von K. Leukefeld und G. Sommer in diesem Band) in besonderem Maße an. Er reagierte nach Beginn des Aufstandes in Libyen, verstärkt nach Beginn des Bombardements, mit wütenden Ankündigungen und Drohungen, sein Erscheinungsbild in den Medien während des Krieges veränderte sich deutlich zu seinen Ungunsten.

Krieg (scheinbar) ohne materielle Interessen

Was die Herrschende Klasse bis heute möglichst vermeiden will, ist der Eindruck, wichtiger noch: die Erkenntnis in der breiten Bevölkerung, dass unsere „Sicherheits"-Politik (ein der Friedenschaffung wie –erhaltung, s.u., vergleichbarer Euphemismus) Interessen-geleitet ist, dass er materiellen Interessen folgt. Daher seinerzeit der Druck auf Bundespräsident Köhler, als dieser[4] gesagt hatte (Köhler ist Ökonom), „dass im Zweifel, im Notfall auch militärischer Einsatz notwendig ist, um unsere Interessen zu wahren, zum Beispiel freie Handelswege, zum Beispiel ganze regionale Instabilitäten zu verhindern, die mit Sicherheit dann auch auf unsere Chancen zurückschlagen negativ durch Handel, Arbeitsplätze und Einkommen". Köhler musste bekanntlich gehen, wobei er sich auf Grundsätze hätte berufen können, die in den Weißbüchern der Verteidigung seit 1992 verankert sind. Vom Öl Libyens, das Land ist mit den größten Erdöl-Reserven Afrikas derzeit der zweitgrößte Lieferant in die EU, war in der Berichterstattung über den Krieg ebenso wenig die Rede wie von seinen gigantischen, für Jahrzehnte ausreichenden Trinkwasservorräten; von seiner Vorbild-Rolle

---

[4] http://www.freitag.de/community/blogs/nosferatu/krieg-fuer-oekonomische-interessen-die-aeusserungen-von-koehler.

beim Versuch des Erhalts staatlicher Kontrolle über das nationale Banken-
und Finanzwesen war ebenso wenig die Rede wie von der eine Eigen-
ständigkeit des Kontinents fordernde und fördernde Rolle Gaddafis in der
Afrikanischen Union (AU) und in der Bewegung der Blockfreien.[5]

Das neue Bild vom Krieg schien im übrigen auch nicht in Frage gestellt zu
werden durch die vergangenen Massenproteste gegen die Atomkraft, gegen die Laufzeitverlängerung der AKWs und gegen die unlösbaren „Ent-
sorgungs"- und Lagerungsprobleme der nuklearen Rückstände: Nur selten
sah man Friedenssymbole auf den Demonstrationen, nur wenige Redne-
rinnen und Redner stellen Zusammenhänge zwischen beispielsweise der
profitträchtigen und hochriskanten Nukleartechnologie und der Hochrü-
stung her.

Die Wirkung der UN-Resolution 1973

Auch wenn nur ein Bruchteil der Menschen in den Verwaltungen, Betrieben und Seminaren die UN-Resolution zu Libyen gelesen haben dürfte:
Ihre Wirkung auf das Bild von eben diesem Krieg darf nicht unterschätzt
werden. Nach dem 2. Golfkrieg gegen die Kuwait-Intervention Iraks 1991
hatte keiner der vom Westen in der Peripherie Europas und im Nahen und
Mittleren Osten geführten Kriege mehr ein Votum des UN-Sicherheitsrates
erhalten (auch beim Afghanistan-Krieg wurde – durch eine nachträgliche
Resolution – lediglich das ISAF-Mandat erteilt; die „operation enduring
freedom/OEF" läuft bis heute, wenngleich von konservativen Völkerrechtlern bestritten, ohne eine völkerrechtliche Legitimierung). Und die
lähmende Wirkung dieser Resolution 1973 auf die Friedensbewegung
dürfte durch die Enthaltung Außenminister Westerwelles noch verstärkt
worden sein. Auch wenn die Regierung Merkel nicht die Kraft gefunden

---

5   In Deutschland eher randständig wahrgenommene Medien und Internetdienste wie Russia
     Today (RT) berichteten gegen Ende der Kampfhandlungen von den Erwartungen vor
     allem der britischen Industrie. „Die Länder, die den ölreichen Staat zusammenbombten,
     erhalten nun lukrative Aufträge, es wieder aufzubauen", so die Londoner Journalistin Laura
     Smith am 11.11.11 in RT. Einen umfassenden Überblick über die Geschäftserwartungen
     jenseits des Kanals bietet der Blog von Joachim Guilliard: http://jghd.twoday.net/
     stories/nato-bomben-fuer-gute-geschaefte/. Speziell mit den deutschen Interessen
     befasste sich die IMI auf http://www.imi-online.de/2011/08/30/keine-truppen-nach-l/.

hatte, sich den Interessen Frankreichs, Großbritanniens und der USA offen zu widersetzen, mag sich im Massenbewusstsein folgendes verankert haben: Unser Land mischte sich – anders als im Jugoslawien- und Afghanistankrieg – nicht in diesen Krieg ein! Politische Aktionen wie die des GRÜNEN Ströbele (s.o.) blieben Marginalien. Aktivierungsversuche von Teilen der Friedensbewegung liefen ins Leere. Erst als sich im Laufe der Kriegshandlungen Nachrichten über „Kollateralschäden" häuften, gab es kritische Stimmen gegen das Agieren der NATO, erst dann wurde die UN-Resolution mit der Kriegs-Realität stärker verglichen.[6]

„Chirurgisch geführter Krieg" mit Null Toten, Friedenschaffung und –erhaltung, CIMIC

Bei der Frage der Schwäche der Bewegung gegen den Libyen-Krieg sollten einige weitere Entwicklungen der vergangenen Jahre Berücksichtigung finden. Die Kriege der letzten Jahrzehnte, Vietnam bildet hier sicherlich den tiefsten Einschnitt, zeichnen sich in ihrer Präsentation in Politik und Medien unter anderem dadurch aus, dass sie Kriege mit (nahezu) Null Toten sind – die Toten der Gegenseite und der Kriegsfolgen freilich werden nicht gezählt. Starben in Vietnam an die 60.000 US-Amerikaner, so liegen die Verluste bei den vergangenen Kriegen maximal im vierstelligen Bereich. Im Libyen-Krieg dürften die Verluste der NATO sogar im zweistelligen Bereich liegen.

Die heutigen Kriege sind eben „chirurgisch geführte Kriege", d.h. Kollateral-Schäden bilden in der medialen Präsentation die absolute Ausnahme; die Realität stellt sich freilich anders dar. Ein weiteres: Die heutigen Kriege sind, so bis vor kurzem Politik und mainstream-Medien, eigentlich nicht als „Kriege" zu bezeichnen – das langjährige Lavieren um die Terminologie des Bundeswehr-Einsatzes in Afghanistan ist noch in guter Erinnerung.

„Friedens*erhaltend*" werden sie genannt, auch „frieden*schaffend*" (wer hat etwas gegen „Frieden"?); bei der Aufrüstung wird von „Sicherheitsarchitektur" gesprochen und geschrieben. Auch greift der Altruismus wieder-

---

6   Exemplarisch hierfür mag sein die Auseinandersetzungen in „Die Zeit": http://www.
      zeit.de/politik/ausland/2011-09/Interventionen-Debatte

holt um sich: „Failed states" benötigen Hilfe – wobei nicht gefragt wird, wer bzw. welche politischen und ökonomischen Bedingungen diese Staaten denn in den Zerfall getrieben hat (auch nach der Art der Hilfe und ihren Folgen wird nicht gefragt.).

Die Ergebnisse von Interventionen entsprechen selten den an ihrem Beginn geäußerten Versprechungen, Voraussagen. Um diesen schlechten Ruf zu konterkarieren, versuchen ihre Betreiber durch Legitimations-heischende Konstrukte wie „zivil-militärische Zusammenarbeit" (CIMIC = Civil Military Cooperation); des weiteren agieren beispielsweise in Afghanistan „Provincial Reconstruction Teams" (PRTs) (wer hat etwas gegen „zivil", gegen „Rekonstruktion"?). Eine angebliche „Responsability to protect" führt (Normal Paech schreibt dazu in diesem Band) zu Versuchen der Neuinterpretierung des Völkerrechts, ebenso wie die Rede von den (angeblich) „Neuen Kriegen". Alles scheint neu, verändert – also ist auch gegenüber dem Völkerrecht scheinbar ein neues Denken gefordert.

A propos CIMIC: Viele Entwicklungshilfe-Organisationen beklagen sich über dieses Konzept: Es behindere ihre Arbeit, mache sie tendenziell identisch mit den Besatzungstruppen, ja es mache sie zur Zielscheibe von Widerstandsaktionen[7].

Die scheinbare Alternativ-Losigkeit zum Krieg

Der Libyen-Krieg zeichnete sich durch einen ungeheuer raschen Politik-Vollzug aus. Anders als 1998/99 bspw., als lange Verhandlungen (Rambouillet) zwischen der UN und der Regierung Milosevic abliefen und großenteils auch in den Medien wiedergegeben wurden, anders auch als im Vorfeld des Angriffes die langwierige Arbeit der Blix-Kommission in Irak (auch wenn über deren Ergebnisse bei der Suche nach angeblichen Massenvernichtungsarsenalen höchst selektiv, nämlich Hussein-kritisch, berichtet wurde), schufen Großbritannien, Frankreich und die USA im Frühsommer 2011 mit ihrem Agieren rasche Fakten. Dies muss auch im Zusammenhang mit der Dynamik der „Arabellion"[8] gesehen werden. Binnen weniger Wo-

---

[7] Exemplarisch hierfür mag stehen der Beitrag des Geschäftsführers von Medico International, Thomas Gebauer, in Becker, J.M./Wulf, H. (Hg.): Afghanistan, ein Krieg in der Sackgasse. 2. Aufl. Münster 2011.

[8] Zur „Arabellion" ist zu empfehlen das Schwerpunktheft der Zeitschrift „Wissenschaft

chen nach Beginn der Aufstände gegen das Regime Gaddafis wurde bereits die o.a. UN-Resolution 1973 verabschiedet. Verhandlungsangebote des Revolutionsführers selbst (Washington Post v. 11. April 2011) wurden ebenso ignoriert wie Vermittlungsangebote vonseiten bspw. des Staatschefs Venezuelas Hugo Chavez[9] und vor allem vonseiten der Afrikanischen Union[10]. Auch die kritische Reaktion der AU zum Haftbefehl des Internationalen Strafgerichtshofes gegen Gaddafi (FAZ v. 4. Juli 2011) war nur kurz in den Medien: „Das Haager Gericht sei ´diskriminierend` und verfolge nur in Afrika begangene Verbrechen, während es solche ignoriere, die westliche Mächte im Irak, in Afghanistan oder in Pakistan verübt hätten", berichtete das führende deutsche Blatt über eine Stellungnahme des Vorsitzenden der Kommission der AU Jean Ping. Die kriegsbefürworteten Staaten wollten offenbar rasche Fakten schaffen.

Ekkehart Krippendorff, deutscher Friedensforscher der ersten Stunde, hingegen entwickelte[11] neben einer harten Kritik an der deutschen Friedensforschung wegen derer Nicht-Existenz in der Auseinandersetzung um die aktuellen Kriege vier Punkte zum Versuch einer nicht-militärischen Konfliktregelung:

1. Entmachtung des Gaddafi-Regimes von „unten" durch massive Aufklärungskampagnen (Verbreitung von Informationen mittels Flugblättern etc.);

2. Aufklärung der Söldnern über Folgen von Menschenrechtsverletzungen und Kriegsverbrechen: „alle, die sich Menschrechtsverletzungen und Kriegsverbrechen zuschulden kommen lassen, (werden) vor das Haager Tribunal gebracht". (hier spielte Krippendorff einerseits an auf den Verdacht, Gaddafi habe sich einer großen Zahl vor allem schwarzafrikanischer Söldner bedient, andererseits sah er die Kriegsverbrechen auch auf Seiten der Aufständischen voraus);

---

und Frieden" 4/2011. http://www.wissenschaft-und-frieden.de/

[9] http://amerika21.de/nachrichten/2011/03/25267/chavez-libyen.

[10] http://www.nachrichten.de/panorama/Tripolis-will-angeblich-AU-Friedensplan-umsetzen-aid_CNG.41034d33cb52f564eecf87efc2782331.31.html.

[11] http://www.freitag.de/datenbank/freitag/2011/21/das-versagen-der-friedensforschung/print.

3. Einrichtung von Anlaufstellen für Überläufer sowie von Flüchtlings-
   auffanglagern in Nachbarstaaten;

4. Einsatz von Mediatoren bei Waffenstillstandsgesprächen sowie Lieferungen von Hilfsgütern.

5. Krippendorffs Ansätze wurden in der breiten medialen Öffentlichkeit
   nicht zur Kenntnis genommen, geschweige denn einer ernsthaften Prüfung unterzogen. Dies ist kein Wunder, wenn die deutschen Aufwen-
   dungen für zivile Krisenprävention (geschätzt maximal 1 Milliarde €)
   denen für Militär und Militärforschung (ca. 35 Milliarden €) gegenübergestellt werden.

Schlechte Informationslage und weitere Bewegungs-Hinderungsgründe

Wer ist in unserem Lande informiert über die auf den Eingangsseiten dieses
Buches aufgezeigte sozialpolitische Bilanz Gaddafi-Libyens, die sich, und
hierbei muss seine überaus schlechte Menschenrechts-Bilanz nicht ignoriert werden, im Vergleich zu fast allen anderen Öl-Staaten durchaus sehen lassen kann?[12] Wer weiß beispielsweise von knapp 1.000 Schülerinnen
und Schülern aus der Westsahara, die in Libyen mit einem Stipendium des
Landes eine Bildung erhielten (jW v. 12.11.2011)? Wer stellt die 25.000
Bombenangriffe in Relation zu den 1.700 im Jugoslawienkrieg von 1999
(wobei diese hier mitnichten beschönigt werden sollen)? Wer las in den
großen Medien über die Profiterwartungen der Kriegführenden („Unter der
alten Regierung war ein Großteil der Reserven dem Zugriff ausländischer
Gesellschaften entzogen", so der Chef des Total-Konzerns Christophe de
Margerie, zit. nach jW v. 20.9.2011)?[13]

Hinzu kommt: Die Menschen in den kapitalistischen Ländern haben er-
klärtermaßen andere Probleme: Sie haben Zukunftsängste für sich und ihre
Kinder, vor allem was ihre Arbeitsstellen anbelangt; sie fühlen sich unsi-

---

[12]   Sehr lesenwert in diesem Zusammenhang ist das Interview der jW (vom 16. Juni
       2011) mit Udo Steinbach, dem langjährigen Direktor des Deutschen Orient-Instituts in
       Hamburg.

[13]   Joachim Guilliard hat eine beeindruckende Sammlung von Erwartungen auf Kriegs-
       Revenue zusammengestellt: http://jghd.twoday.net/stories/nato-bomben-fuer-gute-
       geschaefte/.

cher, was ihr Auskommen im Alter, auch die Pflege in Notlagen, betrifft; in manchen Ländern grassiert aktuell die Angst um das mühsam erworbene Eigenheim. Lebensplanung ist – insbesondere für die jüngere Generation – in wachsenden sozialen Kreisen kompliziert geworden. Die Menschen fühlen sich im Alltag unsicher durch ein angebliches Anwachsen der Kleinkriminalität und der Unsicherheit. Ängste um die Umwelt komplettieren das Bild: Der Libyen-Krieg wurde völlig überdeckt von der Reaktor-Katastrophe in Japan. Größere Demonstrationen gegen diesen Krieg hat einstweilen *das neue Bild vom Krieg* im Massenbewusstsein verhindert.

Schließlich: Libyen ist weit entfernt und ist kein Ziel des deutschen Massentourismus: Die Alltags-Vorstellungen von diesem Land sind nicht sonderlich ausgeprägt.

Alternativ-Anstöße von außen

Der Bundesausschuss Friedensbewegung und die Informationsstelle Militarisierung Tübingen, diese seien hier exemplarisch für viele genannt, versuchten vielmals und mit grundlegenden Informationen, gegen den Krieg in Libyen zu mobilisieren.[14] Indes ohne großen Erfolg.

Auch von außerhalb der Friedensbewegung gab es kritische Stimmen zum Krieg und seinen Protagonisten, mit freilich unterschiedlicher Gewichtung:

*   Deutschland soll die Rolle eines Diplomaten einnehmen, so der Geheimdienstkoordinator der Kohl-Regierung Bernd Schmidbauer (CDU) im April 2011, der zugleich von der Verhandlungsbereitschaft Gaddafis und seiner Regierung berichtete: „Die Regierung möchte Gespräche auf Augenhöhe, bei denen es auch um eine neue Verfassung gehen soll", sagte Schmidbauer.[15]

*   Mehrfach meldete sich der ehemalige NATO-4-Sterne-General Klaus Reinhardt kritisch zu Wort. Krieg sei „keine Strategie, die weiterführt"[16].

---

14   http://www.ag-friedensforschung.de/regionen/Libyen/baf.html. http://www.imi-online. de/publikationen/ausdruck/ausdruck-inhaltsverzeichnisse/#April2011

15   http://www.welt.de/politik/ausland/article13129441/Kohls-Geheimdienstkoordinator-verhandelt-mit-Libyen.html.

16   http://www.meinpolitikblog.de/der-lachende-dritte.

An anderer Stelle kommunizierte Reinhardt: „Ich glaube, man muss endlich von dem Gedanken, so ein Krieg ist militärisch weiter fortzuführen und zu gewinnen, Abstand nehmen und den Schwerpunkt darauf setzen, ein Waffenstillstandsabkommen auszuhandeln, und da ist das Entscheidende eigentlich, dass man nicht sagen kann, Gaddafi muss weg, sonst habe ich niemand, mit dem ich das Waffenstillstandsabkommen aushandeln kann, sondern ich brauche ihn dazu und ich muss hochkarätig mit ihm in die diplomatischen Verbindungen einsteigen. Das, meine ich, wäre durchaus eine sinnvolle Aufgabe für die NATO.“[17] Die UNO wie die EU schlug der Ex-General als Vermittler vor.

*   Die in bürgerlichen Kreisen angesehene „International Crisis Group" warnte inmitten des Krieges unter anderem, der Krieg helfe nicht den Rebellen, sondern unterstütze islamistische Kräfte.[18]

Weitere Überlegungen zum „Neuen Bild vom Krieg" im Massenbewusstsein

Der weiteren Forschung sei überlassen zu erkunden, was es für das Massenbewusstsein *der* Exportnation des vergangenen Jahrzehnts bedeutet, wenn sie plötzlich – gemessen an der Bevölkerung an 15. Stelle auf der Erde (was die Fläche anbelangt gar an 61. Stelle) – an Platz drei der Rangliste der Waffenexportnationen rangiert (www.sipri.org).

Dass sie, zum zweiten, ab 2011 für zwei Jahre einen Sitz im UN-Sicherheitsrat hat. Auch was es bedeutet, dass der Bereich Verteidigungs(! s.o.) ministerium und Bundeswehr in den vergangenen Monaten so neu, so positiv, besetzt worden ist. Die Bundeswehr, nun zur Berufsarmee entwikkelt, hatte im vergangenen Jahr mit zu Guttenberg plötzlich einen Verteidigungsminister, der als jung, modern, als geradezu „sexy" verkauft wurde. Auch wenn dieser Minister zunächst gescheitert ist: Zu seinem Nachfolger wurde mit de Maizière der vielleicht einzige derzeit zukunftsträchtige Politiker der konservativen Parteien in diesem Land benannt (im Winter 2012

---

[17]   http://www.dradio.de/dlf/sendungen/interview_dlf/1440343/.
[18]   http://www.crisisgroup.org/en/publication-type/media-releases/2011/making-sense-of-Libya.aspx.

wurde er gar als Ersatz für den schwer angeschlagenen Bundespräsidenten Wulff gehandelt). Ich erinnere dies aus meiner Sozialisation in Deutschlands Westen nicht: Die Minister Blank, v. Hassel, Leber, Rühe, Scharping etc. waren tendenziell farblose Personen, bei denen eher aufgepasst werden musste, dass sie nicht vor laufenden Kameras im Sand stolperten oder ohne Helm vom Rad fielen. Ausnahmen waren vielleicht am ehesten die Minister Strauß und Schmidt.

Fazit

Das neue Bild vom Krieg lässt militärisches Agieren in Krisensituationen im Massenbewusstsein mehr und mehr zu einer tragenden Variante politischen Handelns werden. Die „Verantwortung zu schützen" definiert das Völkerrecht um und erstickt soziale Bewegungen gegen militärische Interventionen. Wie weit diese Entwicklung bereits gekommen ist, mag zum Abschluss ein Beitrag aus dem Wirtschaftsteil der renommierten FAZ (v. 22. Juni 2011, inmitten des Libyen-Krieges also) veranschaulichen. „Der Libyen-Krieg liefert Marketingmaterial" ist der Beitrag zur jährlichen Flugzeug-Show im französischen Le Bourget überschrieben. „Militärpiloten müssen heutzutage vielseitig sein. In einer Welt, in der fast alles kommerzialisiert wird, werden sie von den Herstellern von Kampfflugzeugen auch als Marketingbotschafter eingesetzt. Sowohl britische also auch französische Piloten wurden zur Airshow gebracht, um über ihre Erfahrungen im Luftkrieg über Libyen zu berichten. Wenig überraschend, zeigten sich die französischen Flugzeugführer genauso zufrieden mit der Leistung des Rafale von Dassault wie die britischen Piloten über den Eurofighter des gleichnamigen Konsortiums aus Großbritannien, Italien, Spanien und Deutschland."

Literatur

Becker, Johannes M. und Gertrud Brücher (Hg.). 2002. Der Jugoslawienkrieg. Eine Zwischenbilanz. Münster: LIT-Verlag. 2. Aufl.

Becker, Johannes M. und Herbert Wulf (Hg.). 2008: Zerstörter Irak – Zukunft des Irak? Der Krieg, die Vereinten Nationen und die Probleme eines Neubeginns. Münster: LIT-Verlag.

Becker, Johannes M. und Herbert Wulf (Hg.). 2011: Afghanistan: Ein Krieg in der Sackgasse. Münster: LIT-Verlag. 2. Aufl.

Buro, Andreas und Clemens Ronnefeldt. 2011: Der NATO-Einsatz in Libyen ist (Öl)interessengeleitet. Minden: Herausgegeben vom Internationalen Versöhnungsbund

Crome, Erhard. 2011. Der libysche Krieg des Westens. Ein Zwischenstand. Berlin: RLS-Papers 4/2011 der Rosa Luxemburg-Stiftung.

Edlinger, Fritz (Hg.). 2011: Libyen. Wien. Promedia.

Libyan Studies. Annual Journal of the Society for Libyan Studies, London (bei Drucklegung dieses Buches wurde der Band 42, 2011 erwartet)

Militärkritische Nachrichten und Analysen finden sich auf den homepages der Informationsstelle Militarisierung (www.imi-online.de), der Zeitschrift Wissenschaft und Frieden (http://www.wissenschaft-und-frieden.de/) sowie in der Tageszeigung junge Welt (www.jungewelt.de).

Kapitel 8

LIBYEN UND DIE ARABISCHE WELT

Werner Ruf

Gaddafi: Störenfried der Weltpolitik

Mu'ammar el Gaddafi und seine arabische Volksjamahiriya waren von Anfang an ein Störfaktor der „arabischen Ordnung": Mit seinem unblutigen
Putsch vom 1. September 1969 gegen die britische Marionette König Idriss
I. hatte er den monarchisch-reaktionären Systemen des Nahen Ostens gezeigt, wie labil und vor allem wie unpopulär sie waren. Für die säkular-
republikanischen Systeme aber, die gleichfalls so gut wie ausnahmslos[1] auf
putschistischer Machtübernahme durch die Militärs basierten, waren seine
basisdemokratischen Ideen, die er theoretisch in seinem „Grünen Buch"
darlegte, gleichfalls eine Herausforderung ihrer Legitimität. Schließlich
erregten seine panarabisch ausgerichteten Vereinigungsversuche mit an-
dern arabischen Staaten (Ägypten, Tunesien, Marokko) eher Misstrauen,
denn für „Volksherrschaft" konnten sich die Obristen und Generäle nicht
wirklich begeistern. Dies umso mehr, als er mit seiner panarabischen Rhetorik eine Führungsrolle in der arabischen Welt anzustreben schien, wie sie
nur Gamal abdel Nasser besessen hatte, der ein Jahr nach seinem Putsch
starb.

Dass Gaddafi willens war, spontane Beschlüsse radikal umzusetzen, be-
wies er am Tag nach seiner Machtübernahme, als er die größte US-amerikanische Luftwaffenbasis außerhalb der USA, *Wheelus Field*, kurzerhand
schloss und die Amerikaner zum Abzug zwang. Seine anfängliche Popu-
larität bei den arabischen Massen, sein panarabischer Führungsanspruch
und die spontanen Vereinigungspläne weckten in beiden Systemtypen eher
Misstrauen und Angst. Teilweise begeisterte Zustimmung fand er statt dessen bei Teilen der anti-imperialistischen europäischen Linken, zumal er von
Anfang an vor allem die antikolonialen Befreiungsbewegungen in Afrika
unterstützte – in anderen Teilen der Erde bspw. die Irisch-Republikanische

---

[1] Dies gilt jenseits Ägyptens, Syriens, des Irak und Yemens auch für Algerien, wo mit
     Hilfe der Armee 1962 Ben Bella als Präsident installiert worden war, die setzte ihn dann
     in einem unblutigen Staatsstreich am 13. Juni 1965 wieder ab.

Armee (IRA). Durch die weitgehende Verstaatlichung der Erdölkonzerne erreichte das bevölkerungsarme Land ein hohes Pro-Kopf-Einkommen, die Öl-Rente wurde in Libyen in höherem Maße als in allen anderen Erdöl produzierenden Staaten an die Bevölkerung weiter gegeben.

Selbstverständlich war und blieb Libyen Mitglied der Arabischen Liga, jenes regionalen Systems gegenseitiger kollektiver Sicherheit, das sich seit seiner Gründung im Mai 1945 durch eine außerordentliche Handlungsunfähigkeit auszeichnete. Zu widersprüchlich waren sowohl die Natur der Systeme wie deren Interessen: die reaktionär despotischen Monarchien insbesondere auf der Arabischen Halbinsel und die „revolutionären", aus Militärputschen hervorgegangenen Republiken, die sich zum Panarabismus und teilweise zumindest verbal zum Sozialismus bekannten, konnten keine gemeinsame politische Basis finden. Im Zeitalter der bipolaren Weltordnung lehnten sie sich dann auch jeweils an eine der antagonistischen Supermächte an: Die despotischen Monarchien, die ihre Legitimation oft aus religiös fundierten Konstruktionen bezogen, an die USA; die sich revolutionär und oft sozialistisch nennenden Militärdiktaturen erkoren die Sowjetunion zu ihrer Schutzmacht.

Trotz vieler Wirrungen in seinen außenpolitischen Entscheidungen gerade mit Blick auf seine „Einigungspolitik" versuchte Gaddafi durch massive Rüstungskäufe und schließlich durch ein Programm zur Entwicklung von Massenvernichtungswaffen seine Macht und seinen Einfluss in der Region zu steigern. Er war wohl der massivste Kritiker des Camp-David Abkommens zwischen Ägypten und Israel (1978), wie überhaupt seine bedingungslose Feindschaft gegenüber dem „zionistischen Gebilde" ein Markenzeichen libyscher Außenpolitik war. Zu den erratischen Zügen von Gaddafis Außenpolitik gehörte andrerseits, dass er die *naqba* (Katastrophe) der systematischen Vertreibung der Palästinenser leugnete. Formal wegen des Libyen zugeschriebenen Bombenanschlags auf das PanAm-Flugzeug über dem schottischen Lockerbie, verhängte der UN-Sicherheitsrat 1992 massive Sanktionen gegen das Land. Gaddafi gelang es, in die „Völkergemeinschaft" zurück zu kehren, indem er auf die begonnene Produktion von Massenvernichtungsmitteln verzichtete und indem er die Verantwortung für den Anschlag auf das PanAm-Flugzeug übernahm und Verdächtige auflieferte. In den letzten Jahren seiner Herrschaft gelang es ihm dank massiver finanzieller Unterstützung und in enger Zusammenarbeit mit Südafrika, die Afrikanische Union zu einem wichtigen Akteur der internationalen Politik aufzubauen.

Regime Change Soft

Mit dem 2. Golfkrieg des Jahres 1991, der vom Westen auch im Interesse Saudi-Arabiens und der Golf-Monarchien und ausgestattet mit der Legitimation des UN-Sicherheitsrats geführt wurde, begann die unipolare Phase der Weltpolitik (Krauthammer 1991), deren Ende die arabischen Revolten einzuleiten scheinen (Ruf 2011). Auch wenn den hinreißenden Worten des amerikanischen Präsidenten und Friedensnobelpreisträgers niemals Taten folgten, so deuteten sich doch in der berühmten Rede, die Barack Hussein Obama 2009 in Kairo hielt, bedeutende Veränderungen an (Obama 2009). Die Rede stand unter dem Titel „Ein Neuanfang" und begann mit der arabischen Begrüßungsformel *„assalamu aleikum"*. Sie wurde in der arabischen Welt mit Begeisterung aufgenommen, schien sie doch eine völlig veränderte Haltung der USA zur Nahost-Problematik anzukündigen. Dieser Neuanfang sollte basieren auf „gegenseitigem Respekt, … den Grundsätzen von Gerechtigkeit und Fortschritt, Toleranz und der Würde aller Menschen". Obama würdigte den Beitrag der arabischen Philosophie zur Entstehung der europäischen Aufklärung, die Erfindung der Algebra, das islamische Erbe der Toleranz und der Rassengleichheit ebenso wie den Beitrag der Muslime zur Entwicklung der amerikanischen Kultur.

Zum Nahostkonflikt folgten Sätze wie: „Seit mehr als 60 Jahren haben sie (die Palästinenser, W.R.) das Leid der Vertreibung (*dislocation*) erlitten. … Sie erleiden täglich Erniedrigungen, große und kleine, die mit der Besetzung einhergehen." Und die Zwei-Staaten-Lösung sei die einzig mögliche Lösung des Konflikts, Jerusalem müsse eine dauerhafte und sichere Heimat für Juden, Christen und Muslime werden. Darauf folgt ein Bekenntnis zur Demokratie und eine massive Kritik am Irak-Krieg seines Amtsvorgängers: „Kein Regierungssystem kann und darf einer Nation durch eine andere aufgezwungen werden … Regierungen müssen den Willen der Völker widerspiegeln." Dieses Bekenntnis zu Würde und Demokratie war mit Sicherheit nicht der Auslöser der arabischen Revolten, aber vielleicht doch ein Fingerzeig auf Veränderungen in der US-amerikanischen Außenpolitik, die nach Bush zu realisieren scheint, dass die ökonomisch-militärische Dominanz der „unipolaren Macht" (Krauthammer 1991), wie sie noch das

Project for a New American Century (PNAC 2000) unter Präsident Busch gefordert hatte, ihrem Ende zu geht.

Dabei stellt sich die Frage, ob die tatsächliche Politik der Obama-Administration im Nahen Osten wirklich einen Bruch gegenüber dem von der Bush-Administration verfolgten Kurs darstellt oder ob sie in deren Kontinuität zu sehen ist. George W. Bush hatte den *regime change* im Nahen und Mittleren Osten als zentrales Politikziel der USA benannt und dieses mit seinem Krieg gegen den Irak eingeleitet. Dieser Krieg sollte der Beginn einer „Demokratisierung des Nahen Ostens" werden, ein Politikziel, das kaum jemand dem Präsidenten abnahm, wobei Demokratisierung selbstverständlich und vorrangig als Liberalisierung der Ökonomie zu verstehen ist. Auch der Afghanistan-Krieg zielte – neben der Besetzung geo-strategischer Positionen (Ruf 2010) – auf den Sturz des Taliban-Regimes. Beide Kriege sind verloren: Der Irak wurde in ein politisches Chaos gebombt, aus dem ein Ausweg nicht sichtbar ist, auch ist er keineswegs zu Ende: 50.000 US-Soldaten sollen dauerhaft im Land bleiben, auch wenn sie nicht mehr direkt an Kampfhandlungen oder an der Herstellung der inneren Sicherheit beteiligt sein sollen. Afghanistan wurde in den Zustand eines *failed state* gebombt, eine Exit-Strategie, die dort halbwegs funktionierende Strukturen hinterlassen würde, ist nicht in Sicht.

Den US-Diplomaten in der Region ist seit Jahren klar, dass der sich in den arabischen Ländern aufstauende Druck von den dortigen Diktaturen nicht mehr dauerhaft niedergehalten werden kann – das zeigt die Veröffentlichung der einschlägigen Botschaftsberichte in *wikileaks*. Der gewaltsame Sturz der Diktatoren und ein damit verbundener radikaler Systemwechsel würde über kurz oder lang die USA selbst massiv in innere Konflikte in einer Vielzahl von Staaten verwickeln – eine Perspektive, die die anti-amerikanischen Ressentiments in der Region nur verstärken könnte: Zur Lösung des Dilemmas boten sich die arabischen Revolten geradezu an.

Ein weiterer Grund für eine Hinwendung zu „*soft politics*" ist die Wirtschafts- und Finanzkrise, die am Hegemon USA ganz offensichtlich nicht spurlos vorüber gegangen ist. Das unipolare System scheint seinem Ende entgegen zu gehen. Ein deutlicher Hinweis ist der vor kurzem erfolgte Ausstieg der USA aus dem derzeit einzigen transatlantischen Rüstungsprojekt MEADS (*Medium Extended Air Defense System*). Begründet wurde dieser mit mangelnder Finanzierbarkeit (FAZ, 15.02.2011). Die jüngste Nationale Sicherheitsstrategie[2] sieht erstmals Kürzungen im Militärhaushalt der USA vor und stellt – im Gegensatz ihrer Vorgängerin – fest, dass die USA in Zukunft darauf verzichten, zwei größere Kriege gleichzeitig führen zu können und zu wollen.

Die Revolten in Tunesien und Ägypten wurden von der Obama-Administration fast mit Begeisterung begrüßt: Der Sprecher des Weißen Hauses, Robert Gibb, erklärte bereits am 31. Januar 2011, also zwei Wochen nach der Flucht Ben Alis und auf dem Höhepunkt der Demonstrationen in Kairo, dass „den legitimen Forderungen des ägyptischen Volkes nach Versammlungs- und Redefreiheit stattgegeben werden" müsse (FAZ, 15.02.2011). Und Philip Crowley, Sprecher des US-Außenministeriums erklärte bei einem Besuch in Algier am 18. Februar 2011 (Interview mit der algerischen Tageszeitung *Liberté*, 19.02.2011): „Der Wandel ist notwendig. ... Wir haben nicht gezögert, die universellen Rechte des algerischen Volkes zu betonen. Wir haben dasselbe in Tunesien getan ... (und) in Ägypten, und wir sind dabei, dasselbe in der ganzen Region zu tun. Wir ermutigen diesen Wechsel und wir wollen einen friedlichen Wandel." Ganz offensichtlich gab es auf dem Höhepunkt der jeweiligen Krisen enge und intensive Kontakte zwischen der US-Administration und den Militärführungen in Tunis und Kairo (Ruf 2011, S. 12).

Mindestens so überraschend wie die arabischen Revolten selbst war die Berichterstattung in unseren Medien, die einen abrupten Sinneswandel des Westens signalisierten und die Jahrzehnte lang verlässlichen und ohne die leiseste Kritik bedingungslos unterstützten Freunde plötzlich Diktatoren, Despoten, Folterer und Kleptokraten nannten. Ganz offensichtlich wurde erkannt, dass die sozial wie kulturell explosive Situation im Nahen Osten mit den alten Instrumenten, den stellvertretenden Diktaturen und den mit ihnen verbundenen korrupten Komprador-Bourgeoisien, nicht mehr kontrollierbar war. Also mussten neue „weichere" Formen der Dominanz entwickelt werden, um sowohl die politische Oberherrschaft, die geostrategische Kontrolle und die wirtschaftliche Ausbeutung weiter aufrecht erhalten zu können: Statt des militärischen *regime change* à la George W. Bush scheint eine Art des *regime change soft* angesagt.

---

2   http://www.defense.gov/speeches/speech.aspx?speechid=1643 [15-01-12].

Libyen und die Rückkehr zum militärischen Interventionismus

Nach den ersten Demonstrationen gegen Gaddafis Regime in Benghazi wurden schon zwei Tage nach Beginn der Proteste Überfälle auf Polizeistationen und Kasernen ausgeführt, wobei die Angreifer Waffen erbeuteten. Es war der in Qatar angesiedelte Fernsehsender *al jazeera,* der rund um die Uhr ausführlich über von Gaddafi angeheuerte schwarzafrikanische Söldnerbanden berichtete, die die libysche Zivilbevölkerung terrorisierten. *al jazeera* lieferte auch Berichte, dass Gaddafi seine Truppen mit Potenzmitteln versorgt habe, um Massenvergewaltigungen durchführen zu lassen. Diese Berichte, die spontan und ohne jede Prüfung von den westlichen Medien übernommen wurden, dienten sogar dem Chefankläger des Internationalen Strafgerichtshofs Moreno Ocampo in seiner Anklageschrift als Begründung für die Ausstellung eines Haftbefehls gegen Gaddafi und seine Söhne, dass sie sich später aufgrund des Berichts eines UN-Ermittlers eindeutig als falsch erwiesen (Der Standard, 10.06.2011), spielte in der geradezu hysterischen Berichterstattung über mutmaßliche Gräueltaten von Gaddafi-Anhängern keine Rolle mehr.

Die behaupteten oder realen Menschenrechtsverletzungen wurden kurioser Weise gerade von jenen Staaten als Argument gegen den libyschen Herrscher aufgegriffen, die selbst Musterbeispiele der Repression und der Missachtung der elementarsten Rechte ihrer Bürgerinnen und Bürger sind: dem von Saudi-Arabien geführten Golf-Kooperationsrat. Dieser beantragte eine Sitzung der Arabischen Liga, an der von den 22 Mitgliedsstaaten elf teilnahmen. Gegen die Stimmen Algeriens und Syriens beschloss die Liga mit neun Stimmen, „den Sicherheitsrat aufzufordern, seiner Verantwortung gerecht zu werden, indem er ein Embargo über den libyschen Luftraum verhängt, um das Volk Libyens zu schützen" (IISS 2003). Dieser Beschluss, den der Generalsekretär der Liga, Amr Moussa, schon am nächsten Tag relativierte, wurde von Frankreich und Großbritannien zum Anlass genommen, um im UN-Sicherheitsrat jene Resolution 1973 einzubringen und verabschieden zu lassen, die in der Tat die Einrichtung einer Flugverbotszone völkerrechtlich legitimierte und zu ihrer Durchsetzung eine noch unbestimmte Koalition der Willigen ermächtigte, hierzu „alle erforderlichen Mittel" einzusetzen (Crome 2011, Paech 2011 und in diesem Band). Dass der Sicherheitsrat sich bei der Begründung auf Medienberichte und ungeprüfte Fakten berief, die meist ausschließlich aus Reportagen

von *al jazeera* stammten, dass er die von den Ratsmitgliedern China und
Russland geforderte Entsendung einer Untersuchungskommission mehrheitlich ablehnte, ist nur ein – wenn auch wichtiges – Detail dieser politischen Entscheidungsfindung.

Der Sender *al jazeera*, der ein arabischsprachiges und ein englischspra-
chiges Programm sendet, erfreut (erfreute?) sich im gesamten arabischen,
ja islamischen Raum ungeheurer Beliebtheit. Seit vielen Jahren profilierte
er sich als Sprachrohr der Kritik an den herrschenden Verhältnissen im
arabisch-islamischen Raum, er gab Oppositionellen, Menschenrechtlern,
Frauen in fast allen arabischen Diktaturen (außer in Qatar) eine Stimme.
Deshalb ist/war er in den meisten arabischen Despotien verboten, der
Empfang wird oft gestört. Es war auch *al jazeera*, der die tunesischen und
ägyptischen Revolten feierte und sich gewissermaßen zum internationalen
Sprachrohr der Bewegungen machte. Reporter des Senders waren immer
unmittelbar vor Ort, auch die westlichen Sender übernahmen große Teile ihres Bildmaterials von *al jazeera*. Der Sender, der bis dahin den Ruf
großer Objektivität und unbeschränkter Freiheit in der Berichterstattung
genoss, galt geradezu als Markenzeichen des Emirats Qatar. Das Emirat
Qatar ist jedoch zugleich der Heimathafen der 5. US-Flotte, die den per-
sischen Golf kontrolliert. Von der qatarischen Hauptstadt Doha aus wurde
der Krieg in Irak kommandiert. Qatar war eine der treibenden Kräfte im
Zustandekommen der Resolution der Arabischen Liga im Konflikt mit Libyen. Dort stand *al jazeera* von Anfang an bedingungslos auf der Seite der
Rebellen, die somit über einen wirkungsvollen Propaganda-Sender verfügten. Die Propaganda-Rolle des Senders (und des den Saudis gehörenden
Senders al arabiya) betont auch Jürgen Todenhöfer (2012)[3] Außer Qatar
beteiligten sich auch die arabischen Staaten Jordanien und die Vereinigten
Arabischen Emirate mit ihrer Luftwaffe aktiv an der Koalition der Willigen. Qatar unterstützte darüber hinaus die Rebellen weiter wie bisher.

Bis zum 16. März, also einen Tag vor Verabschiedung der Resolution 1973,
signalisierte die Obama-Administration, dass sie gegen ein militärisches
Eingreifen in Libyen sei (MERIP 2011). Insbesondere Verteidigungsminister Robert Gates verwies nicht nur auf die Kosten eines weiteren
Krieges, er warnte wiederholt und nachdrücklich vor einer militärischen

---

[3]   Jürgen Todenhöfer im Interview. Der Tagesspiegel, 23. Jan. 2012.

Intervention und insbesondere vor einer Flugverbotszone, da diese nur
durch Zerstörung der militärischen Infrastruktur möglich sei, also Krieg
bedeute (MERIP 2011). Doch bereits am Tag nach Verabschiedung der
Resolution gab Obama das wirkliche Kriegsziel bekannt, obwohl hiervon
mit keinem Wort in der Resolution die Rede war: „*Ghaddhafi must go!*"
(MERIP 2011). Damit erhielt die Aktion gegen Libyen eine völlig neue
Dimension: Keineswegs ging es mehr um den Schutz einer real oder ima-
ginär von Gaddafis Truppen bedrohten Zivilbevölkerung oder von Teilen
derselben, sondern es ging – offen deklariert – um einen *regime change*,
proklamiert von der Führungsmacht des Westens. Nichts in der Resolution
1973 des UN-Sicherheitsrats legitimiert ein solches Kriegsziel. Es brauchte dennoch lange, bis die NATO dazu bewegt werden konnte, ihrerseits an
dem Krieg teilzunehmen und schließlich am 31. März, also zwei Wochen
nach Kriegsbeginn, das Oberkommando zu übernehmen. Vierzehn NATO-
Staaten, das ist genau die Hälfte der Mitglieder des Militärbündnisses, darunter die BRD, beteiligten sich nicht an den Bombardierungen. Auch dies
signalisiert die schwindende Stärke der westlichen Führungsmacht.

Der Aufstieg der Despotien am Golf zum neuen internationalen Akteur

Hinter dem Pulverdampf der NATO-Bombardements in Libyen gelang es
dem bahreinischen Herrscherhaus der al Khalifa unter massivem Einsatz
saudischer Panzer und Soldaten und der Truppen des Golf-Kooperationsrats,
den mehr Demokratie einfordernden Aufstand der Bevölkerung Bahreins
mit äußerster Brutalität niederzuschlagen. Dem Blutbad in der Hauptstadt
Manama folgte eine Reihe von Prozessen mit drastischen Strafen, darunter mehrere Todesurteile. Sozialer Hintergrund der Unruhen ist die Tatsache, dass die überwältigende Mehrheit der Bevölkerung des Scheichtums
der shi'itischen Glaubensrichtung des Islam anhängt, das Herrscherhaus
aber sunnitisch und eng verbunden mit den Saudis ist.[4] Während Sunniten
zahlreiche Privilegien genießen und die sunnitische Einwanderung gezielt
gefördert wird, werden die seit Jahrhunderten ansässigen Shi'iten politisch
wie sozial und ökonomisch diskriminiert. Sowohl die saudische Propaganda wie *al jazeera* nutzten die konfessionelle Zusammensetzung der Bevölkerung Bahreins zu im Westen aufmerksam registrierten Hinweisen,
die shi'itische Bevölkerungsmehrheit unterhielte enge Beziehungen zum

---

[4]   http://www.merip.org/mero/mero022311 [19-01-12].

Iran. Damit versuchten sie, dem Konflikt eine internationale Dimension zu geben und ihn in die regionale hegemoniale Rivalität zwischen Iran einerseits und Saudi-Arabien und „dem Westen" andererseits einzuordnen (Jones 2011).

Unbemerkt oder ausgeblendet von unseren Medien ist die Tatsache, dass auch in Saudi-Arabien selbst die „Arabellion" (FAZ) nicht wirkungslos geblieben ist: Auch dort war es der shi'itische Bevölkerungsteil, der massiv für gleiche Rechte und ein Ende der Diskriminierung ihrer Glaubenzugehörigen reklamierte. Eine „saudische Bewegung der Freien Jugend" kündigte in einem Kommuniqué den Beginn des „Volksaufstands gegen das Regime der al-Saud" an. In der Gegend von Qatif, einem der Zentren der saudischen Ölförderung, kam es Mitte November 2011 zu großen Demonstrationen, die brutal niedergeschlagen wurden, es gab viele Verletzte und zahlreiche Tote. Auch hier wurde seitens der Behörden argumentiert, die Unruhen seien auf iranische Agitation zurückzuführen (*Le Quotidien d'Oran*, 23. 11. 2011). Die blutige Unterdrückung des Volksaufstands in Bahrein verfolgte daher einerseits den Zweck, jede Gefahr eines Übergreifens der Demokratieforderungen in dem Emirat auf die übrigen Scheichtümer, vor allem auf Saudi-Arabien, zu verhindern, andererseits aber gerade die saudischen Shi'iten vor weiteren Aufständen zu warnen.

Auf internationaler Ebene zeigt der Konflikt in Bahrein und seine blutige Niederschlagung wie in einem Brennglas die Doppelbödigkeit der Argumentation der inzwischen vom Golf-Kooperationsrat beherrschten und erstmalig in ihrer Geschichte zum internationalen Akteur aufsteigenden Arabischen Liga: Sie hatte die Vorlage zur Resolution 1973 des UN-Sicherheitsrats geliefert, zugleich konnte sie mit der Beseitigung des Regimes von Gaddafi und seiner Ermordung eine Herausforderung beseitigen, die die religiöse Legitimation der Golf-Monarchien radikal in Frage gestellt hatte: Die (mehr behauptete als reale) Volkssouveränität in Libyen, die starke Stellung der Frauen im libyschen System, die Eigenwilligkeit von Gaddafis Islamauslegung, seine erratische Außenpolitik, vor allem aber seine konsequente und brutale Unterdrückung jeder islamistischen Agitation waren zumindest indirekt eine radikale Infrage-Stellung der Fundamente saudischer Herrschaft.

Das gewachsene Gewicht Saudi-Arabiens und des Golf-Kooperationsrats dürften der Grund sein, warum diese Allianz sich nun, sieht man von dem kleinen Libanon ab, gegen den letzten säkularen Staat der Region, Syrien, wendete. Wieder war es *al jazeera*, der die Propaganda-Arbeit übernahm, die Diktatur des Baath-Regimes und das Klischee vom Kampf der Assad-Diktatur gegen „das Volk" in den schlimmsten Farben zu malen. Und wieder war es die Arabische Liga, die sich zur Vorkämpferin von Freiheit, Menschenrechten und Demokratie stilisierte und damit die blutige Repression in Saudi-Arabien und vor allem in Bahrein zu übertünchen vermochte. Wieder waren es die westlichen Medien, die uneingeschränkt und ungeprüft die Propaganda von *al jazeera* übernahmen, während die Lage im multikulturellen und multikonfessionellen Syrien in Wirklichkeit wesentlich komplizierter ist, wie die zahlreichen und massiven Demonstrationen *für* das dortige Regime zeigen. Die Kämpfe und das Morden in Syrien können nicht als singulärer Fall gesehen werden, wie dies in den meisten Darstellungen erfolgt. In Wirklichkeit ist es zutreffend, von einer arabischen Gegen-Revolution unter saudischer Führung und mit Billigung des Westens zu sprechen (Escobar 2011). Dies trifft allerdings genauso auf Jordanien, Marokko, Tunesien und Ägypten zu, wo Saudi-Arabien und Qatar massiv die islamistischen und salafistischen Kräfte unterstützen.

Tatsache ist, dass – jenseits der zweifellos vorhandenen brutalen Repression durch das syrische Regime – erheblicher Einfluss von außen genommen wird: Nicht nur sind kampferprobte islamistische Guerillas aus Libyen nach Syrien gereist, um dort den Widerstand zu unterstützen (junge Welt, 21.12.2011), auch der (islamistisch dominierte) libysche Übergangsrat unterstützt den syrischen Aufstand, er erklärte auch, dass er den Aufständischen Waffen liefere (*as-Shark al Awsat*, 27.11.2011). Über die libanesische und über die türkische Grenze – wohl im Einverständnis mit der türkischen Regierung – werden Waffen nach Syrien geschmuggelt.[5]

Eine neue westlich-islamische Allianz?

So scheinen inzwischen – in nicht unerheblichen Nuancen – Saudi-Arabien und Qatar – die Steuerung von „Arabellion" zu übernehmen: In Libyen haben sie politisch durch die arabische Liga, teilweise auch militärisch (Qa-

---

[5]   http://www.guardian.co.uk/world/2011/dec/11/inside-syria-rebels-call-arms [20-12-11].

tar) den Sturz Gaddafis wesentlich mit herbeigeführt. In Marokko, Tunesien, Ägypten unterstützt und finanziert Qatar die „gemäßigt" etikettierten Islamisten, während Saudi-Arabien die fundamentalistischen Salafisten fördert. In all diesen Ländern sind inzwischen islamistisch dominierte Regierungen aus ziemlich freien Wahlen hervorgegangen, in Syrien dürfte nach einem Regime-Wechsel gleichfalls die islamistische Strömung zur dominanten Kraft werden[6] mit schwer vorhersehbaren Konsequenzen für diese multikonfessionelle Gesellschaft. In der Summe bedeutet dies die Stärkung und Festigung der Öl- und Gas-Despotien auf der Arabischen Halbinsel. Deren Stabilisierung erklärt die doppelbödige Strategie des Westens und vor allem der USA: Wo die Verhältnisse aufgrund der revolutionären Proteste der Bevölkerung nicht mehr haltbar waren, „gestattete" man „revolutionäre" Veränderungen, die zu einem beträchtlichen Mehr an demokratischer Fassade führen: Frei gewählte Parlamente, Parteienpluralismus und ein Mehr an Pressefreiheit und Rechtsstaatlichkeit, die auch den ausländischen Investitionen nützt. Inwieweit diese demokratische Öffnung zu einem Mehr an Souveränität und realer Selbstbestimmung führen kann, bleibt derzeit eine offene Frage.

Diese Liberalisierung endet jedoch dort, wo massive ökonomische und geo-strategische Interessen im Spiel sind: Die despotischen Monarchien am Golf sind auch dank der Repression nach innen, die jedes demokratische Pflänzchen brutal vernichtet, für den Westen politisch alternativlos. Daher müssen sie um jeden Preis bestehen bleiben, Qatar spielt – nicht zuletzt mit Hilfe seines Senders *al jazeera* – geschickt seine politische Karte als *first player* in inner-arabischen Angelegenheiten und als Stationierungsort des Oberkommandos der 5. US-amerikanischen Flotte. In Libyen nimmt man sogar den Zerfall des Staates in Kauf. Dies scheint sich kurzfristig durchaus zu rechnen, haben doch die libysche Ölförderung und der Export schon beinahe wieder Vorkriegsniveau erreicht, womit erwiesen ist, dass die „gemäßigten" Islamisten in der Lage sind, die freie Zufuhr von Öl zu sichern. Eine Lösung der Konfliktursachen und eine wirklich demokratische Perspektive für die Länder der Region ist damit jedoch nicht in Sicht.

Mit der Stabilisierung der Mitglieder des Golf-Kooperationsrats und mit der von ihnen betriebenen Repression der demokratischen Kräfte in diesen

---

[6] Auf die erklärbaren Gründe kann hier leider nicht eingegangen werden.

Ländern verspricht sich der Westen die Stärkung einer gemeinsam mit Israel aufgebauten regionalen Gegenmacht gegen den Iran. Genau in diesen Kontext gehört die Beseitigung des – säkularen, aber mit Iran verbündeten – Regimes in Damaskus. Dieses Spiel aber ist gefährlich, denn es steht auf tönernen Füßen: Die arabischen Völker haben Vertrauen geschöpft in ihre Kraft, die korrupten Despoten zu vertreiben. Und die nun in Wahlen an die Macht gekommenen Islamisten werden erstmal ihre Fähigkeit beweisen müssen, die soziale Situation in ihren Ländern verbessern zu können. Gelingt dies nicht, dürften sie dort, wo inzwischen einigermaßen demokratisch Verhältnisse geschaffenen wurden, ihre Macht bald wieder verlieren, wenn sichtbar wird, dass sie nicht in der Lage sind, die wirtschaftlichen und sozialen Probleme ihrer Länder zu lösen.

Vorläufig und kurzfristig scheinen die Islamisten verlässliche Partner zu sein, sind sie doch – im Gegensatz zu den zahlreichen neu gegründeten sozialdemokratischen und sozialistischen Parteien – die einzigen Bewegungen, die – einschließlich der libanesischen Hizbullah – konsequent auf Marktwirtschaft und Liberalismus setzen. Hierin sind sie derzeit die einzigen verlässlichen Partner der ökonomischen Interessen des Westens. Es dürfte kein Zufall sein, dass die Politik-Zeitschrift *Foreign Policy* den geistigen Führer der tunesischen islamistischen Partei en-Nahda in den Kreis der 100 großen globalen Denker des Jahres gewählt hat.[7] Dem Wechsel in der Arabischen Welt könnte damit vorläufig der Schwung genommen sein. Das entstandene Bewusstsein und das Wissen, dass das Volk die herrschenden Cliquen stürzen kann, sind damit nicht beseitigt. Und es könnte sich erweisen, dass die erkämpften demokratischen Errungenschaften durchaus ihre Eigendynamik entwickeln können: Wenn die Islamisten, was sich bald erweisen wird, die Erwartungen der Völker nicht erfüllen können, wird ihre Akzeptanz schwinden wie der Schnee unter der Sonne: Ein schlimmes Signal auch für die Despotien am Golf. „Arabellion" steht noch immer am Anfang.

---

[7] http://www.foreignpolicy.com/articles/2011/11/28/the_fp_top_100_global_
thinkers?page=0,3 [01-01-12].

Literatur

Crome, Erhard: Der libysche Krieg des Westens, Rosa-Luxemburg-Stiftung, Mai 2011.

Escobar, Pepe: The Pentagon-Arab Spring Love Story. In: Asian Times, 2. Nov. 2011. http://www.atimes.com/atimes/Middle_East/ MK02Ak01.html [19-01-12].

IISS (International Institute for Strategic Studies): Strategic Comments: Libya: Direct military hits, unclear political targets. http://www.iiss. org/publications/strategic-comments/past-issues/volume-17-2011/ march/options-in-libya-after-un-vote/ [20-03-11].

Jones, Toby C.: Bahrain, Kingdom of Silence. Carnegie Endowment for International Peace, 4. Mai 2011. http://www.carnegieendowment.org/2011/05/04/bahrain-kingdom-of-silence/93me?solr_ hilite=Jones [19-01-12].

Krauthammer, Charles: The Unipolar Moment. In: Foreign Affairs, Heft 1/1991, S. 4 – 23.

MERIP (Middle East Research and Information Project), 22-03-11. In deutscher Fassung in: INAMO Nr. 65, Frühjahr 2011, S. 31 – 34.

Merkel, Reinhard: Die Militärintervention gegen Gaddafi ist illegitim. http:// www.faz.net/artikel/S30351/voelkerrecht-contra-buergerkrieg-diemilitaerintervention-gegen-gaddafi-ist-illegitim-30331240.html [22-07-11].

Paech, Norman: Responsibility to Protect – ein neues Konzept für neue Kriege? In: Crome, E. (Hrsg.), Die UNO und das Völkerrecht in den internationalen Beziehungen der Gegenwart / Rosa Luxemburg Stiftung Papers / Oktober 2011, S. 59 – 66.

Obama, Barack Hussein: A New Beginning. Rede in Kairo am 4. Juni 2009. http://www.whitehouse.gov/blog/NewBeginning/ [02-03-11]

PNAC: Rebuildung America's Defenses. Strategy, Forces and Ressources For a New Century. A Report of The Project for the New American Century, September 2000. http://www.newamericancentury.org/RebuildingAmericasDefenses.pdf [20-01-12].

Ruf, Werner: Afghanistan im Fadenkreuz der Geostrategie. In: Sozialisti-sche Politik und Wirtschaft Nr 176, Heft 1/2010, S. 32 – 37.

Ruf, Werner: Die arabischen Revolten und der Westen. Institut für Sozial-ökologische Wirtschaftsforschung. Report Nr. 86, Sept. 2011.

Todenhöfer, Jürgen, im Interview. Der Tagesspiegel, 23. Jan. 2012. http://www.tagesspiegel.de/politik/juergen-todenhoefer-im-interview-wir-inspizierten-gerade-ein-glimmendes-wrack-/6091646.html [24-01-12]

Kapitel 9

MEDIEN IM KRIEG

Karin Leukefeld

„Warum berichten eigentlich die Medien nicht mehr über Libyen?", fragte Mitte April 2012 der Moderator eines Morgenmagazins im Rundfunk seinen Gesprächspartner Michael Lüders[1]. Vermutlich, weil die Politiker nicht daran erinnert werden wollen, welche Fehler sie mit dem Militäreinsatz in Libyen gemacht haben, antwortete Lüders sinngemäß. Normalerweise weist das deutschlandweite Morgenmagazin stets auf seinen wertvollen Service hin, dass Beiträge und Interviews im Internet nachgelesen werden können. Diese interessante Passage war leider in dem im Internet nachlesbaren Interviewtext nicht mehr aufzufinden. Vermutlich hat man sie gestrichen, weil das eigentliche Gesprächsthema nicht Libyen und schon gar nicht die Rolle der Medien war, sondern die Verhandlungen über das iranische Atomprogramm.

„Vergessene" Kriegsfolgen

Tatsächlich bleibt das entstandene Chaos in Libyen weitgehend unberichtet. Nur von Hilfsorganisationen erfährt man beispielsweise, dass es ein Jahr nach dem Krieg noch etwa 154.000 Inlandsvertriebene in Libyen gibt, die meisten seien tatsächliche oder vermeintliche Anhänger des früheren Machthabers Gaddafi, denen Rache droht, sollten sie nach Hause zurückkehren. Bis zu 500.000 Menschen seien infolge des Krieges in Libyen innerhalb des Landes vertrieben worden, heißt es in dem Mitte April 2012 veröffentlichten Bericht des IDMC[2] (Internal Displacement Monitoring Centre) und des Norwegischen Flüchtlingsrates (NRC). Im Juli 2011 hatte die UN-Organisation OCHA (Office for the Coordination of Humanitarian

---

[1] Michael Lüders war Nahostkorrespondent der Wochenzeitung Die Zeit. Heute berät Lüders als Politik- und Wirtschaftsberater, Publizist und Autor neben Politischen Stiftungen und Industrie auch das Auswärtige Amt und andere Ministerien sowie bundesdeutsche Entwicklungsagenturen. Auf seiner Webseite (www.michael-lueders. de) bietet Lüders „Neue Maßstäbe für die Nahostberatung" an.

[2] Internal Displacement Monitoring Centre, Global Overview 2011, http://www.internal-displacement.org/

Affairs)[3] die Zahl der Inlandsvertriebenen in Libyen mit 218.000 angegeben, 710.000 Flüchtlinge hatten sich zu dem Zeitpunkt in den Nachbarländern Ägypten, Tschad, Niger, Algerien und Tunesien vor den Kämpfen in
Libyen in Sicherheit gebracht. Kaum jemand weiß, was aus diesen Flüchtlingen oder aus den Lagern geworden ist, in denen sie Unterkunft fanden.

„Dies ist die Straße nach Sirte", ist in einem Werbeclip des UN-Flücht-
lingshilfswerks UNHCR mit dem Titel „Die Kosten des Krieges in Liby-
en" zu erfahren. Ein blauer Himmel spannt sich über der Straße, auf der
der Wagen mit der Kamera nach Sirte fährt. Der Turm eines Minaretts hebt
sich dunkel vor dem Himmel ab, ein Schriftzug klärt auf, dass Sirte einst
die „Hochburg" von Gaddafi war, hier wurde er geboren. Es werden völlig
verwüstete Häuser gezeigt, darüber die Schrift „Zwei Drittel der Menschen
aus Sirte flohen vor dem Kampf um Sirte. Im September und Oktober 2011
wurde die Stadt von den Rebellen und der NATO angegriffen". Verkohlte,
von Schüssen durchlöcherte Hausfassaden, herausgerissene Fensterrah-
men, darüber die Schrift: "20.000 Menschen können noch immer nicht
zurückkehren. UNHCR hilft den Vertriebenen". Ein anderes völlig zer-
bombtes Gebäude wird gezeigt, davor der Schriftzug: „Hier starb Gaddafi
am 20. Oktober 2011".

Die Küstenstadt Sirte sei mehr zerstört worden als jede andere Stadt während des Krieges, lautet der Text unter einem Foto, das den Bericht eines
Einwohners von Sirte illustriert. Das Bild zeigt ein Gebäude, das „wie ein
Stück Schweizer Käse von Artilleriegeschossen zerlöchert" worden sei.
Der 33jährige Universitätsangestellte Ali berichtet, dass er nach Sirte zurückgekehrt sei, obwohl er seine Wohnung noch immer nicht reparieren
konnte, weil ihm das Geld fehle. Rund 70 Prozent der Einwohner seien
zurückgekehrt und versuchten zwischen den Trümmern einem normalen
Alltag nachzugehen, so der UNHCR-Bericht, mit dessen Hilfe, wie mit
dem Videoclip, Geld eingeworben werden soll, um das zerstörte Land
wieder aufzubauen und um den traumatisierten Menschen wieder zu einem halbwegs normalen Alltag zu verhelfen. Auf den Märkten werde gehandelt, Strom- und Wasserleitungen seien weitgehend repariert, heißt es
optimistisch. Kein Wort über Entschädigung – und was mit den anderen
Vertriebenen in Libyen geschieht, bleibt offen.

---

[3] www.unocha.org

Details darüber, wie viele Menschen letztlich in Libyen getötet wurden, sucht man vergeblich in den Medien, die doch vor und während des Krieges so genau über alles informiert zu sein schienen. In Internetblogs kursieren Zahlen zwischen 30.000 und 50.000 Toten, Tausende Menschen sind vermisst. Im März 2012 forderte Amnesty International die NATO auf, eine „ordentliche" Untersuchung über den Tod von mindestens 55 Zivilisten einzuleiten, die bei Luftangriffen in Tripolis, Zlitan, Majer, Sirte und Brega getötet worden waren. Die meisten dieser Opfer – 16 Kinder, 14 Frauen – kamen laut ai in Privathäusern ums Leben. „Die NATO übernimmt nicht die nötige Verantwortung", so Carsten Jürgensen, der mit einer Amnesty-Delegation in Libyen recherchierte. „Die Opfer und ihre Familien fühlen sich vergessen. NATO-Offizielle hatten mehrfach Bemühungen um Aufklärung der Umstände beteuert. Doch bisher gab es nur ein paar vage Äußerungen des Bedauerns."[4]

Menschenrechts- und Hilfsorganisationen berichten über Folter der neuen Machthaber an politischen Gegnern, Menschen verschwinden oder werden ohne Gerichtsverfahren eingekerkert. Prominentes Opfer dieses Unrechts ist der Rechtsanwalt Omar Brebesh, ehemaliger libyscher Botschafter in Frankreich (2004-2008). Die US-Menschenrechtsorganisation Human Rights Watch berichtet am 3. Februar 2012 unter Berufung auf seine Familie, er sei 24 Stunden nach seiner Festnahme in Tripoli am 19. Januar 2012 in einem Krankenhaus 100 km entfernt tot aufgefunden worden.[5]

Fast täglich gibt es bewaffnete Auseinandersetzung mit oder unter den Milizen. In Bengazi wurde Mitte April der Konvoi des UN-Botschafters in Libyen angegriffen. Friedhöfe anderer Glaubensgemeinschaften wurden verwüstet; Salafisten und orthodoxe islamische Gruppen sind unter den Milizen, die sich weigern, ihre Waffen abzugeben, stark vertreten. Milizen kontrollieren landesweit Straßen und Infrastruktur, um sich wirtschaftlichen und politischen Einfluss zu sichern. Aus Zorn darüber, dass der Übergangsrat ihnen regelmäßige Geldzahlungen verweigerte, griffen Milizen Mitte April 2012 in Tripoli das Gebäude des Übergangsrates an. Die „Revolutionäre" waren mit regelmäßigen Geldgeschenken für ihre Beteiligung am Kampf gegen Muammar Gaddafi ‚honoriert' worden. Nachdem die Be-

---

4 Amnesty International, 19.3.2012, Libya: The forgotten victims of NATO strikes
5 http://www.hrw.org/news/2012/02/02/libya-diplomat-dies-militia-custody

hörden aber Betrug in Millionenhöhe (Libysche Dinar) aufgedeckt hatten, stellten sie die Zahlungen ein, um die Betrugsfälle aufzuklären. Der Übergangsrat selber genießt wenig Vertrauen in der Bevölkerung. Proteste gegen dessen Selbstgefälligkeit, Korruption und gegen mangelhafte Gesundheitsversorgung der Kriegsopfer werden organisiert. Anstatt sich um den Wiederaufbau und die Entwicklung des eigenen Landes zu kümmern, schickte der libysche Übergangsrat zur Jahreswende 2011/12 ganz offiziell Söldner zum bewaffneten Einsatz nach Syrien. Sie waren ausgestattet mit Waffen und Geld aus Katar. Derweil versetzen willkürliche Festnahmen, Folter, Mord und „ethnische Säuberungen" die Menschen in Libyen in Angst und Schrecken.

Nach Angaben von Hilfsorganisationen sind Rebellen von Misrata für die rücksichtslose Verfolgung von dunkelhäutigen Libyern verantwortlich, den Tawergha. Rund 10.000 der afrikanisch stämmigen Tawergha – Nachfahren von Sklaven, die im 18. und 19. Jahrhundert nach Libyen gebracht worden waren – wohnten in der gleichnamigen Küstenstadt, rund 40 km von Misrata entfernt. Einwohner Misratas machten sie für Morde und Vergewaltigungen im Auftrag Gaddafis verantwortlich, dessen Truppen von Tawergha aus versucht hatten, den Widerstand Misratas zu brechen. Obgleich die Vorwürfe nicht belegt wurden, begann die Misrata Brigade, ein Zusammenschluss von Rebellen, im September 2011 eine mörderische Jagd auf die Tawergha. Sie zerstörten und verbrannten deren Häuser und änderten das Ortsschild in „Neu-Misrata" um. Der britische Reporter Andrew Gilligan fand eine Geisterstadt vor und sprach von „ethnischer Säuberung". In seinem Bericht in der britischen Zeitung The Telegraph zitierte er eine Wandparole, in der sich die Misrata Brigade als diejenige rühmte, die die Stadt „von Sklaven und Schwarzhäutigen gereinigt" habe.[6]

Fehlende Glaubwürdigkeit

Vor und während des Krieges berichteten Reporter fast rund um die Uhr, Libyen war in den Medien allgegenwärtig. Untergebracht meist im gleichen Hotel, wo es Strom, Internet und einen Sendeplatz für ihre Bilder gab,

---

[6]   Gaddafis Ghost Town, The Telegraph, 11.9.2011, http://www.telegraph.co.uk/news/worldnews/africaandindianocean/libya/8754375/Gaddafis-ghost-town-after-the-loyalists-retreat.html

die sie untereinander austauschten, gab es für die Reporter Fahrer, Übersetzer und gepanzerte Fahrzeuge mit genügend Benzin oder Busse, die sie zu den Schauplätzen des Geschehens brachten. Sie wurden mit Informationen durch die Krieg führenden Parteien versorgt. Die einen wurden in Bengasi oder an der Front von den Rebellen „betreut", die anderen berichteten aus Tripoli das, was ein Regierungssprecher ihnen vermittelte. Von der Tendenz her wurden die Informationen der Rebellen stets als glaubwürdig berichtet, die von Regierungsseite hingegen stets als fragwürdig. Letztlich war aber das Zentrum der Berichterstattung in Paris, Brüssel und Washington, dort, wo auch die Kriegsführung geplant und „erklärt" wurde.

Die Reporter bewegten sich meist in Gruppen; deswegen wiederholten sich Bilder und Interviewpartner und Szenen wurden gestellt. Mal mit Palästinensertuch, mal mit Militärkappe beklagten die Aufständischen die Gewalt von Gaddafis Truppen und fragten: „Wo bleibt Sarkozy? Wir brauchen Hilfe." Sie posierten verwegen auf erbeuteten Flugabwehrgeschützen, drehten das Gerät mit einer Kurbel um die eigene Achse, Fäuste flogen in die Luft, stets waren Rufe wie „Allah ist groß" zu hören. Fahrzeuge mit Schnellfeuergewehren und einem halben Dutzend „Aufständischer" auf der Ladefläche rasten über Wüstenpisten durchs Kamerabild. Hauptsache, es geschah etwas, über Motivation und Ziele erfuhr man wenig. Angaben der Rebellen wurden nur selten hinterfragt.

Die ausgestrahlten Bilder waren selten aktuell. Die Übertragung per Internet war kaum möglich, da Internet in Libyen außerhalb großer Städte kaum verbreitet war. Also führten Reporter teure, tragbare Satellitenschüsseln mit sich, die sie aus Sicherheitsgründen kaum „live" in richtigen Kämpfen einsetzen konnten. Wo es weder Bilder noch „Augenzeugen" gab, kamen „soziale Medien" und „Bürgerjournalisten" zu Wort, die in westlichen Demokratien als besonders glaubwürdige Vertreter authentischer Basisbewegungen gelten. Wackelige Handyvideos, telefonische „Augenzeugenberichte" oder Blog-Tagebücher ersetzten Reporter vor Ort. Die neue Opposition organisiere sich – so hieß es – über Handies und Internet, vorne weg Facebook, das nette „soziale" Netzwerk, dass „George Orwells ‚Big Brother' blass vor Neid werden" ließe. So jedenfalls heißt es in der Laudatio für den ‚Big Brother Award", der im Bereich Kommunikation im April 2011 an Facebook ging.[7]

Facebook hat eine neue Gesellschaft globalen Ausmaßes geschaffen, die einen das Fürchten lernen kann. „Eine abgeschlossene Gesellschaft, in der ein Konzern die Regeln macht", heißt es in der Laudatio, „eine Datenkrake mit unendlichem Appetit" nach allem, was Nutzer dieses „sozialen Netzwerks" ihm „freiwillig in ihre Fangarme" werfen. Facebook sammelt Namen, Adressen, Profilbild, Telefon- und Handynummern, Fotos, Texte, Aufenthaltsort. Nachrichten an Freunde werden ebenso gespeichert wie Webseiten, auf denen man gesurft hat, nichts bleibt verborgen. Will man diese Daten etwa unkenntlich machen oder wieder löschen, erlebt man eine böse Überraschung, denn es geht nicht. Dafür können die Informationen beliebig als Bausteine für ganz andere Zwecke eingesetzt werden, Manipulation pur. Doch anstatt dass Medien diese Entwicklung kritisch hinterfragen, fördern sie sie mit eigenen Facebook-Seiten. Die meisten Fernsehsender fordern zudem Nutzer auf, sich telefonisch oder mit Handybildern und -filmen per Internet zu melden, sollten sie vom Ort des Geschehens berichten können. Keine Recherche, keine Überprüfung, Medien werden Teil der Manipulation.

Früher galt für professionellen Journalismus, eine Nachricht mehrfach unabhängig zu überprüfen, bevor sie verbreitet wurde. Heute werden die traditionellen Medien immer mehr von Internet, Facebook und Twitter gejagt. Und von Satellitensendern, die letztlich die Nachrichten diktieren. Der renommierte indische Journalist Saeed Naqvi schreibt in einem Kommentar Anfang Februar 2012[8]: „Eine der größten Tragödien der heutigen Zeit ist der totale Niedergang der Glaubwürdigkeit westlicher Medien". Naqvi erinnert an die Berichterstattung im Irakkrieg 1991, als der CNN-Reporter Peter Arnett vom Dach des Al Rashied Hotels in Bagdad live die Angriffe „in unsere Wohnstuben" brachte. Kurz darauf entstand der Sender BBC World Service TV, heute bekannt als BBC World. Ein Ergebnis des Falls der Sowjetunion sei die Entstehung globaler elektronischer Medien gewesen, so Naqvi. Die (westliche) Live-Berichterstattung der Kriege im ehemaligen Jugoslawien, der palästinensischen Intifadas, des Krieges zwischen Israel und Hisbolla, die Besatzung von Afghanistan und Irak

---

[7]   www.bigbrotheraward.de

[8]   Saeed Naqvi, Where is the other side of story in Mid East? The Friday Times, 12.2.2012; http://www.thefridaytimes.com/beta2/tft/article.php?issue=20120210&page=9

habe den „islamischen Terror" verstärkt. Hier sei Katar eingestiegen, damals Konkurrent Saudi Arabiens, und habe mit Al Jazeera einen Sender geschaffen, der der „arabischen Straße" eine Stimme gegeben habe. Mit dem Slogan „Die andere Seite der Geschichte berichten" eroberte der Sender innerhalb kürzester Zeit weltweites Interesse. Gehasst von Teilen der US-Administration und ihren Verbündeten, verehrt von den ewig Vergessenen, berichtete der Sender kritisch über die US-Einsätze in Afghanistan und Irak und er wurde in beiden Ländern Ziel von US-Luftangriffen. Einer seiner prominentesten Reporter, Taysir Allouni, der ein Interview mit Osama Bin Laden geführt hatte, wurde kriminalisiert und in Spanien für Jahre eingesperrt. Al Jazeera gewann an Glaubwürdigkeit und niemand fragte sich, wie der Sender neben dem Zentralkommando der US-Streitkräfte CENTCOM – ebenfalls in Katar stationiert – existieren konnte. Saudi Arabien ging zur Offensive (gegen Katar) über und gründete Al Arabiya. Beide Sender erlangten in der arabisch-islamischen Welt Glaubwürdigkeit, die westliche Medien verloren hatten.

Der „Arabische Frühling" Anfang 2011 habe den Sendern und ihren staatlichen Geldgebern die Gelegenheit gegeben, sich neu miteinander zu verbünden, schreibt Naqvi. „Während die Diktatoren in Tunis und Kairo fielen, taten sich die Könige und Scheichs in dem Gedränge zusammen." Mit ihren anerkannten Satellitensendern sei es ihnen gelungen, die öffentliche Meinung zu bestimmen. „Die unbezahlbare Glaubwürdigkeit" der von ihnen kontrollierten Medien hätten sie „dem US-Kommando unterstellt". Das Zusammenspiel der arabischen und westlichen Medien sei zudem „brilliant" von Militärstrategen choreographiert worden.

Seit Jahren werden so genannte „Leitmedien" vom Militär umworben und sind inzwischen ihrerseits zum Teil der neuen Kriege geworden. Nicht zuletzt, weil Geldgeber – wie bei BBC (Großbritannien), France 24 (Frankreich) und Al Jazeera (Katar) – nicht neutral, sondern kriegführende Parteien sind. Die Berichterstattung in einer globalisierten Mediengesellschaft ist mindestens ebenso entscheidend für den Ausgang einer Schlacht, wie der Truppeneinsatz. Auf Konferenzen tauschen Militär, Medien, Politik und Industrie sich aus und diskutieren über „vernetzte Sicherheit", die Einbindung von Außen- und Entwicklungspolitik in die Kriegsführung[9],

---

[9] Zivil-militärische Zusammenarbeit, Generalinspekteur Wieker unterzeichnet Abkommen mit GIZ; www.bmvg.de

über Begründungen für Kampfeinsätze im Ausland[10]. NATO und nationale Armeen bieten Journalisten Seminare und Kurse an, Reporter werden eingeladen, die Truppen an die Front zu begleiten. Direkt aus dem Cockpit eines Hubschraubers oder von Bord eines Flugzeugträgers berichten sie live von der „Arbeit der Truppe", Militär zum Anfassen. Medien verbreiten, was Militärs und Politik vorgeben. Das „Narrativ", die Darstellung eines Sachverhalts, einer Entwicklung soll nach Willen der Militärs nicht mehr überprüft oder recherchiert, sondern nach Vorgabe transportiert werden. Eingebetteter Journalismus, das ist Informationskrieg im 21. Jahrhundert.

„Propaganda wird im Libyen-Krieg entscheidend sein"

Am 23. März 2011 erschien bei der Nachrichtenagentur Reuters ein Text mit dem Titel „Propaganda wird im Libyen-Krieg entscheidend sein"[11]. Der Autor William MacLean, Sicherheitskorrespondent für Reuters, schrieb: „Der Informationskrieg wird einen dringenden Vorrang für die Westmächte haben, denn die Politik einer mit UN-Mandat versehenen Flugverbotszone wird unweigerlich Menschenleben vor Ort gefährden". Der darin zitierte Richard Holmes, Professor für Militär- und Sicherheitsstudien an der Cranfield Universität, Großbritannien, warnte vor einer „aggressiven Auslegung des UN-Mandats", zum Beispiel wenn die NATO die Rebellen bewaffnen oder Bodentruppen einsetzen würden. Das wäre vermutlich nicht nur „illegal", sondern würde mit Sicherheit „arabische Verbündete abschrecken" und „Nationalgefühle zugunsten Gaddafis" bewirken. Die „Schlacht um die Herzen und Köpfe" sei für Gaddafi Überlebensstrategie, also müsse vom Westen alles unternommen werden, um einen *information drive*, also die Steuerung der Information zu übernehmen. Nur so könne klar gemacht werden, dass es das ausschließliche Ziel der Militäroperation war, „Zivilisten zu schützen und eine einheitliche Front" gegen Gaddafi zu schaffen. Wichtig war, den Fokus auf das repressive Vorgehen Gaddafis gegen den libyschen Volksaufstand zu richten. „Das Regime von Gaddafi ist eine Schreckensherrschaft, das die Bevölkerung unter abscheulichen

---

[10] Konferenz „Internationale Sicherheitspolitik" der deutschen Wochenzeitung Die Zeit, 19./20.10.2010 in Hamburg

[11] Propaganda will prove crucial in Libya war, William Maclean, Sicherheitskorrespondent Reuters, 23.3.2011

Umständen ermordet", so Holmes. „Darauf müssen wir immer und immer wieder hinweisen" war sein Rat an Militär, Politik und Medien.

In seinem Buch „Krieg der Begriffe" weist der italienische Autor Domenico Losurdo auf, dass die Umdeutung von Begriffen, wie George Orwell es in seinem berühmten Roman „1984" beschrieben hat, in die Sprache von Politik, Militär und Medien längst Einzug gehalten hat. „Krieg gilt als ‚humanitärer Einsatz', Städte werden bombardiert, um die ‚Zivilbevölkerung zu schützen', der Feind wird zum kulturlosen ‚Barbaren' stilisiert und Widerstand ist grundsätzlich ‚Terrorismus'"[12]

Ein Jahr nach Beginn des Luftkrieges ist Libyen völlig aus dem Fokus der Medien verschwunden. Kein Krieg, kein Morden, keine Einschaltquote. Wo sich einst Hunderte Reporter tummelten, ist heute kaum noch einer unterwegs. Wenn im Frühjahr 2012 in deutschen Medien Libyen noch erwähnt wird, dann meist um einen Vergleich zu Syrien herzustellen, wie in der FAZ. „Wie in Libyen" klammere sich auch in Syrien ein „Diktator mit äußerster Brutalität an die Macht", hieß es da[13]. In Libyen habe „die westliche Welt dem Blutvergießen ein Ende" gesetzt. Warum geschieht es nicht in Syrien", fragt der Autor und weiter: „Das „Stichwort für die damalige militärische Intervention hieß ‚Responsibility to Protect'". Doch anstatt über die Folgen des mörderischen Angriffs auf einen souveränen Staat zu berichten und den Einsatz kritisch zu hinterfragen, befasst der Autor sich mit dem politischen und juristischen Für und Wider von RTP und mit der Frage, warum der Westen nicht nahtlos den Krieg gegen das nächste Land, in diesem Fall Syrien, beginnt. Diplomatie, Verhandlungen, Gespräche scheinen aus dem Wortschatz der meisten westlichen Medien und Regierungen gestrichen zu sein.

Keine Chance für Verhandlungen

Die NATO wolle keinen Frieden, sagte der libysche Regierungssprecher Moussa Ibrahim in der BBC am 1. Mai 2011.[14] „Wir haben immer wieder

---

[12] Domenico Losurdo, Die Sprache des Imperiums, PapyRossa-Verlag, Köln, Juni 2011

[13] Michael Radunski, Libyen und Syrien, Schutzverantwortung für die Bevölkerung, FAZ 12.4.2012; http://www.faz.net/aktuell/politik/syrien-und-libyen-schutzverantwortung-fuer-die-bevoelkerung-11714635.html

[14] Nato strike kills Gaddafi son, BBC World, 1.5.2011

unsere Verhandlungsbereitschaft erklärt. Wir sind bereit für einen Friedensplan, für eine politische Übergangszeit, bereit für Wahlen, bereit für
ein Referendum." Doch der Westen bemühe sich noch nicht einmal „unsere Erklärungen zu prüfen. Sie wollen uns unsere Freiheit rauben, unseren
Reichtum, das Öl. Und sie wollen uns unser Recht nehmen, als Libyer
über unsere Zukunft selber zu entscheiden." Über Gespräche mit Gaddafi
werde erst nachgedacht, wenn dessen Truppen die Angriffe auf Zivilisten
einstellten, hieß es in der NATO-Zentrale, während gleichzeitig die verbale
Eskalationsschraube gedreht wurde. Der Nationale Übergangsrat, der zwar
von keinem Libyer gewählt, dafür aber von vielen westlichen Staaten rasch
als „legitime Vertretung Libyens" anerkannt und entsprechend finanziert
wurde, meinte, Gaddafi habe „Waffenstillstand nur angeboten, um weiter
grundlegende Menschenrechte zu verletzen". Gaddafi verletze „das internationale humanitäre Recht und (gefährde) die Sicherheit Libyens und der
gesamten Region." Für die NATO ein klarer Fall: Der Krieg gegen Gaddafi
wurde fortgesetzt.

Von Anfang an setzten die französische und britische Regierung auf Konfrontation, nicht auf Diplomatie. Botschafter wurden abgezogen, Ge-
sprächsangebote Gaddafis und die wiederholt bei europäischen Staaten
und den Vereinten Nationen vorgebrachte Bitte nach Vermittlung wurden
von Politik und Medien ins Lächerliche gezogen und für unglaubwürdig
erklärt, unisono mit den „Rebellen von Bengasi". USA, UN und EU gaben
keinem Verhandlungsangebot eine Chance, egal ob von Hugo Chavez (Ve-
nezuela), Tayyib Erdogan (Türkei) oder von der Afrikanischen Union, die
lange vor der Verabschiedung der UN-Sicherheitsratsresolution vermitteln
wollte (vgl. Sommer i.d.B.). Alles wurde abgelehnt. Die OAU wurde zudem
als abhängig von Gaddafis Zahlungen und für unglaubwürdig erklärt.[15]

Politiker der westlichen Hemisphäre erklärten, „die südliche Gegenküste
des Mittelmeers (gehöre wie der Balkan) zur unmittelbaren Sicherheitszone
der EU"[16]. Dieses strategische Ziel und die damit verbundenen Interessen
wären durchaus im Dialog mit Libyen zu lösen gewesen, wie in den letzten
10 Jahren auch geschehen. Doch der Zusammenbruch ihrer strategischen
Partnerregime in Nordafrika, Tunesien und Ägypten, gefährdeten die west-

---

[15] Wie sich Gaddafi von Afrikas Führern hofieren lässt, www.welt.de, 11.4.2011
[16] Joschka Fischer, Süddeutsche Zeitung, 22.3.2011

lichen Herrschaftsinteressen in der Region, die „Sicherheit Israels" inklusive. Im Krieg gegen Libyen ging es um Rohstoffe und militärstrategische
Vorherrschaft (vgl. Ruf sowie Wagner i.d.B.). Libyen ist das erdölreichste
Land auf dem afrikanischen Kontinent und rangiert weltweit auf Platz 9
der erdölreichsten Staaten[17]. Libyen ist für afrikanische Flüchtlinge das Tor
nach Europa, militärstrategisch sichert man hier die Kontrolle von Mittelmeer, Suezkanal, den afrikanischen Küsten und den Persisch-Arabischen
Golf. Zwar gab es international durchaus unabhängige Medien, die darüber berichteten und entsprechende Experten zu Wort kommen ließen[18]. In
westlichen Staaten gab es allerdings nur wenige Medien, die ihren Auftrag
als „vierte Macht" ernst nahmen und nehmen, die Hintergründe aufzeigen
und alle Seiten zu Wort kommen lassen.

„Schaurige Details über Menschenquälerei"[19]

Die Verletzung von Rechten und Würde der Menschen muss angeprangert
werden, egal wo und durch wen es geschieht. Gleichgültig, ob es um afrikanische Flüchtlinge geht, die vor den Augen der NATO-Marine im Mittelmeer ertrinken. Ob es um Palästinenser oder Beduinen geht, deren Häuser
von der israelischen Besatzungsarmee zerstört werden, ob Iraker gegen
die Unfähigkeit und Korruption ihrer Politiker protestieren oder ob die
Jemeniten gegen das korrupte, pro-westlichen Regime von Ali Abdullah
Saleh auf die Straße gehen. Menschenrechte sind universal, heißt es. Doch
Menschenrechte und deren Verletzung werden in politischen Machtzentren
selektiv wahrgenommen. Seit dem Sturz der tunesischen und ägyptischen
Machthaber, über deren Menschenrechtsverletzungen die westlichen Bünd-
nispartner meist geschwiegen hatten, hat sich der Wind gedreht. EU und
USA und mit ihnen das westliche Militärbündnis versuchen, sich an die
Spitze der Revolten zu setzen, um sie wieder in den Griff zu bekommen.
Hier kommt den Medien eine zentrale Rolle zu und sie müssen eingebun-
den werden. Aufgabe der Medien wäre, die Forderung nach bürgerlichen
und demokratischen Freiheiten und Menschenrechten zu berichten, die im
Mittelpunkt der Revolten stehen, die wiederum in jedem Land ihre eigenen

---

[17] Globale Erdölvorkommen, www.trend-invest.de

[18] Centre for Research on Globalization, Canada, www.globalresearch.ca

[19] „Kann man nicht schaurige Details über Menschenquälerei auftreiben", Otto von
Bismarck: Der Reichskanzler, Verlag C.H.Beck, beck'sche Reihe

Gründe und Ziele haben. Doch die Deutungshoheit wurde vom NATO-Hauptquartier in Brüssel, in Paris, London und Washington vorgegeben und die Medien spielten und spielen mit. Aufgabe der Medien war nicht mehr, über den Wunsch nach Befreiung und Selbstbestimmung derjenigen zu berichten, die auf der arabischen Straße unterwegs waren oder sind, ihr Aufbruch musste medial in die strategischen Interessen der westlichen Hemisphäre eingebunden und entsprechend „interpretiert" werden. Diese mediale „Interpretation" führte in Libyen schließlich zur „humanitären Intervention" und zum Krieg.

Das „Recht zur humanitären Intervention" wurde von einer Internationalen Kommission über Intervention und staatliche Souveränität (ICISS) seit 1999 entwickelt. Kurz nach dem 11. September 2001 legte die Kommission ihren ersten Bericht vor unter dem Titel „Die Verantwortung zu beschützen/Schutzverantwortung".[20] In acht Kapiteln wird entwickelt, in welchen Situationen und unter welchen Voraussetzungen es möglich ist, sich als „internationale Gemeinschaft/UNO" über die Souveränität eines Staates hinwegzusetzen, um bedrohtes Menschenleben zu schützen. 2005 wurde die Klausel auf der UN-Vollversammlung angenommen, ein Jahr später erstmals in einer UN-Sicherheitsratsresolution (1674) völkerrechtlich bindend erwähnt. Mit der Schutzverantwortung („Responsibility to Protect") haben sich die Mächte im UN-Sicherheitsrat ein Instrument geschaffen, mit dem – wie Kritiker argumentieren – das völkerrechtlich verankerte Souveränitätsrecht eines Staates außer Kraft gesetzt wird, wenn nachgewiesen wird, dass die Führung dieses Staates das eigene Volk drangsaliert und ermordet (vgl. Paech i.d.B.). Genutzt wird es heute, um den Sturz einer Regierung, *regime change*, durchzusetzen.

Hier kommen Menschenrechtsorganisationen und Medien ins Spiel, die dafür sorgen, dass „Verbrechen gegen die Menschlichkeit" einer Staatsführung oder religiösen Gruppe (muslimische Terroristen) behauptet, bezeugt und verbreitet werden. Das wiederum wird von Politikern und/oder Religionsführern aufgegriffen und schließlich umgewandelt in politischen

---

[20] Gibt es ein Recht zur „humanitären Intervention"? Eine Übersicht über den Bericht der International Commission on Intervention and State Souveignty (ICISS): ‚The Responsibility to Protect"; Helge von Horn, Christoph Krämer, www.ag-friedensforschung.de

Druck auf das entsprechende Land. Sanktionen werden verhängt, UN-Sicherheitsratsresolutionen mit möglichem militärischen Eingriffsrecht und/oder Anklagen vor dem Internationalen Strafgerichtshof werden diskutiert. Die Medien sorgen mit einer entsprechenden „Berichterstattung" dafür, dass der Druck nicht nachlässt und dass Politik und Öffentlichkeit nur das erfahren, was in den vorgegebenen politischen Rahmen (*regime change*) passt.

Das Vorgehen ist nicht neu. Bei der kolonialen Unterwerfung afrikanischer Staaten im 19. Jahrhundert wurden systematisch Feindbilder geschaffen, um eine aggressive Kolonialpolitik politisch, finanziell und ideologisch in der Öffentlichkeit durchzusetzen. Im Deutschen Reich regte der damalige Reichskanzler Otto von Bismarck zur Durchsetzung dieser Politik an, ob man nicht „schaurige Details über Menschenquälerei auftreiben" könne. Eigens beauftragte „Experten" aus Kirche und Medien entwickelten eine Kampagne („Volks-Kampagne gegen den (angeblichen) arabischen Sklavenhandel"[21], die sich gegen Islam und Araber richtete, die den deutschen Kolonialinteressen in Ostafrika im Wege standen. Gräuelgeschichten wurden in Zeitungen, Schulen, Kindergärten, von Kanzeln und im Reichstag verbreitet, in dem es eine starke Opposition gegen die Kolonialpolitik gab. Die Verteufelung von Islam und Arabern sollte einen öffentlichen „Mitleidseffekt" mit Opfern bewirken, der schließlich das militärische Eingreifen und die dafür notwendige Finanzierung rechtfertigte.

In Libyen übernahmen diesen Part große Nachrichtensender wie BBC, CNN, Al Jazeera und Al Arabiya, die – bis auf CNN – auch die arabisch sprechende Bevölkerung beeinflussen konnten. Sie berichteten über angebliche Massaker, die vom Gaddafi Regime verübt worden oder geplant waren, belastbare Beweise blieb man schuldig. Die UN-Sicherheitsratsresolution (1973) wurde unter anderem mit „groben und systematischen Verletzungen von Menschenrechten, willkürlichen Inhaftierungen, Verschwinden lassen und summarischen Hinrichtungen" begründet. „Ausgedehnte und systematischen Angriffe gegen die Zivilbevölkerung (könnten) möglicherweise Verbrechen gegen die Menschlichkeit" darstellen.[22] Medien berichteten, Gaddafis Truppen würden Frauen vergewaltigen, Moscheen

---

[21] Unser nationales Erbe, Gottfried Mergner, www.diss-duisburg.de

[22] Resolutionstext: www.un.org/Depts/german/sr/sr_11/sr1973.pdf; Informationsstelle Militarisierung e.V. Ein Persilschein für Interventionen in Bürgerkriege, www.imi-online.de

als Schutzschilde nutzen und Leichen in Kühlhäusern lagern, um sie zu passender Gelegenheit vor den Kameras internationaler Medien auszulegen. Die „Flugverbotszone" zum „Schutz der Bevölkerung" diente schnell und ungeniert der militärischen Unterstützung der Opposition von Bengasi. Vier Monate nach Beginn des Krieges wurde täglich zivile Infrastruktur bombardiert – Straßen, Häfen, Schulen, Krankenhäuser, Wohnblocks und der libysche Nachrichtensender. Medien und NATO hatten sich eingependelt, jedem neuen Bericht einer Gräueltat folgte neues Bombardement.

Lektionen aus dem Libyenkrieg

Zumindest in der arabischen Welt hat die Berichterstattung über den „arabischen Frühling" eine selbstkritische Diskussion ausgelöst. Nicht alle Journalisten folgen weiter den Vorgaben ihrer Sender. Insbesondere der weltweit wegen seiner fundierten und ausführlichen Berichterstattung bisher beliebte, von manchen gefürchtete Fernsehsender Al Jazeera (Arabisch und Englisch) hat eine Reihe guter Journalisten und beim Publikum an Glaubwürdigkeit verloren. Einseitige Berichterstattung wird dem Sender in Libyen und Syrien vorgeworfen, zu wenig recherchiert, zu wenig ausgewogen. Im Frühjahr 2012 berichtete ein ehemaliger Mitarbeiter des Senders[23] der libanesischen Tageszeitung As Safir, Al Jazeera habe Satellitentelefone und Zubehör nach Syrien geschmuggelt und für jedes geschmuggelte Gerät 50.000 US-Dollar bezahlt. Aufnahmen von bewaffneten Kämpfern durfte er nicht senden, so der Journalist. Politische Magazine und kontroverse Diskussionsrunden wurden zugunsten einer Live-Berichterstattung gestrichen, Analyse und Kommentar auf die Webseite verbannt.[24]

Natürlich gebe es Gründe, warum die Massen in Kairo auf den Tahrir-Platz gezogen seien, warum sie Woche um Woche, Tag für Tag in Ägypten, Tunesien, Jemen, Irak oder Syrien weiter ihre Rechte forderten, meinte der libanesische Journalist Ali Jaber im Gespräch mit der libanesischen Tageszeitung The Daily Star[25]. Es sei zwar eine „großartige Idee" von Al

23 www.sana.sy, Ali Hashim: al-Jazeera Channel Smuggled Thuraya Communication Devices into Syria
24 TV-Sender Al Jazeera in der Kritik, www.tagesschau.de
25 Ali Jaber in The Daily Star, 28.6.2011, Regional journalism in ethics crisis, www.dailystar.com.lb

Jazeera gewesen, über dem Tahrir-Platz eine Kamera zu installieren und 24 Stunden zu senden, dennoch habe sich gezeigt, dass die Journalisten sich schließlich „wie Aktivisten, nicht wie Journalisten" verhalten hätten. „Sie haben die Medien benutzt, ihre eigene politische Agenda aggressiv zu vermarkten", so Jaber. Besonders kritisch bewertete er den „Bürgerjournalismus": „Da bekommen Sie ein Foto über ein Satellitentelefon, ohne zu wissen, woher es stammt und jemand erzählt ihnen, er ist in Deraa, Syrien. Er könnte aber in Stockholm oder Kalifornien sein." Beim Journalismus ginge es nicht nur um gutes Schreiben, meinte Jaber: „Es gibt ethische und legale Grenzen und vor allem geht es um soziale Verantwortung."

Medien und Reporter, die Bündnisse mit Politik und Militär eingehen, überschreiten diese Grenzen. Medienauftrag ist nicht, die Öffentlichkeit in einer Flut wackeliger Bilder zu ertränken und zweifelhafte Kriegseinsätze zu legitimieren. Medienauftrag bedeutet Information und Interpretation, d.h. Meinung, deutlich voneinander zu trennen; Hintergründe aufzeigen, nicht verschleiern; Absichten und Pläne erklären, die Politik und Militär lieber hinter verschlossenen Türen verhandeln wollen.

Militärische Angriffe auf souveräne Staaten hätten immer „Tod, Zerstörung und Chaos" bedeutet, was auch in Libyen nicht mit der vollzogenen Invasion beendet sei, erinnert der argentinische politische Analyst, Autor und Fernsehmoderator Adrian Salbuchi in einer provozierenden Kolumne für den russischen Sender Russia Today[26]. „Neun Lektionen" seien aus dem Libyenkrieg zu lernen. Vor allem dürfe man den westlichen Mächten niemals vertrauen, das sei die wichtigste Lektion. Und weiter: „Lasse niemals zu, dass westliche Medien die internationale Berichterstattung über die Ereignisse in Deinem Land bestimmen." Russische, chinesische, iranische und lateinamerikanische Medien haben daraus schon ihre Konsequenzen gezogen. Sie bieten auch für die westliche Öffentlichkeit Alternativen an[27].

---

[26] Russia Today, The lessons of Libya: Chaos is no surprise, 17.1.2012
[27] Gemeint sind die neuen englischsprachigen Satellitensender Russia Today, CNTV, Press TV, Telesur

Kapitel 10

DER LIBYEN-KRIEG: REFLEKTIONEN ZU GADDAFI UND ANDEREN BETEILIGTEN

Gert Sommer

Im vorliegenden Kapitel gehen wir zunächst kurz auf die Vorkriegszeit ein, danach ausführlicher auf den Kriegsbeginn und die Kriegsparteien. Die folgenden Ausführungen sind weniger eine stringente Abhandlung als vielmehr eine Zusammenstellung von Impressionen und Reflektionen.

Gaddafi und die Vorkriegs-Zeit: Vom Feind zum Freund zum Feind?

„SPIEGEL: Die Amerikaner ... sind überzeugt davon, daß der Oberst Gaddafi -- neben den Russen -- der große Übeltäter ist, der hinter allem Aufruhr steckt, besonders hier in Afrika. ...

GADDAFI: Ich kann Ihnen nur erklären, warum Amerika diesen Begriff vom gefährlichsten Mann benutzt hat: Es geht um nichts anderes als die politische und psychologische Vorbereitung zur Eroberung Libyens. Amerika will Libyen angreifen und wieder seiner Herrschaft unterwerfen. ... Es gibt verschiedene Methoden, aber alle hätten zum Ziel, Libyen zu unterwerfen und wieder der amerikanischen Einflußsphäre einzuverleiben. Dazu bedarf es nicht einer direkten Besetzung des Landes durch Truppen. Es genügt, das revolutionäre Regime hier zu stürzen und durch ein anderes, proamerikanisches Regime zu ersetzen. Das ist eine Methode des amerikanischen Imperialismus. Das habe ich gemeint, als ich von Eroberungsplänen der Amerikaner sprach. ...

GADDAFI: Die Kampagne gegen mich und gegen meine Politik hat sich dann verstärkt. Hinter jedem terroristischen Akt steckte ich, für jede böse Tat, die in der Welt passierte, war ich verantwortlich." (SPIEGEL 39/1981)[1],[2]

---

[1] http://www.spiegel.de/spiegel/print/d-14346974.html

[2] Ich danke Isabell Schröder für ihre Hilfe beim Recherchieren und Zusammenstellen von Materialien für das vorliegende Kapitel.

Das lesenswerte Spiegel-Interview mit Gaddafi aus dem Jahre 1981 thematisiert einige Punkte, die im vorliegenden Kapitel vertieft werden. Das Bild von Gaddafi im Westen hat bemerkenswerte Veränderungen erfahren: Kurz zusammengefasst vom Feind zum Freund zum Feind. Wir betrachten dies im Folgenden etwas genauer.

Zu Beginn seiner Regierungszeit 1969 verstaatlichte Gaddafi das libysche Erdöl, und die USA mussten ihren Militärstützpunkt schließen. Ein weiterer Affront war die Verleihung des Menschenrechts-Preises *Qaddafi International Prize on Human Rights* in Höhe von 250.000 US-$ an US-amerikanische Indianer (u.a. Mohawks, Dakota Sioux und Choctaws) für ihren „Kampf für Freiheit" (IHT, 12.6.1991).

Gaddafi hatte sich zunächst für die arabische, später für die afrikanische Einheit eingesetzt – beides allerdings wenig erfolgreich. Aber schon dadurch, dass er eine vom Westen weitgehend unabhängige Politik betrieb, wurde er zum Feind. Dies umso mehr, als Libyen unter Gaddafi zum Land mit dem höchsten Lebensstandard in Afrika wurde (s. Becker i.d.B., sowie die Daten zu Beginn), in dem die wirtschaftlichen, sozialen und kulturellen Menschenrechte (u.a. auf Nahrung, Gesundheitsversorgung, Wohnung und Bildung) in einem – nicht nur für afrikanische Verhältnisse – erstaunlichen Ausmaß verwirklicht waren; ebenso war die Gleichstellung der Geschlechter deutlich höher als in anderen arabischen Staaten. Gleichzeitig war Gaddafi ein brutaler Autokrat, der rücksichtslos gegen seine Gegner vorging. Vielleicht erklärt das folgende Resümee des IHT zu Gaddafis *Grünem Buch*, warum westliche Eliten ihn ablehnten: "… eine Mischung aus utopischem Sozialismus, arabischem Nationalismus und revolutionärer Dritte-Welt-Ideologie"[3]. Denn diese Mischung konnte in der Tat als Gefahr für das westlich-demokratisch-kapitalistische System wahrgenommen werden. US-Präsident Reagan nannte Gaddafi dem entsprechend „diesen verrückten Hund des Mittleren Ostens" (zit. n. NYT, 7.9.2008).

---

[3]   But the Green Book does have its own peculiar logic: a mixture of utopian socialism,
       Arab nationalism and the Third World revolutionary ideology that was in vogue at the
       time it was written. International Herald Tribune, 27.5.2011: What Did Qaddafi's Green
       Book Really Say? – Vielleicht waren die genannten Inhalte auch der Grund, warum die
       NATO das *World Center for the Study and Research of the Green Book* in Tripolis – eine
       Denkfabrik mit über 100 Mitarbeitern – Anfang Mai 2011 zerstörte (ident. Quelle)

Es gab verschiedene Versuche, Gaddafi zu ermorden, u.a. 1996 vom englischen Geheimdienst (so der italienische Philosoph Domenico Losurdo in jW, 18.6.2011) oder 1980 beim Flug nach Tripolis – dabei wurde von NATO-Truppen anstelle des Gaddafi-Flugzeuges irrtümlich eine italienische Verkehrsmaschine abgeschossen mit etwa 80 Toten (ausführliche Dokumentation in jW, 4.10.2011)[4].

Nachdem sich Gaddafi ab den 1990er Jahren vom Terrorismus distanzierte und später auch auf die Produktion von Massenvernichtungswaffen verzichtete, war er für den Westen ein gern gesehener Partner. Bundeskanzler Schröder, der französische Präsident Sarkozy, der italienische Präsident Berlusconi, US-Präsident Obama und viele andere verhandelten mit ihm.[5] Und noch kurze Zeit vor dem Libyen-Krieg wurde Gaddafi vom Westen hofiert. Er ließ im „Krieg gegen den Terror" – im Auftrag und stellvertretend für westliche Geheimdienste – Verdächtige foltern, und er war ein wichtiges „Bollwerk" für die Europäische Union gegen afrikanische Flüchtlinge. So wurden 2006 etwa 60.000 illegale Einwanderer in libyschen Lagern festgehalten (jW, 29.8.2011).

Diese Wertschätzung ist bemerkenswert, weil Gaddafi jahrelang zu den – zumindest aus westlicher Perspektive – politisch Geächteten zählte. Zudem hielt die Unterdrückung der eigenen Bevölkerung an. So schrieb amnesty international (2004) – trotz beobachtbarer Fortschritte – über „große Besorgnis" bezüglich der Menschenrechtslage, und dass gravierende Menschenrechtsverletzungen weiterhin fort bestehen.[6] Die Veränderungen des Gaddafi-Bildes im Westen hingen also kaum mit seiner veränderten Haltung zu den Menschenrechten zusammen. Dem entsprechend bezeichnete es die NYT (30.4.2011) zu Beginn des Krieges als „zynische Entscheidung" der USA und der EU, bei der Politik mit arabischen Staaten „Terrorismusbekämpfung und Sicherheit an die höchste Stelle zu setzen

---

4   s.a. http://www.focus.de/panorama/welt/tid-11334/der-fall-ustica-westliches-attentat-auf-gaddafi_aid_321764.html

5   Eine Zusammenstellung der markantesten Bilder findet sich z.B. unter http://www.tagesspiegel.de/mediacenter/fotostrecken/politik/bildergalerie-im-zelt-mit-gaddafi-von-schroeder-bis-berlusconi/3874992.html#image

6   http://www.amnesty.org/en/library/info/MDE19/002/2004/en

und Menschenrechte – in diesem Falle arabische Rechte – ans Ende. Es
ging um Big-Oil-Interessen". Diese wahren Kriegsgründe wurden nochmals in einer Karikatur des IHT (2.9.2011) verdeutlicht: Die Ölmultis TO-
TAL, EXXON MOBILE, EMI, GAZ PROM, SHELL und BP sitzen um
den „Ölkuchen Libyen". Wie gering die Bedeutung von Menschenrechten
im Vergleich zu Rüstungsgeschäften ist, zeigt u.a. der Umgang mit Saudi-
Arabien (siehe auch Wulf i.d.B.): „Für Berlin ist die Diktatur in Riad ein
‚wichtiger Partner' im Nahen Osten" (FR, 7.7.2011); „Ruchloses Geschäft"
(FR, 5.7.2011); sowie „Deutsche Waffen morden mit" als Überschrift zu
einem Bericht von amnesty international, nach dem auch deutsche Waffen
bei den arabischen Aufständen eingesetzt wurden, „um Demonstrationen
niederzuschlagen" (FR, 20.10.2011). „Man muss davon ausgehen, dass der
skrupellose Umgang der Europäer mit dem launischen Libyer angehalten
hätte, wäre nicht im Dezember (2010) in Tunesien (die) Revolte (ausgebrochen)." (FR, 17.10.2011)

Insgesamt war Gaddafi für den Westen – anders als z.B. der Ägypter Mubarak – ein „unsicherer Kantonist" (Wagner i.d.B.). Nach seinem Militärputsch 1969 verstaatlichte er das libysche Öl. Er war Verbündeter von
afrikanischen Bewegungen und Ländern, die die westliche Vorherrschaft
bekämpften. Der Westen nahm ihm also „seine antiimperialistische Vergangenheit und seine scheinbar unberechenbaren politischen Schwenks"
übel (Bedszent in Edlinger, 2011; jW, 29.8.2011), für den Westen war er
ein „Störenfried der Weltpolitik" (Ruf i.d.B.). Es ging also beim Libyen-
krieg offensichtlich nicht primär um Menschenrechte, sondern um Öl und
um das Ausschalten einer unbequemen Regierung.

Gaddafi ist „irr" und „wirr" (SPIEGEL, FOCUS, BILD)

Im Westen wurde Gaddafi – insbesondere nach Beginn des Aufstandes –
häufig als „irr", „wirr" oder ähnlich bezeichnet. Dazu mag seine exaltierte
Kleidung beigetragen haben, vielleicht aber auch, dass er sich so „anders"
verhält. Wir geben einige Beispiele.

„Der Irre von Tripolis" (FOCUS-Titel, 28.2.2011). Und falls das Verrückt-
Sein nicht ausreicht, ist ein Bezug zu Hitler immer hilfreich: „…verschanzt
sich Gaddafi vergangene Woche in der Bab-al-Azizia-Militärbasis in Tripolis wie einst Adolf Hitler in seinem Führerbunker in Berlin". Mit die-

ser Kennzeichnung befand sich FOCUS in bester Gesellschaft: BILD hat wiederholt Gaddafi als „irr" oder ähnlich bezeichnet (u.a. 17.11.2009), häufig war der Titel „Wüsten-Diktator" (z.b. 23.2. sowie 16.4.2011), auch die beeindruckende Kombination „irrer Wüsten-Diktator" findet sich (z.b. 31.8.2010) und Gaddafi ist ein „völlig durchgeknallter Diktator" (23.2.2011). Zudem gab es ein „irres Protz-Treffen in Rom" (29.8.2010) und BILD dokumentiert „Die irrsten Auftritte des Wüsten-Diktators" (23.2.2011). Für den SPIEGEL war Gaddafi „Der Wüsten-Neurotiker" und „Hundert Prozent krank im Kopf" (22.2.2011) und auf seinem Flug nach New York zur UNO war er „voll kindlicher Vorfreude. ‚Wie viel von New York werde ich wohl zu sehen bekommen?'" (3.12.2010). Es liegt auf der Hand – und das soll wohl suggeriert werden -, dass mit einem solchen Menschen keine Verhandlungen möglich sind.

Mit diesen Darstellungen als *irr, wirr, neurotisch* etc. kontrastieren jedoch die Eindrücke, die Gaddafi in Interviews machte[7]. Wir geben zwei Beispiele (vgl. auch das Eingangs-Zitat dieses Kapitels), zunächst aus einem Interview mit dem SPIEGEL (3.1.2010):

„SPIEGEL: In den letzten Jahren sind Tausende Menschen ertrunken, als sie von Afrika übers Mittelmeer nach Europa zu fliehen versuchten. Was können Sie dazu beitragen, um diese Tragödie zu beenden?

Gaddafi: Die Europäische Union sollte Libyen über einen Sonderfonds jährlich fünf Milliarden Euro zahlen, um die illegale Immigration zu bekämpfen. Wir haben einen genau durchdachten Plan, um dieses Problem zu lösen.

SPIEGEL: Was ist das für ein Plan?

Gaddafi: Wir werden Siedlungs- und Beschäftigungsprojekte in den afrikanischen Herkunftsländern der Flüchtlinge organisieren, damit sie dort bleiben. Das Gleiche werden wir für jene tun, die bereits in Libyen sind, um sie hier unterzubringen und ihnen Arbeit zu verschaffen. Au-

---

[7] Ähnlich mag es Unvoreingenommenen ergehen, wenn sie das ZDF-Interview mit dem iranischen Präsidenten Ahmadinedschad vom 19.3.2012 betrachten: http://www.zdf.de/ZDFmediathek/hauptnavigation/nachrichten#/beitrag/video/1598064/Ahmadinedschad:-Atomwaffen-unmoralisch;http://frankinformiert.wordpress.com/2012/03/23/zdf-interview-claus-kleber-mit-m-ahmadinedschad-komplett-im-wortlaut/; http://www.arbeiterfotografie.com/iran/index-iran-0058.html

ßerdem verstärken wir unsere Grenzsicherung zu Lande und zu Wasser mit modernen Radargeräten und Fahrzeugen."

Dies erscheint als durchaus rationaler Plan, zumal im Sinne der EU-Flüchtlingsabwehr.

Der Bericht von einem Auftritt Gaddafis in New York hörte sich auch alles andere als „irre" an: Zu einem Gespräch beim Council on Foreign Relations (CFR)[8] schrieb die NYT (25.9.2009) u.a. „Eine Stunde lang gab Gaddafi freundliche Antworten auf freundliche Fragen von New Yorker Finanzmanagern, Akademikern und einigen Journalisten, bei denen es von den Wurzeln des islamischen Terrorismus bis zu Libyens Wunsch nach besseren Beziehungen zum Westen ging. Der Präsident des CFR fasste zusammen: ‚Man mag mit ihm nicht übereinstimmen, aber zweifellos war es eine seriöse Debatte'... Selbst beim Thema Israel hörte sich Gaddafi eher wie ein Gastdozent als wie ein glühender Ideologe an. ... ‚er war beeindruckend vernünftig (reasonable)' sagte ein bekannter Finanzier, der nicht genannt werden wollte." – Der letzte Aspekt ist bemerkenswert: Auch wenn die Debatte in eine Zeit fiel, in der Gaddafi und der Westen sich angenähert hatten, erschien es für einen Prominenten besser, anonym zu bleiben, wenn er etwas Nicht-Negatives über Gaddafi sagte.

Gaddafi wurde also in den Medien – insbesondere nach Beginn der Unruhen – üblicherweise mit verschiedenen negativen Attributen versehen. Dass es auch anders geht, demonstrieren die NYT und entsprechend der IHT: Beide schrieben durchgehend von *Oberst (Colonel) Gaddafi.*

Es ging uns in diesem Abschnitt nicht darum, Gaddafi als demokratisches Vorbild oder Ähnliches darzustellen – dazu besteht wahrlich kein Grund. Mit Bezug auf die Friedenswissenschaften ist es aber wichtig, bedeutende Akteure eines Konfliktes – soweit möglich – als verantwortlich Handelnde wahrzunehmen und bei deren bisherigen Handlungen positive und negative Aspekte sowie die Bedeutung der Perspektive bzw. des Perspektivenwechsels hervor zu heben. Da in westlichen Medien ein negatives Gaddafi-Bild dominierte, fielen unsere obigen Ausführungen entsprechend ausgewogener aus.

---

[8]   CFR ist das Zentrum für außenpolitische Themen der USA, einem entscheidenden Bindeglied zwischen Wirtschaft und Politik mit Sitz in New York, das auch die bedeutende Zeitschrift *Foreign Affairs* herausgibt

Lockerbie & La Belle

Gaddafis Regime wird die Verwicklung in einer Reihe von Terroranschlägen nachgesagt. Insbesondere bei den Anschlägen auf ein Pan-Am-Verkehrsflugzeug bei Lockerbie (1988) und auf die – auch von US-Soldaten aufgesuchte – Berliner Diskothek La Belle gibt es aber Zweifel bezüglich einer libyschen Beteiligung, es fehlen eindeutige Beweismittel (z.b. von Bülow, 2000). Während im öffentlichen Bewusstsein und bei politischen Debatten die Verantwortung Libyens für diese Verbrechen meist unhinterfragt ist und auch die Medien meist selbstverständlich von einer Verantwortung des Gaddafi-Regimes ausgehen, drückten sich manche Medien bisweilen sehr viel vorsichtiger aus. So schrieben die NYT bzw. die IHT (Hervorhebungen G.S.):

„(Oberst Gaddafi) war – *westlichen Geheimdiensten zufolge* – für viele der tödlichsten Terrorakte in den 1980er Jahren verantwortlich, eingeschlossen das Bombenattentat auf den PanAm Flug 103 über Lockerbie, Schottland, bei dem 270 Menschen starben" (IHT, 25.10.2011 „Muammar el-Qaddafi (1941-2011). Oder: „... die *Reagan-Regierung beschuldigte* Libyen, das Attentat auf eine deutsche Diskothek befohlen zu haben..." (NYT, 5.9.2008). Selbst zu der einzigen Person, die wegen des Attentats verurteilt wurde, al-Megrahi – der bislang immer seine Unschuld beteuerte – schrieb die NYT (25.9.2009): „... der ganze Fall (Megrahi) scheint längst nicht so klar zu sein wie viele es wahrnehmen". Auch Hans Michael Ehl, ARD Hörfunkstudie Kairo, schrieb in seinem Porträt zu Gaddafi nach dessen Tod: „Zahlreiche terroristische Anschläge *soll* er in Auftrag gegeben haben" (Hervorhebung G.S.), u.a. auf die Berliner Diskothek und das PanAm-Flugzeug über Lockerbie.[9]

Zudem könnte das Lockerbie-Attentat, das üblicherweise als singuläres Verbrechen rezipiert wird, auch eine Vergeltung für den Abschuss einer iranischen Verkehrsmaschine durch ein US-Kriegsschiff (1988) gewesen sein mit etwa 290 Toten[10]. Dadurch würde das Verbrechen zwar nicht geringer, aber das übliche Aufschaukeln von Gewalt und Gegengewalt in Konflikten würde deutlich. Zudem zeigt es einmal mehr das Phänomen,

---

[9] http://www.tagesschau.de/ausland/gaddafi398.html

[10] zum Lockerbie-Anschlag vgl. jW, 31.3.2012 sowie http://de.wikipedia.org/wiki/Lockerbie-Anschlag

wie Feindbilder durch selektive Informationsvermittlung und –aufnahme intensiviert werden können: Das Ausmaß „unserer Desinformation lässt sich daran messen, wie wenig die 290 abgeschossenen Iraner im allgemeinen Bewusstsein sind, nämlich in aller Regel gar nicht, und wie stark dagegen die 270 Lockerbie-Opfer" (Dahn, 2011, S. 39).

Wenige Tage nach dem Anschlag auf die Berliner Diskothek La Belle, bei dem auch zwei US-Soldaten getötet wurden, bombardierte die US-Luftwaffe Tripolis und Bengasi – dabei kamen etwa 60 Menschen ums Leben. Dieses Vorgehen der USA sowie die Opfer wurden im Westen kaum problematisiert[11]. Theobald (1987) wählte als Replik daher den provokanten Titel „Gaddafi bombardiert Washington", um auf diese Tat aufmerksam zu machen.[12] In den Friedenswissenschaften ist es eine sehr wirksame Strategie, einen Perspektiven-Wechsel vorzunehmen – dadurch werden Verhaltensweisen und Einstellungen problematisiert, die ansonsten als selbstverständlich rezipiert werden.

Bürgerkrieg, UNO-Sicherheitsrat und Krieg

Anders als in Tunesien und Ägypten begann in Libyen bald nach Beginn der Unruhen ein bewaffneter Aufstand, die Rebellen überfielen Polizeiwachen und Kasernen und töteten Schwarzafrikaner, die sie als Söldner bezichtigten (vgl. Ruf sowie Wagner i.d.B.; Guilliard, Kein ,arabischer Frühling', jW, 27.7.2011).

Verhandlungsbemühungen

Der Bürgerkrieg hätte möglicherweise verhindert werden können. Es gab mehrere Vermittlungsangebote, insbesondere von der Afrikanischen Union, der Arabischen Liga sowie den Regierungen der Türkei und Venezuelas. Diese Angebote wurden umgehend von den Rebellen und der NATO abgelehnt.

---

[11]   Zudem wird kaum daran erinnert, dass es sich dabei um eine Vergeltung gehandelt haben könnte für die kurz vorher erfolgte Versenkung von zwei libyschen Kriegsschiffen durch die US-Armee (Dahn, 2011)

[12]   http://www.wissenschaft-und-frieden.de/seite.php?artikelID=0661

Afrikanische Union

Da insbesondere von westlicher Seite die Notwendigkeit einer militärischen Intervention zum Schutz der Zivilbevölkerung betont wurde, lohnt sich ein Blick auf die Bemühungen der seit 2002 bestehenden Afrikanischen Union. Schon bald nach Beginn der Unruhen hatte die AU einen Friedensplan vorgelegt. Wir zitieren aus ZEIT-Online (Gadhafi geht auf Friedensplan ein, 11.4.2011)[13].

„In die sowohl militärisch als auch politisch festgefahrene Lage in Libyen könnte endlich Bewegung kommen: Nach Angaben des südafrikanischen Präsidenten Jacob Zuma hat die Regierung in Tripolis einem Plan der Afrikanischen Union (AU) zur friedlichen Beilegung des Konflikts zugestimmt. Die Delegation hätte Staatschef Muammar al-Gadhafi davon in mehrstündigen Gesprächen in dessen Residenz in der Hauptstadt Tripolis überzeugt.

Der Friedensplan sieht unter anderem einen sofortigen Waffenstillstand, einen Dialog zwischen Regierung und Aufständischen sowie die Erleichterung der humanitären Hilfe vor. Darunter fällt auch besserer Schutz von Ausländern, einschließlich afrikanischer Arbeiter in Libyen. Angestrebt sind auch politische Reformen. Dabei sollen die „berechtigten Bestrebungen des libyschen Volks nach Demokratie, Gerechtigkeit, Frieden und Sicherheit sowie nach wirtschaftlicher und sozialer Entwicklung" berücksichtigt werden. ...

Die Aufständischen lehnten den Friedensplan ab. Ihre Kernforderung, der Rückzug von Machthaber Muammar Gaddafi und seinen Söhnen, werde nicht berücksichtigt, begründeten die Rebellen."

Dieser Friedensplan erscheint konflikttheoretisch, aber auch politisch einleuchtend: Sofortiger Waffenstillstand, humanitäre Hilfen, dann Verhandlungen zwischen den Konfliktparteien mit dem Ziel politischer Reformen. Es wäre wünschenswert gewesen, wenn relevante auswärtige Kräfte Druck auf die Konfliktparteien ausgeübt hätten, um diesen Plan umzusetzen. Dadurch wäre Libyen möglicherweise viel Leid erspart geblieben. Es geschah bekanntlich aber etwas Anderes: Ohne dem AU-Friedensplan und den übrigen Vermittlungs-Angeboten auch nur die Chance eines Erfolges zu ge-

---

[13] http://www.zeit.de/politik/ausland/2011-04/libyen-gadhafi-waffenstillstand-vermittler

ben, wurden sie umgehend von den Rebellen und der NATO abgelehnt
(z.b. IHT, 27.5.2011). Zudem forderten die Rebellen als Voraussetzung für
Verhandlungen die Abdankung Gaddafis und machten dadurch jeglichen
friedlichen Lösungsversuch unmöglich. Die Ablehnung der Vermittlungsangebote durch die Rebellen konnte nur erfolgen, weil sie sich der Unterstützung durch Frankreich und England sowie später der NATO sicher
sein konnten.

Zudem ist dies eine beliebte Methode, Verhandlungen ganz zu verhindern
oder sie scheitern zu lassen: Eine Seite stellt der anderen so hohe Forderungen, dass diese ohne Gesichtsverlust oder ohne Aufgabe wesentlicher
eigener Interessen gar nicht akzeptieren kann.

Etwa sechs Wochen später – während die NATO Tripolis bombardierte
– arbeitete die AU weiter an einer Beendigung des Bürgerkrieges[14]. Wir
zitieren wieder ZEIT-Online (Afrikanische Union scheitert an Gadhafis
Bedingungen, 31.5.2011)[15]

„… Laut Al Jazeera teilte (der südafrikanische Präsident) Zuma zwar
vor seinem Abflug aus Tripolis mit, Gadhafi habe einen sofortigen Waffenstillstand angeboten. Einen Rücktritt, wie von den libyschen Aufständischen und vielen westlichen Staaten sowie Russland gefordert,
schließe Gadhafi aber weiterhin aus. …

An die von der AU vorgeschlagene Waffenruhe müssten sich bei In-
krafttreten alle Parteien halten, sagte Zuma dem libyschen und südafrikanischen Fernsehen. Diese sehe jedoch auch ein Ende der NATO-Bom-
bardierungen vor. Vor seinem Treffen hatte Zuma die NATO-Angriffe
in Libyen scharf kritisiert. Sie behinderten die Bemühungen der AU um
einen Frieden in dem nordafrikanischen Land, sagte er dem südafrikanischen Fernsehen. Auch Gadhafi habe beim Treffen deutlich gemacht,
dass eine Feuerpause für alle Beteiligten gelten müsse.

Laut Zuma forderte Gadhafi zudem, „dem libyschen Volk die Möglichkeit einzuräumen, seine Probleme selbst zu lösen". Die libyschen Rebel-

---

[14] Auch Russland unterstützte die Vorschläge der AU und schickte – ohne Erfolg – einen
      Vermittler nach L:ibyen; jW, 10.6.2011
[15] http://www.zeit.de/politik/ausland/2011-05/Gadhafi-Zuma-Friedensfahrplan

len lehnen jedoch jede Friedensinitiative ab, die Gadhafi an der Macht belässt."

Die AU berichtet also von einem Waffenstillstandsangebot Gaddafis, sie fordert weiterhin einen allgemeinen Waffenstillstand und sie kritisiert „scharf" die NATO-Angriffe. Zudem fordert Gaddafi eigentlich eine Selbstverständlichkeit (vgl. UNO-Charta, sowie Art. 1 der beiden Menschenrechtspakte von 1966), nämlich dass Libyen seine Probleme selbst lösen soll. Entscheidendes Hindernis für Verhandlungen waren also die Forderungen der Rebellen nach Gaddafis Machtverzicht und dessen Weigerung, dem nachzukommen.

Anfang Juli 2011 forderte die AU die Konfliktparteien nochmals auf, die Anstrengungen des AU-Vermittlerkomitees zu unterstützen, das aus den Präsidenten von Südafrika, Mauretanien, Uganda, Mali und der Republik Kongo bestand (jW, 2.7.2011). Sie warnte zudem vor einer Ausweitung des Bürgerkrieges und einer Spaltung des Landes.

Der frühere südafrikanische Präsident (1999-2008) Mbeki zog ein negatives Resümee aus dem Verlauf des Libyen-Konflikts insbesondere für Afrika (Arabische Unruhen – Die Kolonialisten kehren zurück, ZEIT-Online 13.6.2001[16])

„Der Volksaufstand in Nordafrika kam für den gesamten Kontinent überraschend. … Die schwierige Entscheidung war: Sollen wir die Demonstranten unterstützen oder die Regierungen, deren Rücktritt sie forderten?

Diese Entscheidung wurde nicht einfacher durch die politischen Interventionen mehrerer westlicher Staaten, die unverlangt Einschätzungen lieferten und durch ihre einseitige Einmischung den Ausgang der Aufstände beeinflussten. … Wir fragten uns …, ob es dem Westen je ein wirkliches Anliegen war, jenseits des Eigennutzes eine echte demokratische Entwicklung in Afrika voranzubringen. …

Was aber in Libyen geschah und noch geschieht, zeigt all die Verwerfungen in dem Bemühen Afrikas, sein Schicksal selbst zu bestimmen. Dort nahm der Volksaufstand im Gegensatz zu Tunesien und Ägypten von Anfang an die Form einer bewaffneten Erhebung an, und Gadhafis

---

[16] http://www.zeit.de/2011/24/P-oped-Afrika

Regime gebrauchte unter dem Vorwand, sie sei von al-Qaida ausgelöst und angeführt worden, rohe Gewalt. ...

Am 10. März beschloss der AU-Sicherheitsrat, ein Ad-hoc-Komitee von fünf afrikanischen Staatschefs nach Libyen zu entsenden. Ihr Auftrag war, einen Dialog zwischen allen Konfliktparteien herbeizuführen, um zu einer friedlichen Einigung zu kommen. Zugleich verwarf der AU-Sicherheitsrat »ausländische Militärinterventionen in jeglicher Form«. Doch eine Woche später ermöglichte die Resolution 1973 des Sicherheitsrates der Vereinten Nationen genau jenes militärische Eingreifen, das die Afrikaner abgelehnt hatten. Dieser Schritt machte endgültig deutlich, dass ihre Vorschläge zu Lösung der Krise in einem Mitgliedsstaat der Afrikanischen Union ignoriert werden. ...

Durch die Marginalisierung Afrikas wurde vollkommen außer Acht gelassen, dass das Scheitern der Vermittlungsbemühungen in Libyen langfristige Auswirkungen auf den Kontinent hat, insbesondere auf die Länder Nordafrikas und der Sahelzone wie Sudan, Tschad, Niger und Mali."

Mbeki kritisierte hier erneut die einseitige Einmischung des Westens und die „Marginalisierung Afrikas" in diesem afrikanischen Konflikt. Soweit die subjektive Sicht eines afrikanischen Ex-Präsidenten. Entsprechend äußerten sich 200 prominente afrikanische Politiker, Wissenschaftler und Künstler in einer Resolution[17]: Die NATO habe internationales Recht gebrochen und der Krieg sei Teil eines Plans zur „Rekolonialisierung" Afrikas. Südafrikas Präsident Zuma ergänzte in Hinblick auf den AU-Friedensplan: „Wir hätten den Verlust vieler Menschenleben verhindern können" (NZZ, 24.8.2011).

Diese Stellungnahmen erscheinen uns als Ergänzung zur üblichen westlichen Betrachtung lehrreich. Sie verdeutlichen u.a., dass die viel beschworene „Völkergemeinschaft" durchaus nicht so konform urteilte wie dies von westlichen Meinungsführern dargestellt wurde. Bezüglich der deutschen Medien ist zweierlei relevant: Zum einen wurden die afrikanischen Stellungnahmen so gut wie nicht diskutiert; zum anderen sind in den Online-Meldungen bisweilen relevante Hintergrundinformationen zu finden –

---

[17]   http://www.businessday.co.za/articles/Content.aspx?id=151539;   http://www.concernedafricans.co.za/

die Frage ist allerdings, ob diese sich gegenüber der dominanten täglichen Informationsflut behaupten können.

Es ist bemerkenswert, wie die Rolle der AU von der liberalen FR zusammen gefasst wurde – und dies dürfte typisch für die westliche Rezeption sein (Im Abseits, Johannes Dieterich; FR, 30.8.2011). Es wurde betont, dass die AU sich „wieder tief ins politische Abseits manövriert", und zwar, weil sie den Nationalen Übergangsrat nicht anerkenne. Zwar wurden in dem Artikel Positionen der AU dargestellt, insbesondere Kritik an der NATO und am Nichtberücksichtigen der AU-Vermittlungsversuche. Dies geschah aber ironisierend (z.B. wird dem „neuen Libyen" das „ziemlich alt wirkende Südafrika" gegenüber gestellt) und NATO-Krieg sowie westliche Politik wurden nicht weiter diskutiert oder problematisiert.

Lüge zu Kriegsbeginn

Ein wichtiger Schritt zur UN-Resolution 1973 und zum Krieg war die Suspendierung der Mitgliedschaft Libyens im UN-Menschenrechtsrat am 1.3.2011. Entscheidend dafür waren die Aussagen des Generalsekretärs der *Libyschen Liga für Menschenrechte* in Genf, Sliman Bouchuiguir. Er behauptete, Regierungstruppen hätten auf friedliche Demonstranten geschossen und bereits 6.000 Zivilisten getötet. Bei einem Interview mit dem französischen Journalisten Julien Teil[18] im Juli 2011 konnte er die Zahlen nicht belegen („there is no evidence") und erklärte schließlich, „die Zahlen hätte er von ‚Mahmoud' bekommen – gemeint ist Mahmoud Dschibril, der Chef des Übergangsrats. Weder die Menschenrechtsorganisationen noch irgendein Gremium der UNO haben je die Behauptung, mit denen die Ermächtigung zum Krieg durchgesetzt wurde, überprüft." (jW, 18.2.2012; Hintergrund: Wie eine humanitäre Intervention vorbereitet wird). Der päpstliche Nuntius in Libyen, Giovanni Innocenzo Martinelli, sagte, zwar habe es „einige Konflikte" gegeben, „aber Massaker an Zivilisten sind nicht begangen worden" (jW, 12.7.2011); er forderte – wie auch Papst Benedikt -, wiederholt die NATO auf, ihre Bombenangriffe einzustellen. Entsprechend fasste Friedensforscher Reinhard Mutz zusammen (2011, S. 53): „Was daran stimmt (Luftangriffe auf friedliche Demonstranten), ist bis heute unklar. Das UNO-Generalsekretariat in New York, das Pentagon in Washington,

---

18 http://globalresearch.ca/index.php?context=va&aid=27101 oder: bit.ly/Humanitarian War

sogar die westlichen Botschaften vor Ort in Tripolis sahen sich außerstande, die Schreckensmeldungen zu bestätigen." Auch für diesen Krieg gilt also: „Es begann mit einer Lüge" (Guilliard, jW, 27.7.2011)[19].

Die am 29.3.2011 gegründete „Libyen-Kontaktgruppe" schürte mit ihrer Anerkennung des „Übergangsrates" als „legitime Vertretung Libyens" (am 15.7.2011) den bewaffneten Konflikt. Der freundlich erscheinende Begriff *Libyen-Kontaktgruppe* ist psychologisch geschickt gewählt: Faktisch handelte es sich um die Länder, die den Krieg gegen Libyen unterstützten. Eine wesentliche Rolle beim Entstehen der Unruhen spielte wohl die Nationale Front zur Rettung Libyens (NFSL; 1982 gegründet) und die dazu gehörige Libysche Nationalarmee (LNA; 1988 gegründet; beide u.a. mit US-Unterstützung; Guilliard, jW, 27.7.2011).

Offiziell begann der Libyen-Krieg zwei Tage nach der UNO-Resolution 1973 (17.3.2011). Die direkten Vorbereitungen für diesen Krieg begannen aber anscheinend früher. Der britische Sunday Mirror berichtete am 20.3.2011, dass schon „seit drei Wochen Hunderte von britischen SAS Soldaten innerhalb Libyens gemeinsam mit Rebellen-Gruppen" tätig seien[20]. Zudem seien „kleine Gruppen der CIA" aktiv, die von der US-Regierung schon „vor dem Ausbruch der Feindseligkeiten am 19. März" den Auftrag erhielten, „die Rebellen auszurüsten und das Heer Ghaddafis auszubluten" (der italienische Philosoph Domenico Losurdo in jW, 18.6.2011). Die NATO unterstützte die Rebellen also offensichtlich mit Geheimagenten, Spezialeinheiten, Militärberatern sowie Waffenlieferungen (vgl. Ruf sowie Wagner, i.d.B.), und das schon *vor* Verabschiedung der UN-Resolution 1973. Der außenpolitische Kommentator des britischen Guardian berichtet u.a., dass „westliche Geheimdienste und Spezialkräfte seit Monaten" in Libyen waren, und dort „… – unter Verhöhnung der Vereinten Nationen und ihrer Resolution 1973 – die Aufständischen ausbildeten sowie ihre Operationen koordinierten" (FREITAG, 1.11.2011). Zudem verfügten einige Angehörige des Nationalen Übergangsrates „über langjährige Kontakte zur CIA und zum britischen Geheimdienst MI6". Es deutet also viel drauf hin, dass der „spontane" Aufstand in Libyen von langer Hand vorbereitet

---

[19]   vgl. z.B. die Brutkasten-Lüge, mit der der zweite Golfkrieg begann (z.B. Monitor, 8.11.2001). Ein Überblick über Lügen zur Begründung von US-Kriegen: http://www. corbettreport.com/faking-it-how-the-media-manipulates-the-world-into-war/

[20]   http://www.mirror.co.uk/news/uk-news/crack-sas-troops-hunt-gaddafi-117405

war und dass dabei auswärtige Kräfte eine bedeutsame Rolle spielten (vgl. Ruf sowie Wagner, i.d.B.).

„Humanitäre Katastrophe"? Die Rolle der Medien

Wenn Rebellen die militärische Unterstützung einer auswärtigen Macht erbitten (z.b. in Libyen oder in Syrien), dann müssen sie ein Interesse daran haben, die Situation im eigenen Land möglichst dramatisch und katastrophal darzustellen. Das kann z.b. dadurch geschehen, dass Ereignisse übertrieben dargestellt oder gar erfunden werden. Eine weitere Möglichkeit besteht darin, selbst Gewalt auszuüben und diese der Regierungsseite zuzuschreiben. Für beide Strategien gibt es Hinweise.

In Libyen musste eine *humanitäre Katastrophe* herbei geschrieben werden (u.a. IHT, 23.3.2011), um den Krieg für die Krieg führenden Länder zu begründen und die in Kauf genommenen Opfer zu rechtfertigen. Es folgen einige Beispiele. Gaddafi führt „Krieg … gegen das eigene Volk" (SPIEGEL, 28.2.2011), er „läßt auf brutale Weise das libysche Volk zusammenschießen" (SPIEGEL, 4.5.2011). „Gestern erklärte er seinem eigenen Volk den Krieg!" (BILD, 23.2.2011). „…Gaddafi schien entschlossen, die Proteste mit aller Gewalt nieder zu schlagen. Dieses Massaker hat die NATO verhindert." (FR, 22.8.2011)[21]. ARD-Tagesschau (20 Uhr; 26.8.11)

---

21   Das Versagen von Medien und „internationaler Gemeinschaft" wird erneut paradigmatisch am Beispiel des Syrien-Konfliktes deutlich: Überschrift in der FR (24.2.2012) „Friedenskonferenz mit allen Beteiligten", darunter die Schlagzeile „UN-Experten warnen vor Bürgerkrieg in Syrien und empfehlen Gespräche zwischen Regierung und Opposition". An der Konferenz in Tunis sollen zwar viele Länder, vor allem aber die syrische Opposition, teilnehmen, nicht aber Vertreter der syrischen Regierung als Hauptbeteiligte, und auch nicht China und Russland. Ob es sich um eine „Friedens"-Konferenz handelt, kann somit bestritten werden; vermutlich geht es mehr um eine Eskalations-Konferenz. Die Monate anhaltenden Kämpfe zwischen Regierung und Opposition können durchaus schon als „Bürgerkrieg" bezeichnet werden – aber erst jetzt empfiehlt die „internationale Gemeinschaft" Gespräche zwischen Regierung und Opposition, nachdem sie bislang einseitig die Opposition unterstützt hat – konflikttheoretisch ein desaströses Verhalten, *sofern* Interesse an einer politischen Lösung besteht. Dass auch – wie im Artikel erwähnt – die Terrororganisation Al Kaida die Opposition unterstützt, wird nicht problematisiert. All diese Informationen reichen aus, um ein solches Vorgehen – in jedem friedenswissenschaftlichen Proseminar – als völlig untauglich zu bewerten, *wenn* eine möglichst gewaltfreie Beilegung des Konfliktes und eine nachhaltige Lösung angestrebt werden soll.

„Es gibt Hinweise auf Gräueltaten, aber auf beiden Seiten." Anschließend
Jörg Armbruster live aus Tripolis: „Den Rebellen werden Menschenrechtsverletzungen vorgeworfen wie auch den Gaddafi-Soldaten. Die Rebellen
selber streiten dies allerdings ab."

Diese Art der Berichterstattung ließe sich bezüglich westlicher Medien in
nahezu beliebigem Ausmaß belegen: Gaddafi ist der einzige, zudem äußerst brutale Übeltäter; er lässt das „Volk" zusammenschießen; zwar sollen
auch die Rebellen Unrecht begehen, aber die bestreiten dies zumindest;
aus Möglichkeiten (Gaddafi *schien* entschlossen) werden Tatsachen (die
NATO *hat* verhindert). Es wird wenig diskutiert, dass die Rebellen einen
bewaffneten Aufstand führten und dass Regierungen in einem solchen Fall
üblicherweise dagegen – auch mit Gewalt – vorgehen. Man erinnere sich
nur an den Ausnahmezustand, der in der Bundesrepublik herrschte, als einige wenige RAF-Mitglieder hier bewaffnete Gewalt ausübten.

Wir diskutieren die Problematik der Berichterstattung an einem weiteren
Beispiel, Massenvergewaltigungen. Laut FAZ, WELT, STERN und anderen Medien warf die US-Botschafterin bei den Vereinten Nationen, Susan
Rice, im April 2011 Gaddafi vor, er habe an seine Soldaten Potenzmittel
verteilen lassen und sie zu Massenvergewaltigungen angestiftet. Was zunächst ein Vorwurf der USA war, wurde bald zur Realität: „Es ist eine neue
Taktik von ihm" sagt IStGerH-Chefankläger Moreno-Oscampo (WELT-
Online, 10.6.2011), dazu verfüge er auch über Beweise (FR, 29.6.2011)
und „Wir wissen, dass es seine Strategie ist" (BILD.de); dem entsprechend
lautet der Aufmacher: „Massenvergewaltigungen! Gaddafi putschte seine
Schergen mit Viagra auf". Bilder von anscheinend vergewaltigten Opfern
– zwei Kinder und eine Frau – sind beigefügt[22]. Es ist immer wieder erstaunlich, wie leichtfertig einzelne Vorwürfe von Medien aufgenommen
und verbreitet werden. Die nur wenige Jahre zurück liegenden Lügen der
US-Regierung zur Begründung des Irakkrieges 2003 scheinen schon wieder vergessen.[23]

---

[22] http://www.bild.de/politik/ausland/muammar-gaddafi/gaddafi-hat-massen-
      vergewaltigungen-befohlen-putschte-schergen-mit-viagra-auf-18297458.bild.html
[23] Zu Lügen zur Begründung von US-Kriegen siehe die Dokumentation http://www.
      youtube.com/watch?v=6x2F9Vzl13Y&feature=related

Zur gleichen Zeit wurde der Vorwurf bei SPIEGEL-Online (9.6.2011, UNO-Ermittler zweifelt an Massenvergewaltigungen)[24] erheblich anders dargestellt. Der UNO-Ermittler für Libyen, Scherif Bassiuni, halte die Massenvergewaltigungen durch Gaddafi-Soldaten für unglaubhaft und begründe dies mit der Informationsquelle: Eine Frau behauptete 259 Fälle sexuellen Missbrauchs, die sie mit einer Fragebogenaktion ermittelt habe; sie habe 70.000 Fragebögen verschickt und unter den 60.000 Rücksendungen sollen diese 259 Fälle dokumentiert gewesen sein. Seinen Ermittlern sei das Material aber nicht vorgelegt worden. Zudem seien die Fragebögen verschickt worden, als die libysche Post durch die Kämpfe kaum mehr funktioniert habe. Dennoch werde sein Team den Vorwürfen nachgehen. Aus sozialwissenschaftlicher Sicht ergeben sich für den Autor des vorliegenden Beitrags weitere Zweifel: Beim Versenden von 70.000 Fragebögen ist eine Rücklaufquote von 86% (nahezu) ausgeschlossen – zumal in Kriegszeiten und ohne eine zweite Aufforderung zum Ausfüllen. Zudem stellt das Versenden von 70.000 Fragebögen an konkrete Adressaten eine erhebliche logistische und finanzielle Herausforderung dar.

Massenvergewaltigungen sind in etlichen Kriegen ein Teil der brutalen Kriegsstrategie geworden. Sie stellen zweifellos Verbrechen gegen die Menschlichkeit dar. Umso wichtiger ist es, mit entsprechenden Vorwürfen sorgfältig umzugehen.

Der Chefankläger des Internationalen Strafgerichtshof (IStGerH) in Den Haag, Luis Moreno-Ocampo, hat Gaddafi Mitte Mai 2011 angeklagt, Ende Juni wurde dann vom IStGerH Haftbefehl erlassen, u.a. wegen Verbrechen gegen die Menschlichkeit, obwohl die Grundlagen dafür dürftig erscheinen[25]. Auch durch diese Anklage wurde eine Beilegung des Konfliktes erschwert, wenn nicht verhindert. Hier lag ebenfalls eine einseitige Stellungnahme gegen Gaddafi – und das bedeutet: zu Gunsten der Rebellen – vor. Dies ist aber wenig erstaunlich, denn Moreno-Ocampo ist „für seine prowestliche Amtsführung bekannt" (FR, 3.11.2011). Der renommierte Friedensforscher Johan Galtung bemerkte zu diesem Vorgang, dass

---

[24] http://www.spiegel.de/politik/ausland/0,1518,767789,00.html

[25] http://www.liveleak.com/view?i=30a_1318720034. Auf Fragen nach den Vorwürfen und Fakten bleibt Moreno-Ocampo vage; der größte Teil der Anklageschrift ist zudem nicht-öffentlich; die zugrunde liegenden einseitigen Quellen sind – soweit einsehbar – häufig CIA, Fox-News und die Libysche Liga für Menschenrechte.

„Ex-US-Präsident George W. Bush und sein Nachfolger Barack Obama als erste auf der Anklagebank sitzen" müssten, wenn man nämlich deren Kriegsverbrechen beim Irak- und Afghanistan-Krieg in Rechnung stelle (jW, 28.5.2011).

Wir geben ein weiteres Beispiel für problematische Berichterstattung (analysiert von Joachim Guilliard, Streupropaganda, jW, 15.6.2011). Die NYT hatte berichtet, dass libysche Regierungstruppen in Misrata Streubomben eingesetzt hatten. Guilliard analysierte mit unterschiedlichen Belegen, dass dies eher unwahrscheinlich sei. In unserem Zusammenhang aber sind die entsprechenden Schlagzeilen relevant. „Die Überschriften reichen von zurückhaltenden ‚Setzt Ghaddafi Streubomben ein?' (*Hamburger Abendblatt*) und ‚Ghaddafi-Armee soll Streubomben eingesetzt haben' (*Die Welt*) über ‚Ghaddafi wirft Streubomben auf Wohngebiete' (*Frankfurter Rundschau*) zu reißerischem ‚Libyen: Mit Streubomben gegen Zivilisten' (*Kurier*), ‚Streubomben-Angriff gegen libysches Volk: Gaddafi schreckt vor nichts zurück' (*Stern*)." (jW, 15.6.2011).[26]

Bei Berichten dieser Art sind auch die verwendeten Begriffe relevant. Wird von Soldaten und Sicherheitskräften geschrieben oder von Soldateska, Schergen oder Heckenschützen? Am Beispiel des folgenden Artikels aus der FR (21.2.2011) lässt sich die Problematik der Berichterstattung gut illustrieren. Schlagzeile: *Massaker in Libyen;* Unterzeile: *Gaddafi lässt auf Demonstranten schießen* ... Da eine Schlagzeile (zusammen mit der Unterzeile) den Inhalt des Artikels (pointiert) zusammenfasst, war die wesentliche Aussage: Gaddafi richtet unter (friedlichen; unschuldigen ...)

---

[26] http://www.globalresearch.ca/index.php?context=va&aid=28297   Der   Journalist Cunningham kritisiert am Beispiel der NYT die westlichen Medien: "Nevertheless, from the outset of NATO's bombing and during the seven months of aerial attacks, the Western mainstream media served as cheerleaders for the campaign, running stories that delegitimised the Gaddafi government, exaggerated images and claims of popular support for the insurgents, scoffed at official Libyan claims of civilian atrocities committed by NATO, downplayed or did not report incidents of NATO bombing of civilian sites, and gave prominent coverage of NATO denials of civilian deaths and casualties. ..."There are indications that [NATO] took many steps to avoid harming civilians," says the NYT report... "operations were devised and supervised with exceptional care". Repeatedly, the paper refers to "collateral deaths" "fatal mistakes" "mistaken attacks" "errant strikes" "lethal accidents" "unintended victims". Zudem http://www.globalresearch.ca/index.php?context=va&aid=26177

Demonstranten ein Massaker an. Die dann folgenden wichtigen weiteren Informationen erreichen vermutlich nur die genau wahrnehmenden Leser: Informationen aus Libyen seien schwer zu bekommen; Rebellen sollen geplündert und zerstört, Soldaten und Zivilisten als Geiseln genommen und gedroht haben, sie zu erschießen; wie viele Rebellen unter getöteten „Demonstranten" sind und wie viele Demonstranten von Rebellen getötet werden, bleibt unklar. Eine Erkenntnis der Gedächtnispsychologie ist, dass bei einem längeren Text u.a. Anfang und Ende gut behalten werden. Hier schließt sich beim FR-Artikel der Kreis; der letzte Satz lautet: „US-Präsident Barack Obama verurteilt die Gewalt aufs Schärfste, der britische Außenminister William Hague nannte das Vorgehen des libyschen Militärs ‚abscheulich'." Aus einem brutalen Bürgerkrieg und unsicheren Informationen wurde in diesem FR-Beispiel (unbemerkt?) der abscheuliche Hauptverantwortliche Gaddafi.

Die Berichterstattung der öffentlich-rechtlichen Medien war ebenfalls sehr problematisch. Der Deutschlandfunk redete mit seinen Kommentaren und durch die Auswahl seiner Gesprächspartner geradezu einen Krieg herbei. Während des (Bürger-)Krieges zeigte die Tagessschau über Wochen wackelige unscharfe Bilder, die etwas zeigen *sollten*. Beliebt waren auch einzelne Zeugen, die etwas gesehen haben (*wollten*). Diese Problematik wurde zwar meist explizit erwähnt. Unklar blieb aber meist, wer, wann und wo etwas aufgenommen hatte und mit welchen Interessen dies geschah. Und auch wenn die Problematik dieser Berichterstattung erwähnt wurde: Die explizite Kritik betraf überwiegend die libysche Regierung und die libyschen Sicherheitskräfte und irgendetwas an den Meldungen wird schon stimmen und beim Betrachter im Gedächtnis bleiben.[27]

Problematisch erscheint auch die Berichterstattung von Al-Dschasira. Dieser arabische Sender war über Jahre eine wichtige Informationsquelle in den arabischen Ländern, aber auch im Westen (z.B. beim Irak-Krieg seit 2003). Mit Beginn der arabischen Aufstände aber scheint er seine Unabhängigkeit und seine journalistische Sorgfaltspflicht verloren zu haben und

---

[27] Ein Gegenbeispiel mit gleicher „Beweiskraft" findet sich in jW (22.1.2012): „Ein Demonstrant in Bengasi warf am Samstag gegenüber der Nachrichtenagentur AP dem NTC (Nationalen Übergangsrat) vor, »nicht besser als Ghaddafi« zu sein. Auch die neuen Leute verstünden »nur die Sprache der Gewalt«".

sich wesentlich als Sprachrohr des Emir von Katar zu verstehen.[28] Bele-
ge dafür sind u.a.: die einseitige Stellungnahme auch für gewaltförmige
Aufstände in arabischen Ländern; fehlende Kritik an Katar und an der Niederschlagung der Rebellion in Bahrain durch Polizei und saudi-arabisches
Militär[29]. Hinter der veränderten Al-Dschasira-Berichterstattung kann die
pro-sunnitische und anti-schiitische Außenpolitik des Katar vermutet werden (Bahrain z.b. hat ein sunnitisches Königshaus und eine schiitische Bevölkerungsmehrheit) sowie die Abhängigkeit des Senders vom Emir.

Viele weitere Beispiele für einseitige Berichterstattung ließen sich aufzeigen. Es gibt – soweit funktioniert die Pressefreiheit noch – immer wieder
auch differenzierte Berichte und Kommentare. Aber selbst wenn Berichte
mit Fragezeichen versehen werden oder mit dem Wort „soll" eine Vermu-
tung ausgesprochen wird, die Kernbotschaft (Krieg gegen eigenes Volk,
Massenvergewaltigungen, Streubomben ...) wird bleiben. Zudem: Wenn
Berichte explizit als Falschmeldungen zurück genommen werden müssen,
dann geschieht dies meist nur mit einer kleinen Notiz, und es ist zweifelhaft, ob die ursprüngliche Meldung dadurch ihre Wirksamkeit verliert.

Zusammenfassend lautet die dominierende Mitteilung westlicher Medien:
Gaddafi trägt die (alleinige) Verantwortung, Gaddafi muss abdanken.[30] Als
politische und psychologische Kernbotschaft ergibt sich für die Libyen-
Berichterstattung: *Gaddafi mordet – die NATO rettet*, oder: Er ist *der Böse*
– wir sind *die Guten*.

Zu Berichterstattungen dieser Art schreibt der Friedenspsychologe Wilhelm Kempf (2010, S. 28): „Die berichteten Ereignisse werden ihrer Kom-
plexität beraubt und auf ein einfaches Freund-Feind Schema reduziert".
Und „die gerechtfertigte Empörung über den Krieg (wird) in eine selbstge-
rechte Empörung über den Feind verwandelt".

---

[28] vgl. CDU-Mitglied Jürgen Todenhöfer zur Syrien-Berichterstattung: „Al Jazeera und
      Al Arabiya produzieren kampagnenartig Meldungen, immer aus Sicht der Opposition.
      Und der Westen plappert alles nach." http://www.tagesspiegel.de/politik/juergen-
      todenhoefer-im-interview-wir-inspizierten-gerade-ein-glimmendes-wrack-/6091646.
      html

[29] http://de.wikipedia.org/wiki/Al_Jazeera

[30] In ähnlich prägnanter Weise fordert der Patriarch in Lessings Nathan der Weise: „Tut
      nichts, der Jude wird verbrannt!"

„Humanitäre Intervention", „Schutzverantwortung"?

Es wurde von westlichen Politikern und Medien der Eindruck erweckt, die „Völkergemeinschaft" begrüße einhellig den Krieg gegen Libyen. Tatsächlich hatten China und Russland sich im UN-Sicherheitsrat enthalten und später bereut, dass sie kein Veto eingelegt hatten (s. Sommer und Bekker i.d.B.); zudem waren aus vielen afrikanischen und südamerikanischen Staaten kritische Stimmen zu hören. Die bekannte argentinische Journalistin Stella Calloni z.B. schrieb von einer „kolonialen Intervention", der Begriff „Bürgerkrieg" sei irreführend (jW, 25.8.2011; ähnlich Paech i.d.B.). Schließlich sei daran erinnert, dass nur etwa die Hälfte der 28 NATO-Staaten militärisch engagiert war.

Der NATO-Krieg zum Sturz Gaddafis wurde von westlichen Medien euphemistisch u.a. als „großzügige Interpretation" (z.b. NYT, 29.8.2011: „… NATO countries interpreted broadly …"), „jeden Tag mehr überdehnt" (SPIEGEL-Online, 3.11.2011) oder „Uminterpretation" (z.b. FR, 23.8.2011) der UN-Resolution gekennzeichnet. Die NATO flog nach eigenen Angaben 19.877 Einsätze, davon 7.505 Gefechtseinsätze, das waren etwa 50 pro Tag (FR, 23.8.2011). Angemessener müsste das Vorgehen, das nicht von Resolution 1973 gedeckt war, als Bruch des Völkerrechts und die daraus sich ergebenden Folgen (u.a. Tote, Zerstörung der Infrastruktur) als Verbrechen gegen die Menschlichkeit (Paech i.d.B.) und damit als Kriegsverbrechen bezeichnet werden.

Die NATO unterstützte von Anfang der Unruhen an die Rebellen, zum einen mit ihrer Luftwaffe, zum anderen mit Spezialeinheiten auch am Boden (vgl. Ruf sowie Wagner i.d.B.)[31]. Laut verschiedenen Quellen waren britische, französische, jordanische und katarische Eliteeinheiten beteiligt (u.a. der britischer Guardian vom 23.8.2011, zit. n. jW, 30.8.2011). Zudem sollen Frankreich, Großbritannien, Italien, Katar und die Vereinigten Ara-

---

[31] Markus Kaim, Stiftung Wissenschaft und Frieden, verweist bei seiner Diskussion um die Möglichkeiten militärischen Eingreifens beim Syrien-Konflikt auf die „Libyen-Operation": „Zuerst verdeckte Spezialoperationen, um die militärische Infrastruktur … zu schädigen", zudem „Angebote an hohe Vertreter des syrischen Militärs, die Seiten zu wechseln; daneben Ausbildung und Ausrüstung" der Rebellen, „wohl nicht direkt, sondern über Verbündete in der Region" – genannt werden Katar und Saudi-Arabien. http://www.swp-berlin.org/fileadmin/contents/products/aktuell/2012A11_kim.pdf

bischen Emirate die Rebellen mit Waffen ausgerüstet haben. Dies wurde
von China und Russland als Bruch des Waffenembargos und Verletzung
der Resolution 1973 bezeichnet. Der Leiter der politischen Kommission
der AU warnte, dies steigere „das Risiko eines Bürgerkrieges, das Risiko einer Teilung des Landes" (jW, 4.7.2011). US-Präsident Obama hatte
die CIA bereits Ende März ermächtigt, die Rebellen zu unterstützen (jW,
25.8.2011 laut Information der NYT). Die Sicherheitsrat-Resolution 1973,
die wesentlich mit der *Verantwortung zu Schützen* begründet wurde, hat –
so wie sie von der NATO konkret umgesetzt wurde – faktisch den Bürgerkrieg intensiviert. Das vorgebliche Ziel, die Zivilbevölkerung zu schützen,
war bereits Ende März erreicht (FAZ, 31.3.2011, Washington plant Waffenlieferungen an Rebellen). Die Flugverbotszone war durchgesetzt, und
die NATO hätte Verhandlungs- und Vermittlungsversuche fördern müssen.
Stattdessen aber betrieb die NATO den Krieg weiter, sie wurde zur Luftwaffe der Rebellen (entsprechend der NATO-Rolle mit der Unterstützung
der UCK im Jugoslawienkrieg) oder umgekehrt: Die Rebellen wurden zur
Bodentruppe der NATO. Die NATO griff immer wieder gezielt militärisch
ein, wenn die Rebellen dies benötigten. Die NYT schrieb z.B. am 8.6.2011
von einer plötzlichen und gravierenden Eskalation der NATO-Luftangriffe
zur Eroberung von Tripolis (nach jW, 10.6.2011). Zudem sei der Rebellen-
Angriff auf Tripolis von Offizieren des britischen Geheimdienstes MI6
entworfen und mit der NATO-Luftwaffe koordiniert worden (der britische
Telegraph laut jW, 24.8.2011). Entsprechend eindeutig schrieb die FAZ
(23.8.2011) „ ... aber natürlich war die NATO die informelle Luftwaffe der
Aufständischen. Etappe für Etappe schossen sie den eigentlich schlecht
ausgebildeten und ausgerüsteten Gegnern des Regimes aus der Luft den
Weg in die Hauptstadt frei."

Resolution 1973 wurde auch insofern missbraucht, als sie eine „sofortige
Waffenruhe" forderte, die NATO aber die Rebellen mit Waffen versorgte.
Schon Anfang März 2011 hatten führende westliche Politiker den Rücktritt Gaddafis gefordert und damit die UN-Resolution missachtet. Dies ku-
mulierte in der gemeinsamen Erklärung von US-Präsident Obama, dem
französischen Präsidenten Sarkozy und dem britischen Premier Cameron
vom 14.4. 2011 – gleichzeitig veröffentlicht in führenden internationalen

Tageszeitungen –, in der sie eindeutig den Sturz Gaddafis forderten und behaupteten, dass der Krieg „zehntausende Leben geschützt" habe.[32]

Die EU-Kommission nahm schon früh Kontakte mit den Rebellen auf, um deren Kooperation bei der Abwehr afrikanischer Flüchtlinge sicher zu stellen. Ende Juni 2011 schloss Italien mit dem Nationalen Übergangsrat ein Abkommen über die Abschiebung „illegaler" Einwanderer von Italien nach Libyen. Die Hilfsorganisation „Ärzte ohne Grenzen" äußerte sich „schockiert" über ein solches Abkommen, zumal der Krieg noch andauerte (jW, 24.6.2011).

Die NATO zerstörte oder beschädigte – nach eigenen Angaben – 1.800 militärische Ziele, „darunter 100 Befehlseinrichtungen, mehr als 700 Waffendepots und fast 500 Panzer, gepanzerte Fahrzeuge und Raketenwerfer" (FR, 9.6.2011). Über zerstörte Infrastruktur, Tote, Verletzte, Traumatisierte, Flüchtlingselend und vergiftete Böden durch Uranmunition wurde nicht berichtet. Bei NATO-Luftangriffen wurden wiederholt viele Zivilisten getötet, z.B. bei Sliten (jW, 10.8.2011) oder in Majer (jW, 18.8.2011) jeweils ca. 85 Zivilisten. Wie in früheren Kriegen sprach die NATO von „legitimen Zielen" o.Ä., und zivile Opfer seien „nicht bewiesen", „unbewiesen", „nicht bestätigt". Zudem wurde ggfs. eine „interne Untersuchung" angekündigt, die aber in aller Regel im Sande verlief. Nach Luftangriffen auf Tripolis wurden laut Angaben des Vatikan mindestens 40 Menschen getötet. „Die sogenannten humanitären Angriffe haben Dutzende Zivilisten in einigen Vierteln von Tripolis getötet", sagte Giovanni Innocenzo Martinelli, der Apostolische Vikar von Tripolis, der katholischen Nachrichtenagentur Fides.[33] Martinelli sagte zu weiteren 19 Toten bei einem NATO-Angriff auf Tripolis (22.6.2011): „Ich kann es vielleicht nicht beurteilen, aber ich war mehrmals in dem Haus, und es scheint sich um eine normale Wohnung zu handeln". Die NATO erklärte dagegen, „Ziel des Luftangriffs sei eine militärische Kommandozentrale gewesen." Martinelli betonte zudem „im Vertrauen" ... „Ich bin zunehmend verbittert darüber, dass kein Wille zu bestehen scheint, sich um eine friedliche Lösung der Krise zu bemühen".[34]

---

32 http://www.whitehouse.gov/the-press-office/2011/04/14/joint-op-ed-president-obama-prime-minister-cameron-and-president-sarkozy

33 http://www.spiegel.de/politik/ausland/0,1518,754289,00.html

34 http://www.zenit.org/article-23317?l=german

Die Organisation Internationale Ärzte für die Verhütung eines Atomkrie-
ges (IPPNW) berichtete (Friedensverhandlungen statt Waffenlieferungen,
28.6.2011[35]), dass nach Angaben des UN-Flüchtlingskommissars Antonio
Guterres seit Beginn des Aufstands über 400.000 Menschen verschiedener
Nationalitäten nach Tunesien geflohen seien[36]; zudem seien nach Hinweisen von Flüchtlings- und Menschenrechtsorganisationen seit Anfang des
Jahres mehr als 1.600 schutzsuchende Menschen aus Libyen im Mittelmeer gestorben.

Der libysche Übergangsrat nannte als Opferzahlen des (Bürger-)Krieges
30.000 Tote und 50.000 Verletzte (ZEIT-Online, 14.9.2011; der Rebel-
lenkommandeur Hadscher sprach von mindestens 50.000 Toten; jW,
1.9.2011). Ob diese Zahlen realistisch sind oder propagandistischen
Zwecken dienten, ist unklar.

Der NATO-Krieg wurde mit der *Verantwortung zu schützen* begründet,
die eigentlichen Gründe für den Krieg dürften aber andere sein (Ruf sowie Wagner i.d.B.; Henken 2011[37]): Einfluss auf die arabischen Aufstände nehmen; eine pro-westliche, neoliberal orientierte Regierung installieren; Zugriff auf Erdöl- und Erdgas-Quellen und ein riesiges unterirdisches
Süßwasser-Reservoir erhalten; militärische Stützpunkte einrichten und den
Einfluss anderer Mächte (insbesondere Chinas) in Afrika zurück drängen.
Würden diese Gründe demokratisch offen diskutiert und der Bevölkerung
vermittelt, dann wäre die Zustimmung zu diesem Krieg wohl erheblich
geringer gewesen.

Bei genauerer Betrachtung ergibt sich also, dass der NATO-Krieg we-
sentlich wirtschaftlich und politisch motiviert war. Zudem hat der mit
Schutzverantwortung begründete Krieg zu vielen Toten, Verwundeten und
Flüchtlingen und zudem zu einer erheblichen Zerstörung der Infrastruktur
Libyens geführt hat, von der unsicheren politischen Zukunft gar nicht zu
reden. Daher ist die Annahme naheliegend, dass ein frühzeitiges Einwirken

---

[35] http://www.ippnw.de/startseite/artikel/4f361b017b/friedensverhandlungen-statt-
      waffenli.html
[36] Man erinnere sich daran, dass u.a. die Vertreibung von Kosovo-Albanern eine
      Begründung für den NATO-Krieg gegen Jugoslawien war
[37] http://www.ag-friedensforschung.de/regionen/Libyen/henken2.html

auf die Konfliktparteien – hin zu einer gewaltfreien Regelung – erheblich weniger Leid und weniger Schaden verursacht hätte.

Politische Bewertungen

Angesichts dieser Diskussion ist es beeindruckend, wie weitgehend einig sich westliche Eliten sind, dass der Krieg richtig und die Enthaltung Deutschlands im UN-Sicherheitsrat falsch waren. Wir geben einige Beispiele.

NATO-Generalsekretär Rasmussen sagte zu Kriegsende: „Wir haben das Richtige getan, wir haben es richtig organisiert und wir haben das Richtige erreicht" (SPIEGEL-Online, 3.11.2011). Besonders kritisch wird die deutsche Enthaltung im UN-Sicherheitsrat bewertet. Die NZZ resümiert (26.8.2011): „Die Bundesrepublik hat sich einmal mehr als unfähig erwiesen, in entscheidenden Momenten außenpolitische Stärke zu demonstrieren". Der frühere CDU-Generalsekretär und Verteidigungsminister Rühe bewertet die Enthaltung als „schlichtweg falsch". Es sei „entscheidend, dass Deutschland seine Sicherheitspolitik und mögliche Beteiligung an militärischen Einsätzen prinzipiell in die Politik der atlantischen und europäischen Nationen einbettet" (FAZ, 16.5.2011).

Der frühere Außenminister Fischer – neben Bundeskanzler Schröder wesentlich verantwortlich für die deutsche Beteiligung am völkerrechtswidrigen Krieg gegen Jugoslawien 1999 – bezeichnete die Enthaltung Deutschlands bei der Abstimmung zur Resolution 1973 im UN-Sicherheitsrat wie folgt: „Das Verhalten der Bundesregierung im Libyen-Konflikt mit der Enthaltung im Uno-Sicherheitsrat ist ein einziges Debakel, vielleicht das größte außenpolitische Debakel seit Gründung der Bundesrepublik." ... „Es schmerzt mich als ehemaligen Ressortchef, dass die Grundüberzeugungen fehlen." ... „Die deutsche Politik hat ihre Glaubwürdigkeit eingebüßt..." (SPIEGEL-Online, 29.8.2011). Ähnlich geringschätzig lautete der Kommentar von Damir Fras (FR, 25.8.2011): „Seither wissen die Verbündeten, dass die Bundesrepublik im Zweifel die Meinung von Ländern wie Brasilien, Indien, China, Südafrika und Russland (diese Aufzählung soll den Lesern vermutlich einen Schauer des Entsetzens über den Rücken laufen lassen, G.S.) höher schätzt als die Meinung der Mehrheit der Mitglieder des Sicherheitsrates."

Seine große Genugtuung mit dem Libyenkrieg äußerte der Grünen-Abge-
ordnete Tom Koenigs (Verantwortungsvolle Einmischung; FR, 8.11.2011).
Er sprach von „Völkermord in Libyen", „der von Gaddafi angekündigte
Völkermord in Bengasi", von einer „Regierung …, die zu Massenverbre-
chen gegen das eigene Volk entschlossen ist", von der Notwendigkeit zur
„Beendigung von schwersten Menschenrechtsverletzungen" des Regimes,
„Schutz der Bevölkerung vor schwersten Menschenrechtsverletzungen in
Libyen", Gaddafi richtet „seine Wut gegen die eigene Bevölkerung", vom
„Drängen der libyschen Demokratiebewegung".

Wenn eine Rebellion gegen die Regierung – und darum handelte es sich
zunächst – dermaßen einseitig wahrgenommen bzw. dargestellt wird, dann
bleibt als „Lösung" nur ein militärisches Eingreifen und das zufriedene Resümee: „In Libyen hat die internationale Gemeinschaft bewiesen, dass der
Schutz von Zivilisten vor Völkermord und Verbrechen gegen die Menschlichkeit kein leeres Versprechen ist." Diese Aussagen sind angesichts der
vielen Probleme des Libyen-Krieges, wie sie in diesem Buch aufgezeigt
werden, ein ernüchterndes, wenn nicht erschreckendes Zeugnis für einen
Politiker, der ehemals Beauftragter der Bundesregierung für Menschenrechtspolitik und humanitäre Hilfe, und – zur Zeit der o.g. Ausführungen
– Vorsitzender des Bundestags-Ausschusses für Menschenrechte und humanitäre Hilfe war.

Die Aufständischen

Wenn ein Feindbild wie das von Gaddafi in Politik und Medien entwickelt
wird, dann gehört meist auch dazu, den Gegner des Feindes besonders positiv erscheinen zu lassen; denn des Feindes Feind ist mein Freund. Dies
scheint aber bei den libyschen Rebellen ausgesprochen schwierig gewesen
zu sein. Wirklich Positives – außer etwa, dass sie gegen Gaddafi kämpften
– war schwer zu finden. Daher stellt sich eine zentrale Frage für diesen
Krieg: Wer wurde eigentlich unterstützt und warum? Die Rebellion begann
Mitte Februar 2011 und wurde – anders als in Tunesien – schnell zum
bewaffneten Aufstand. Einige Rebellen ernannten bald einen *Nationalen
Übergangsrat*, der wiederum erstaunlich schnell von westlichen Staaten
als *legitime Vertretung Libyens* anerkannt wurde (von der französischen
Regierung am 10.3.2011). Und dies, obwohl – selbst gegen Ende des Krie-

ges – „völlig offen (ist), welche politischen Ziele eigentlich die Rebellen verfolgen"; und „Da sind Leute dabei, mit denen wir, glaube ich, eigentlich nichts zu tun haben wollen." (CDU-Außenpolitiker Joachim Hörster, Vorsitzender der deutsch-arabischen Parlamentariergruppe im Bundestag; Deutschlandfunk, 22.8.2011). Zudem fehlte dem Übergangsrat jegliche demokratische Legitimität. Dem Übergangsrat gehörten u.a. Exilpolitiker an, die meist in engen Kontakten mit Washington, London und Paris standen, sowie ehemalige Regierungsmitglieder, die unter Gaddafi an Repressionen beteiligt waren, aber auch Verteidiger von Menschenrechten.

Es gab viele Hinweise auf Verbrechen, die von den Aufständischen begangen wurden. Wir geben einige Beispiele. Mitte August 2011 wurden sämtliche etwa 30.000 Einwohner Tawerghas – meist Nachkommen schwarzer Sklaven – vertrieben, weil sie zu den Unterstützern Gaddafis zählten (BBC News Magazine, 12.12.2011)[38]. Amnesty international berichtete von bewaffneten Milizionären, die "weitreichende Menschenrechtsverletzungen begehen, eingeschlossen Kriegsverbrechen". Zudem: "Auch afrikanische Migranten und Flüchtlinge waren Ziele, … ganze Städte wurden gewaltsam vertrieben – und die Regierung tat nichts, um die Verbrechen zu untersuchen und die Verantwortlichen zu bestrafen."[39]

Die US-amerikanische Menschenrechtsorganisation Human Rights Watch (HRW) forderte die Rebellen auf, ihre „willkürlichen Verhaftungen und häufigen Übergriffe" gegen Schwarz-Afrikaner zu beenden (HRW, 4.9.2011). „Dutzende, vielleicht über Hundert (Schwarzafrikaner) sind von der einheimischen Bevölkerung gelyncht worden." Verlässliche Zahlen seien sehr schwer zu bekommen (FR, 14.9.2011). „… Gräueltaten der Aufständischen an Gaddafi-Kämpfer…" „Die UN spricht von Lynchjustiz." „Seit dem Sieg über Gaddafi ist Tawergha (eine Stadt mit einst 25.000 Einwohnern) leer, von Rebellen geplündert und verbrannt." (alles FR, 3.11.2011).

Im Militärgefängnis von Misrata mit über 1.000 Insassen wurden die Gefangenen von den Misrata-Rebellen systematisch gefoltert, so dass die Hilfsorganisation *Ärzte ohne Grenzen* aus Protest ihre Arbeit einstell-

---

[38]   http://www.bbc.co.uk/news/magazine-16051349
[39]   http://www.amnesty.org/zh-hant/node/29746

te (FR, 14.2.2012). Der britische Independent (25.11.2011) fasste einen
UN-Bericht zusammen, in dem u.a. unrechtmäßige Gefangenschaft, Folter
und Lynchmorde benannt wurden.[40] Die amnesty-international-Expertin
für Nordafrika, Ruth Jüttner, kritisierte, dass der nationale Übergangsrat
kaum in der Lage sei, die Rebellen zu kontrollieren „und zu verhindern,
daß Menschenrechtsverletzungen des alten Regimes nahtlos fortgesetzt
werden" (jW, 9.1.2012).

In Tripolis lieferten sich verfeindete Milizen anhaltende Gefechte mit mindestens vier Toten. Dies belegt einmal mehr die „tiefen Zerwürfnisse innerhalb der einstigen Anti-Gaddafi-Front" (FR, 5.1.2012). (Seit dem Tod
Gaddafis) „ringt der Nationale Übergangsrat darum, in dem nordafrikanischen Land wieder Recht und Ordnung einzuführen, hat dabei bislang aber
kaum Erfolge" (Schweizer Fernsehen, 17.2.2012).

Betrachtet man nur diese wenigen Informationen über die Rebellen, die
von der NATO unterstützt wurden, dann wird die Kriegs-Begründung
Schutzverantwortung noch weiter problematisiert.

Gaddafis Tod

Zuverlässige Informationen über den Tod von Gaddafi am 20.10.2011 liegen nicht vor, sind vermutlich auch von westlichen Meinungsführern nicht
erwünscht. Der Fahrzeugkonvoi wurde von NATO-Truppen beschossen,
Gaddafi lebend gefangen genommen, er starb aber kurz darauf. Der Bericht
eines Arztes, der die Leiche untersuchte, sprach von Kopfschüssen – dies
deutet auf eine Hinrichtung bzw. Ermordung Gaddafis hin (ZEIT-Online,
21.10.2011). Dem entsprechend forderte das UN-Hochkommissariat für
Menschenrechte in Genf eine unabhängige Untersuchung, aber daran dürften weder NATO noch der Nationale Übergangsrat Interesse haben.

---

[40] Thousands of people, including women and children, are being illegally detained by
      rebel militias in Libya, according to a report by the Secretary-General of the United
      Nations. Many of the prisoners are suffering torture and systematic mistreatment.
      http://www.independent.co.uk/news/world/africa/leaked-un-report-reveals-torture-
      lynchings-and-abuse-in-postgaddafi-libya-6266636.html

Es gab viele informative Rückblicke auf Leben und Wirken von Gadda-fi[41]. Dass der Tod eines Autokraten bei vielen zu Erleichterung, bei seinen Gegnern eventuell auch zu Freude und Jubel führt, ist verständlich. Die beiden folgenden westlichen Reaktionen erscheinen uns aber doch recht problematisch.

Als US-Außenministerin Hillary Clinton im Rahmen eines CBS-Interviews (20.10.2011) von Gaddafis Tod erfuhr, strahlte sie und scherzte: "Wir kamen, wir sahen, er starb"[42].

Einen bemerkenswerten Leitartikel mit dem Titel *Ein Grund zu feiern* schrieb Julia Gerlach in der FR (20.10.2011; kursive Hervorhebungen G.S.)

„... Oberst Muammar al-Gaddafi ist tot – und in Libyen und in vielen Städten in der arabischen Welt wurde gestern gefeiert. Zu Recht. ... Das Versteckspiel hätte Gaddafis Ansehen schädigen können, doch kaum jemand sagte, dass es unwürdig sei, sich *wie ein Hund* zu verstecken. ... Natürlich wird jetzt auch Bedauern geäußert. Gaddafi sei mit einem *Tod im Kampf* zu *billig davon gekommen.* Vor Gericht wollten sie ihn bringen ... Gerne hätten sie auch diejenigen vor dem Richter gesehen, die ihm über die Jahre geholfen hatten. Seine Unterstützer in Libyen, aber auch in Europa und den USA. Waren die *Beziehungen* in den letzten Jahren doch *immer inniger* und die *Kritik* an Gaddafis Herrschaftsstil *immer leiser geworden.* Sicherlich wäre in einem solchen Prozess *einiges Interessantes auch über die europäische Politik* zu Tage gekommen. Es ist schade, dass das nun ausbleibt, doch es hat auch etwas Gutes: Gaddafi

---

[41]   u.a. www.fr-online.de/politik/gaddafis-tod-die-jagd-ist-zu-ende,1472596,11038564; http://
       www.nytimes.com/2011/10/21/world/africa/qaddafi-killed-as-hometown-falls-to-libyan-
       rebels.html?pagewanted=all

[42]   http://www.cbsnews.com/8301-503544_162-20123348-503544.html; www.cbsnews.
       com/video/watch/?id=7385396n"We came, we saw, he died" in Anlehnung an Julius
       Caesars Siegesspruch nach einer Schlacht "veni, vidi, vici" – „ich kam, ich sah, ich
       siegte". Bei anderer Gelegenheit hatte auch Bundeskanzlerin Merkel ihre „Freude"
       ausgedrückt, als sie die Presse vom Tod bin Ladens informierte (2.5.2011): „Ich
       bin heute erst einmal hier, um zu sagen: Ich freue mich darüber, dass es gelungen
       ist, bin Laden zu töten. http://www.bundesregierung.de/Content/DE/Mitschrift/
       Pressekonferenzen/2011/05/2011-05-02-merkel-osama-bin-laden.html

im Gefängnis und vor Gericht hätte sicherlich keine Gelegenheit ausge-
lassen, weiter Unruhe zu stiften und für Verwirrung zu sorgen. ..."

In dem Artikel wird zu Recht darauf hingewiesen, dass es für den Westen
unangenehm hätte werden können, wenn Gaddafi über seine vielen guten
Verbindungen hätte sprechen können. Aber damit hätte Gaddafi möglicher-
weise *Unruhe* oder gar *Verwirrung* gestiftet – und somit hat es etwas Gutes,
wenn er tot ist. Das ist eine bemerkenswerte Form von Rechtsverständnis.
Für *Unruhe* hätte vermutlich auch gesorgt, wenn Iraks Präsident Saddam
Hussein ausführlich über seine mannigfachen engen Kontakte mit dem
Westen berichtet hätte. Insofern war das im Irak schnell ausgesprochene
und vollzogene Todesurteil für den Westen von Vorteil. Eine Variante des
Umgangs mit unerwünschten Informationen: Als Serbiens Präsident Milosevic vor dem Internationalen Strafgerichtshof in den Haag unangeneh-
me Informationen über den Westen berichtete, war darüber in den Medien
kaum etwas oder gar nichts zu lesen. Zudem starb auch er bald, möglicherweise wegen unangemessener ärztlicher Versorgung. In unserem libyschen
FR-Beispiel ist zudem wichtig, dass „gefeiert" wird und dass Gaddafi mit
seinem Tod „zu billig davon gekommen" sei. Was soll das bedeuten? Und
die Behauptung *Tod im Kampf* ist kühn, da sehr bald von einer gezielten
Tötung eines Wehrlosen berichtet wurde. Zudem wird Gaddafi ohne trifti-
gen Grund mit einem „Hund" verglichen, was offensichtlich durchaus negativ gemeint ist. Es findet zudem keinerlei Reflektion über eine mögliche
extralegale Hinrichtung bzw. Ermordung von Gaddafi statt. Dieser Beitrag
ist somit ein Beleg dafür, wie schnell Grundwerte wie Rechtsstaatlichkeit
und Menschenrechte (u.a. Recht auf Leben und Anspruch auf ein faires
Gerichtsverfahren) geopfert werden können.

Es wäre sehr zu begrüßen, wenn das libysche Volk sich nicht nur von einem autokratischen Regime befreit hätte, sondern auch seine Geschicke
selbst bestimmen könnte – zum Wohle der Bevölkerung und entsprechend
den identischen Artikeln 1 (1) der beiden UNO-Menschenrechts-Pakte:

> „Alle Völker haben das Recht auf Selbstbestimmung. Kraft dieses
> Rechts entscheiden sie frei über ihren politischen Status und gestalten in
> Freiheit ihre wirtschaftliche, soziale und kulturelle Entwicklung."

Aufgrund unserer Ausführungen ist aber zu bezweifeln, dass das gewählte
Mittel eines (Bürger-)Krieges dafür angemessen war.

Literatur

von Bülow, Andreas. 2011. Im Namen des Staates. München: Piper.

Dahn, Daniela. 2011. Störfaktor Gaddafi. Blätter für deutsche und internationale Politik, 7/11, S. 35-39.

Edlinger, Fritz (Hg.). 2011. Libyen. Wien: promedia.

Kempf, Wilhelm. 2010. Die Rolle der Medien bei der Konstruktion von Krieg und Frieden. Friedensforum 1/2010, S. 27-28.

Mutz, Reinhard. 2011. Libyen: Lizenz zum Töten? Blätter für deutsche und internationale Politik, S. 53-56

Kapitel 11

DIE ESKALATION DES LIBYEN-KRIEGES UND DIE MEN-SCHENRECHTE

Gertrud Brücher

Der Titel dieses Beitrags scheint durch die Ereignisse überholt; der Libyen-Krieg ist im allgemeinen Meinungsbild nicht eskaliert. Im Gegenteil haben die ausländischen Kräfte der Luftwaffe nach erfolgreicher Operation das Land verlassen. Die Skrupel der deutschen Bundesregierung, sich in einem weiteren Land für unabsehbare Zeit und mit unkalkulierbaren Verlusten militärisch zu engagieren, scheinen übertrieben gewesen zu sein. Und in den Vordergrund rückt das unsolidarische Verhalten, das Ausscheren aus einer mehrheitlich errungenen Position.

Dieses Urteil spiegelt die kurzfristige Stimmung einer politischen Öffentlichkeit, die in ihrer Logik und Dynamik zu beschreiben nicht Gegenstand der vorliegenden Abhandlung sein soll. Worum es im Folgenden allein gehen wird, beschränkt sich auf die Reflexion eines Kontextes, der das Kuriosum einer raschen Einigung auf eine weitere Militärintervention nach den traurigen Erfahrungen vollends misslungener Unternehmungen in Afghanistan und im Irak zu erklären sucht.[1] Alle Seiten waren offen oder stillschweigend davon ausgegangen, dass sich Siege nur am Boden entscheiden und folglich ein langfristiges Engagement nicht ausgeschlossen werden dürfe.[2] Hinzu kam die Überzeugung, dass sich Massaker nicht durch das Einrichten einer Flugverbotszone verhindern lassen. Aus den gescheiterten westlichen Interventionen der vergangenen Jahre sei zu lernen, heißt es im angesprochenen Artikel von Nikolaus Busse, dass ein Eingreifen das Leid der Bevölkerung nicht immer mildere.

---

[1] Lernprozesse bewegen sich gegenwärtig nur in eine Richtung: Typisch ist die Position von Lehmann/Schlüte 2011, die angesichts einer in ihren Augen erfolgreich wahrgenommenen Schutzfunktion in Libyen empfehlen, prinzipiell auch das „robuste" Spektrum der Schutzverantwortung stärker zu diskutieren und weiterzuentwickeln.

[2] So die Titelüberschrift von Nikolas Busse in der FAZ vom 10.03.2011.

Doch die politischen Akteure konnten zum Zeitpunkt der Abstimmung nicht wissen, ob der Militäreinsatz entgleisen oder seinen Zweck erfüllen würde. Und eben dies Nichtwissen ließ die Verantwortung einmal an die Wissenschaften abtreten, die mit Wahrscheinlichkeitsberechnungen stets Entscheidungshilfen anbieten und sie ließ sich an die Diskursgemeinschaft delegieren, die in Gestalt einer „Koalition der Willigen" oder sogar als erfolgreich verabschiedete Resolution des Sicherheitsrates Verbindlichkeiten forderte.

Der breitere Kontext, in dem das Thema verortet werden soll, betrifft die Beliebigkeit von Erfolg und Misserfolg bei der Fortsetzung eines Trends, der sich unabhängig und jenseits einzelner Siege und Niederlagen durchzusetzen scheint und damit den Titel „Eskalation" rechtfertigt.[3] Dieser Trend lässt sich nicht mehr bloß durch Interessen an Absatzmärkten, sicheren Transitwegen, Ressourcen oder Einflusszonen in einer neu zu ordnenden Weltgesellschaft erklären. Denn geopolitisch-ökonomische verschmelzen mit den ideellen Interessen deklarierter Menschenrechtspolitik in einer Position, die demokratische Gesinnung an einen hohen Lebensstandard gebunden glaubt. Damit ist das Schema abhanden gekommen, mit dessen Hilfe die Militarismuskritik der Kritischen Friedensforschung unheilvolle Entwicklungen auf präzisierbare Ursachen zurückgeführt hatte: Der beobachtungsleitenden Unterscheidung von *kritisch* und *affirmativ* fehlt die Wirklichkeit alternativer Gesellschaftsprojekte und zurück bleibt ein ins Positive gewertetes Negatives militärischer Gewalt: die „humanitäre Intervention" und der „Auslandseinsatz".

Da ökonomische und geopolitische „Interessen" als Teil des westlichen Wertekanons anerkannt sind und damit nicht mehr in Konkurrenz zu den ideell-idealistischen Zielen globaler Menschenrechtsrechtspolitik treten, kann ein distanziert-wissenschaftlicher Standpunkt erst in der Auseinandersetzung mit dem neuen Einheitsdenken gewonnen werden. Folglich gilt es, jenes Projekt gerechten Friedens in seinen Konturen zu beschreiben, das die alten Gegensätze und Grabenkämpfe von „idealistischer" und „realistischer", von „legitimitäts-" und „effektivitätsorientierter" Argumentation hinter sich gelassen hat. Vor diesem Hintergrund soll die Libyen-Intervention in den breiteren Rahmen einer Just-Peace-Programmatik eingeordnet

---

[3] Ausführlich zu diesem Trend Brücher 2011.

und der Frage nachgegangen werden, inwieweit Kommentare und Gegen-
kommentare Symptom einer Entwicklung sind, in der Werte nur noch in
Form von Entscheidungsprogrammen zum Tragen kommen.[4]

Programmatische Dekontextierungen im Rahmen von Just-Peace-Projekten

Anders als in den Sozialwissenschaften, die den Primat eines nicht-ge-
waltsamen Konfliktaustrags weniger als begründungsbedürftigen Wert
und mehr als vielfältig belegbares Faktum verstehen, gibt es innerhalb der
Philosophie wieder eine Beschäftigung mit der Friedensproblematik, die
innerethischen Kontroversen Raum gibt.[5] Auf diese Weise kann das un-
wissenschaftliche argumentative Mittel der Pathologisierung anders gear-
teter Prioritäten umgangen werden, das seinerseits dem Frieden abträglich
ist. Die Fixierung auf den „irren Hund" Gaddafi (Ronald Reagan) ließ die
Bedeutung des Diktators für die Antikolonialisierungsbewegungen der
sechziger und siebziger Jahre des vergangenen Jahrhunderts unterschät-
zen. Denn das Gesellschaftsprojekt der „Volksdschamahirija" war als eine
dritte Universaltheorie neben Sozialismus und Kapitalismus durchaus eine
ideologische Herausforderung. Da es im Gegensatz zum Islamismus sä-
kular orientiert war und damit untrügliche Zeichen von Modernismus auf-
wies, mochte es sich als Alternative zu westlichen und östlichen Ordnungsvorstellungen anbieten. Religion und arabische Kultur wurden in diesem
Projekt ausschließlich als folkloristisches Mittel der Integration genutzt,
während die Rechtstradition der Scharia ganz in den Hintergrund trat. Es
handelte sich um eine mit West und Ost konkurrierende Moderne, in der
das Regel/Ausnahme-Schema an die Stelle von Moral- und Rechtsbindung
getreten war. Die Ridikülisierung des „Bruder Oberst" diente folglich auch
der Ausschaltung einer gefährlichen Konkurrenz insbesondere in Ländern
der Dritten Welt.

---

[4]   Niklas Luhmann (1973) hat die Beobachtung, dass Werte in komplexen Sozialsystemen
      die Gestalt von Entscheidungsprogrammen annehmen, früh auf den Begriff gebracht.
[5]   Zu den verschiedenen Ansätzen siehe Chwaszcza/Kersting (1998), Hirsch/Delhom
      (2007), Bleisch/ Strub 2006, Strub/Grotefeld 2007)

Der so genannte „Kirchenvater der säkularen Moderne" Immanuel Kant
hat jedoch in eben jener Verdrängung von Moral und Recht durch das Re-
gel/Ausnahme-Schema die größte Gefahr für den Weltfrieden ausgemacht.
Und da der liberal-demokratische Westen in diesem Denken nicht minder
befangen ist als der damalige panarabische Nationalismus und der heutige Islamismus, muss die Aushöhlung des Instrumentalisierungsverbots
als Kern der Menschenrechtsfrage begriffen werden. Dieser erstrangigen
Beschäftigung stehen allerdings Bestrebungen einer sich zunehmend kon-
solidierenden „Ethik der Internationalen Beziehungen" entgegen, zur Einrichtung friedensbezogener Ethikkommissionen beizutragen. Der Erfolg
einer solchen Institution scheint nämlich an die Bereitschaft geknüpft, den
Rahmen gewohnter gesellschaftspolitischer Sprachspiele nicht zu sprengen. Soll ein Rat nicht ungehört bleiben, müssen Werte und Normen ernst
genommen und nicht bloß als faktische Erwartungsstrukturen in Rechnung
gestellt werden. Es gilt auch, jenes programmatische Verständnis von Werten fortzuschreiben, wie es im Begriff der „Werteordnung" zum Ausdruck
kommt, ungeachtet der Tatsache, dass die einst von Max Scheler und Ni-
kolai Hartmann entwickelte Werteethik philosophisch gescheitert ist. Denn
als ein der Wirtschaft entlehnter Begriff bringt der „Wert" beliebige subjektive Präferenzen zum Ausdruck und ist somit eher ein Indiz für den
Verlust gesamtgesellschaftlicher Moral.

Dass es sich bei der politischen Wertfixierung jedoch durchaus nicht nur
um rhetorische Obsession handelt, hinter der sich ein technokratischer
Pragmatismus verbirgt, veranschaulicht ein typischer Kommentar über
die Amtszeit des amerikanischen Präsidenten George W. Bush. Ein reprä-
sentatives Urteil lautet,[6] das Schlimmste, was dieser Präsident der Welt
angetan habe, seien nicht die katastrophalen Entscheidungen und dadurch
ausgelöste Ereignisse (Irakkrieg), Verschuldung (Finanzkrise), sondern
die Zerstörung des „amerikanischen Traums", der die gesamte westliche
Welt inspiriert habe. Es sei mithin eine Glaubens- und Vertrauenskrise,
ein verlorenes Ideal, das durch eine begriffliche Versklavung der Demokra-

---

[6]   Siehe zum Folgenden den amerikanischen Schriftsteller John Berger, nach Frank
       Schirrmacher, „Nehmen Sie die embyonale Stellung ein! Drohung Null oder der
       Schmerz, in der gegenwärtigen Welt zu leben: George W. Bush hat die westlichen
       Demokratien tiefer verwundet als jeder andere Nachkriegspolitiker", in: FAZ vom
       04. 10. 2008, S. 31.

tien ausgelöst worden sei: Ihr Verfassungs-Vokabular sei von der Freiheit, Demokratie, Gerechtigkeit bis zur Menschenwürde als Mittel seiner undurchschaubaren Herrschaftspraxis benutzt worden; jedes Wort sei „getrafficked", sei zu einem „Mafia-Wort" geworden. Es ist von einem riesig aufgebauten Angstsystem die Rede, von einer „Umerziehung zur Angst". Das Wesen der Macht dieser Regierung habe auf zwei Drohungen basiert: Intervention aus dem Himmel durch den am stärksten bewaffneten Staat der Erde („Drohung B52"), rücksichtslose Verschuldung, die Bereitschaft zum Bankrott, und angesichts der Wirtschaftsbeziehungen in der Welt, dadurch ausgelöste Verarmung und Hunger („Drohung Null").

Interessant sind derlei Diskussionen um Bedeutungswandel und Instrumentalisierung der identitätsstiftenden „westlichen Werte" für kurzfristige Zwecke besonders vor dem Hintergrund eines wissenschaftlichen Diskurses, der die Bedeutung der Konfliktprävention, der Einrichtung von Frühwarnsystemen und der Entwicklung eines breit gefächerten zivil-militärischen Interventionsinstrumentariums hervorhebt. Denn wie sich zeigen sollte, bezog sich das Anstößige weniger auf die politische Stoßrichtung, sondern auf die Art und Weise, in der diese legitimiert wurde. Was die Bush-Rhetorik offensichtlich übersprungen hatte, war jene Mediatisierung der Werte durch den programmatischen Kontext, in dem Werte wie Demokratie, Freiheit und Menschenrechte als Interventionsgrund einleuchten. Die Kritik spiegelt demnach nur die Befindlichkeit der Empörung wider, aber sie gibt nicht den Blick frei auf gewisse Logiken, denen auch die nächste Regierung folgen wird, freilich unter Verwendung einer zunächst adäquateren und sensibleren Rhetorik.[7] Im Schatten einer programmatisch besser eingepassten Sprache konnte der Friedensnobelpreisträger Barak Obama den Drohnen-Krieg, bei dem außergesetzliche Tötungen nach

---

[7] Empirische Untersuchungen bekommen vornehmlich diesen Aspekt politisch korrekter Codierung von Militärinterventionen in den B lick. So die Studie von Dieterich/ Hummel/Marschall (2009), die das Axiom der „Theorie demokratischen Friedens", nach denen Demokratien weniger Angriffskriege führen, bestätigt sieht durch die geringere Beteiligung am Irakkrieg von Staaten, deren Parlamente auf sicherheitspolitische Entscheidungen einen größeren Einfluss haben. Die Position gegenüber anders codierten Kriegen, wie im Kosovo 1999 und Afghanistan seit 2001, bestätigen unsere These.

„Killing Lists" erfolgen, insbesondere in Afghanistan, Pakistan, dem Jemen, Somalia, später auch Libyen forcieren und verstetigen.[8]
Wenn von einer „begrifflichen Versklavung der Demokratien" durch die
sinnentstellende Verwendung derjenigen Begriffe gesprochen wird, in denen der Westen seine Werteordnung dargestellt hatte, dann verschafft ein
Ebenenwechsel von der Wert- zur Programmebene ein sehr viel differen-
zierteres Bild. Vieles, was als Instrumentalisierung, als „Versklavung" kritisiert wird, erweist sich nämlich als unvermeidliche Begleiterscheinung
jenes Transformationsprozesses von Werten, Normen und Zwecken in Pro-
gramme, die Luhmann als Folge systemischer Kontextierung beschreibt.
Während Werte kontextunabhängig gelten, enthält der programmatisch
verstandene Wertbegriff eine Systemreferenz. Er kann seiner Grundbe-
grifflichkeit entkleidet und mediatisiert werden, indem man ihn als Typ
eines Entscheidungsprogramms interpretiert (Luhmann 1973, S. 255).
Der primäre Bezug ist nicht länger die Vorstellung richtigen Handelns,
die Vorstellung zeitindifferenter Werte, Normen und Zwecke, sondern ein
Kommunikationsfluss, der die „Veränderung des Informationsgehalts von
Nachrichten meint ...". Die „sinnentstellende Verwendung" des Begriffs
gerät nicht aufgrund inhumaner Handlungsweisen in Konflikt mit dem
Just-Peace-Programm, sondern lediglich durch eine anstößige, weil un-
geschickte Vermittlung. Und da auch der Begriff „Kollateralschäden" nur
über den systemisch-programmatischen Kontext informiert, darf er nicht
übersetzt werden mit „nicht beabsichtigte Tötungen". Eine hohe Zahl von
Kollateralschäden kann im Gegenteil sogar Teil einer *„Strategie des de-
monstrierten risk taking"* sein, mit der die Intervenierenden ihren politischen Willen durchsetzen, indem sie den Gegner darüber im Unklaren
lassen, welche Opfer sie in Kauf zu nehmen bereit sind.[9]

Die typischen Merkmale systematischer Dekontextierung lassen sich an
Formeln aktueller Just-Peace-Programmatiken wieder erkennen, wie sie

---

[8]   Allein im Westen und Nordwesten Pakistans sollen bis Juni 2011 bei 220 Drohnangriffen
      etwa 1400 Taliban- und Al Qaida-Kämpfer getötet worden sein. Hinzu kommen
      Hunderte, folglich nicht gezählte Zivilisten. Siehe Matthias Rüb, „Lizenz zum
      Töten. Drohnen statt Guantànamo: Obamas bevorzugte Waffe im Krieg gegen den
      Terrorismus", in: FAZ vom 04.10.2011, S. 10.
[9]   So die Empfehlung für den *War on Terror* von Herfried Münkler (2006).

in der Legitimation des Libyen-Einsatzes zum Tragen gekommen sind.[10] So spannt das „*Human Security*"-Konzept zwei Begriffe zusammen, die für sich gesehen in ihrem Wertbezug als zeitindifferent betrachtet werden müssen. „Mensch" meint im besonderen konzeptionellen Kontext der Formel eine verkürzte Fassung der Menschenrechte. Diese sprachliche Reduktion erscheint nicht sinnwidrig, weil die rechtliche Komponente und damit das Anspruchsprofil schon hinreichend vom Begriff der Sicherheit abgedeckt worden ist. Die sprachliche Kompaktformel aber verdeckt, dass der Rechtsanspruch nicht nur enthalten, sondern immens erweitert worden ist und sich nunmehr auf die Legitimierung beliebiger zivil-militärischer Maßnahmen erstreckt. Demgegenüber zwingt die Idee der Menschenrechte zur Auseinandersetzung mit dem Dilemma, in das die Verwendung menschenrechtswidriger Methoden des Menschenrechtsrechtsschutzes geraten lässt. Die im Kontext enthaltenen Grundbegriffe „Mensch" (als Kurzformel für Menschenrechte) und „Sicherheit" (als Kürzel für die immanente dem Programm selbst eingeschriebene Legitimität aller erforderlichen Mittel), lösen dieses Dilemma durch Mediatisierung. Genauer gesagt, im Medium entscheidungsprogrammatischer Interpretation gibt es kein Dilemma.

Legitimitätsstiftende Signale, die der Topos „*Human Security*" aussendet, enthalten Informationen über Entscheidungsprozesse nach Maßgabe von Dringlichkeiten. Dabei impliziert die programmatische Verdichtung der Normen „Menschenrechte" und „Sicherheit" eine von jeder moralischen Bindung entlastete Lizenz. Hier angelagert ist eine weitere programmatische Formel, die ähnliche Strukturmerkmale aufweist, nämlich ein neues „*Souveränitätsparadigma*" als Grundstein eines veränderten Völkerrechtsverständnisses. Die semantische Dekontextierung, die stillschweigende Verschiebung des Referenzrahmens, innerhalb dessen der Begriff erst Sinn macht, befreit von der Rechtfertigung einer Novität, die nicht bloß das Völkerrecht verändert – dies geschieht ohnehin ständig – sondern die Grundfesten möglicher Völkerrechtsordnung erschüttert. In den

---

[10] Es handelt sich hier um einen zum Programm erhobenen Bericht der International Commission on Intervention and State Souveranity (ICISS) (Hg: The Responsibility to Protect: Report of the International Commission on Intervention and State Sovereignty. Ottawa. 2001, der die Konturen der Just-Peace-Programmatik durch Unterprogrammatiken bestimmt.

Augen der Kritiker wird mit der Preisgabe der unterschiedslos jedem Staat zuerkannten Souveränität das Völkerrechtssubjekt suspendiert. Allein dies kann nicht dadurch vermieden werden, dass die Individuen die Rolle der Staaten übernehmen, um auf diese Weise jenes auf Staatsebene suspendierte Gleichheitsgebot zu wahren.[11]

Individuen die Rolle der Staaten einnehmen zu lassen, ist eine Idee, die sich gegen den von John Rawls in „The Law of Peoples" (1999) geäußerten Vorschlag wendet, Völkerrechtler als völkervertragsrechtliche Subjekte zu denken. Nach dem Einwand des Kommunitarismus übersieht diese Lösung, dass Kollektivsubjekte, in welcher Gestalt diese auch immer auftreten, als „Weltgemeinschaft", als „Völkerfamilie" oder als „Weltgesellschaft", nur in der Person von Repräsentanten, von Funktionsträgern als stimm- und beschlussfähige Kraft gedacht sein können. Die demokratiefeindliche Kompetenzübertragung von den gewählten politischen zu den nicht gewählten juristischen Funktionsträgern hat jedoch immer noch den Vorzug, faktische Machtverhältnisse nicht zu verbrämen. Das ist anders bei der wenn auch nur gedankenexperimentellen Suggestion, jedes der sieben Milliarden Individuen könne als Völkerrechtssubjekt fungieren, obgleich weiterhin die stimm- und beschlussfähigen Kräfte Repräsentanten kultureller, ethnischer und religiöser Kollektivüberzeugungen bleiben.

Eine kritische Sichtweise behält damit Recht, die von der Konstruktion völkerrechtlicher Statusunterschiede das Gleichheitsprinzip und mithin die allgemeine Geltung des Rechts unterminiert sieht. Nur diejenigen Staaten, die aufgrund waffentechnischer Überlegenheit nicht daran gehindert werden können, sich selbst den Status des Zivilisierten zuzuschreiben, können alle in der UN-Charta verankerten Rechte in Anspruch nehmen, das Recht auf „Nichteinmischung in die inneren Angelegenheiten", auf „territoriale Integrität". Alle als Schurkenstaaten etikettierten Gemeinwesen bekommen diese Rechte hingegen aberkannt.

Im Falle von „Völkermord" und „Verbrechen gegen die Menschlichkeit" besteht hingegen weitgehend Einigkeit über die völkerrechtlich gebotene Einschränkung von Souveränitätsrechten. Im höchsten Maße problematisch aber ist die Diagnose. Der Sicherheitsrat nennt die „grobe und

---

[11] So Dänzer, „Der friedenszentrierte Kosmopolitismus als Theorie gerechten Friedens", in: Strub/Grotefeld 2007, S. 227-238, hier S. 229.

systematische Verletzung von Menschenrechten" durch Gaddafi zunächst in der Resolution 1970 als Grund für Sanktionen, in der Resolution 1973 schließlich für ein Mandat zur Militärintervention in Libyen.[12] Diese Einschätzung hat allerdings Zweifel geweckt angesichts der Tatsache, dass weite Teile der Aufständischen bewaffnet waren. Das Recht zur gewaltsamen Niederschlagung eines Aufstandes nehmen alle Staaten für sich in Anspruch. Und im Falle Libyens schien die Diagnose „Bürgerkrieg" näher zu liegen als die Diagnose „Massaker" jenes eigenen Volkes, auf dessen Unterstützung der Diktator im Fall der erfolgreichen Niederschlagung des Aufstandes allemal angewiesen war. Zu diesen Zweifeln gesellten sich noch während der Eskalationsphase von Menschenrechtsorganisationen wie *Human Watch* und *Amnesty International* gegen die Aufständischen erhobene Vorwürfe, ihrerseits Menschenrechtsverletzungen zu begehen. Nach dem im Allgemeinen als Sieg der Demokratie gefeierten Tod von Gaddafi wurden systematische Folterungen von Häftlingen durch Mitarbeiter der neuen Sicherheitskräfte bekannt. Bereits im Januar 2012 kündigte die Organisation *Ärzte ohne Grenzen* ihre Tätigkeit in der Stadt Misrata auf, weil die Zahl der Folterungen in den Gefängnissen weiter stieg.[13]

Hinzu kommt, dass die Intervenierenden die Begrenzung des Interventionszieles auf den Schutz der Zivilbevölkerung, wie es die Resolution 1973 des Sicherheitsrates vorgesehen hatte, in einer zweifachen Weise bewusst ignoriert haben. In England und den USA wurde unmittelbar nach Beginn der Kampfhandlungen bekannt gegeben, dass die Situation ohne den Sturz Gaddafis nicht zu bereinigen sei. Ferner spricht für die von Anfang an verfolgte Absicht des Regimewechsels, dass die Verfasser der Resolution den Appell zur Beendigung der Gewalt nicht an beide Seiten gerichtet haben.

---

[12] http://www.un.org/depts/german/sr/sr_11/sr1973.pdf.

[13] Siehe FAZ vom 27.01.2012, S. 1 und 2 „Foltervorwürfe gegen libysche Sicherheitskräfte". Unparteilichkeit ist Friedensbedingung jeder Völkerrechtspolitik. Der Rechtswissenschaftler Christian Tomuschat („Wenn Gaddafi mit blutiger Rache droht", in: FAZ 23.03.2011, S. 29) verbleibt mit der Behauptung im Rahmen machtpolitischer Kalküle, wenn er einerseits gegen Reinhard Merkel (2011) behauptet, die Intervention der Alliierten sei schon deshalb kein normatives Unding, weil der Diktator allein aufgrund seiner Folterpraktiken lange Zeit keine externe Legitimität gegenüber der Völkergemeinschaft mehr genossen habe, andererseits zu den Foltervorwürfen gegen die Opposition schweigt.

Vor dem Hintergrund des qualifizierten Souveränitätsmodells würden
derlei Einwände jedoch kaum ins Gewicht fallen, ist die Kompetenz der
Grenzmarkierung doch Sache der in ihrer Souveränität unangefochtenen
Staaten. Und in den Bereich solcher Markierungen fällt das Urteil, von
wem die Gefahr für die Zivilbevölkerung ausgeht ebenso wie das Urteil
über geeigneten Zeitpunkt, über Zielsetzung und anzuwendende Mittel der
Intervention. Was Reinhard Merkel (2011) aus einer rechtsphilosphisch-
rechtsethischen Perspektive heraus gewissermaßen als Verstoß gegen die
intentio recta, oder diskursethisch formuliert, der *Wahrhaftigkeit,* kritisieren konnte, das stellt sich in einem grundlegend veränderten Koordina-
tensystem anders dar. War die Zweckformel der Schutzverantwortung von
Anfang an nichts anderes gewesen als eine rhetorische Geste an die Adres-
se des Völkerrechts, so liegt die „realistische" politologische Klarstellung
auf der Hand. Da dem Sicherheitsrat nach der UN-Charta nun einmal aufgegeben ist, „Bedrohungen für den Weltfrieden und die internationale Sicherheit festzustellen – und dagegen alle Maßnahmen zu ergreifen", muss
dieser folglich in der Lage sein, schnell zu handeln, und ist nicht dazu
verpflichtet, „sich letzte Gewissheit über die Art möglicher Verbrechen
zu verschaffen."[14] Nach dieser Lesart ist es Angelegenheit des *Internatio-*
nalen Strafgerichtshofs festzustellen, welcher Libyer individuelle völker-
strafrechtliche Schuld auf sich geladen hat.

Der paradoxe Effekt dieser Konklusionen liegt auf der Hand. Denn sollte
erst die nachträgliche juristische Aufarbeitung der Geschehnisse in Libyen
darüber Auskunft geben können, ob ein Interventionsgrund „Völkermord"
und „Verbrechen gegen die Menschlichkeit" vorliegt, so sieht sich das Urteil der Kritiker, es handele sich bei den Bombenabwürfen der Intervenierenden um „ungesetzliche Tötungen", durch die Befürworter der Intervention implizit bestätigt.

In der Logik des qualifizierten Souveränitätsmodells verwandeln sich jedoch eben jene „ungesetzlichen Tötungen" ganz unmerklich in „rechtsset-
zende Akte", die einer Weltordnung vorgreifen, in der es ausschließlich
gesetzliche Tötungen gibt. Solche Hoffnungen gründen allerdings nicht
auf futurologisch gesicherten Erkenntnissen, sondern entspringen dem
willkürlichen Primat subjektiver Legitimitätsvorstellungen gegenüber

---

[14] Reinhard Müller, Verantwortung für die Menschen. Der UN-Sicherheitsrat macht
deutlich: Jeder Staat muss seine Bevölkerung schützen, in: FAZ vom 24.03.2011, S. 10.

aktuell geltender Legalität. Im Rahmen dieses Modells richtet sich die Kritik an den rechtsphilosophischen Einwänden Reinhard Merkels gegen ein Denken, das noch von der souveränen Gleichheit der Staaten ausgeht und damit eine neue Weltlage ignoriert, die die Grundlage der Staatenvielfalt, nämlich unterschiedliche Gesellschaftsprojekte beseitigt hat. Was als sensible Beobachtung einer veränderten, nicht länger Staaten-, sondern nunmehr Gesellschaftswelt einleuchten mag, das stellt sich bei näherem Hinsehen als selbstwidersprüchlich heraus. Denn fungiert der Sicherheitsrat als das Organ einer internationalen Gemeinschaft, die alle 192 Staaten der Erde umfasst, so können seine Beschlüsse nur unter der Voraussetzung verbindlich sein, dass jeder Staat als vollwertiges Mitglied anerkannt wird. So ist es auch nicht möglich, dass einem Teil dieser Gemeinschaft von einem anderen Teil ein Schurkenstaats-Status zugewiesen wird. Das neue Souveränitätsparadigma, welches Teil des *„Human Security-Konzepts"* ist, suspendiert mithin die Legitimationsgrundlage der Militärintervention in Libyen.

Schutzverantwortung

Auf der Suche nach Dekontextierungen, die Werte aus gewohnten Sinnverknüpfungen lösen, stößt man auf das Konzept der *„Responsibility to Protect"* als einer weiteren Spezifikation des „Human-Security-Konzepts". Mit dem Hinweis auf die „Schutzverantwortung", die die Weltorganisation für die Unversehrtheit der libyschen Zivilbevölkerung trage, wurde die *causa iusta* der Militärintervention in Libyen präzisiert. Was diese Formel charakterisiert, ist die Mediatisierung des Verantwortungsbegriffs, der seiner ursprünglichen Bedeutung entkleidet wurde, um sich ins Entscheidungsprogramm einzufügen. Die von Hans Jonas (1984) in seiner Verantwortungsethik aufgenommene semantische Traditionslinie von Ciceros „De officiies" bis hin zu Kants „Metaphysik der Sitten" benutzt den Begriff der Pflicht als Verpflichtung gegenüber einem Hilfsbedürftigen. Verantwortung ist als Einsatz für einen konkreten Anderen in diesem Sinne konstitutiv an das Tötungsverbot verknüpft.[15] Ausgehend von dem konzep-

---

[15] Das mit dem Notrecht auftretende Dilemma wird klassisch am Beispiel eines Schiffbrüchigen in der Abhandlung von Laktanz' „Brett des Karneades" abgehandelt. (Siehe dazu Korath 1998). Das Tötungsverbot findet hier Bestätigung, weil sich der Anspruch bestimmter Menschen, dass sich andere für meine und die Zwecke Dritter

tionell verdichteten Topos lässt sich nunmehr jedoch beliebiges tötendes und nicht tötendes Handeln anschließen.[16] Eine vom Programm aus diktierte Wahrnehmung von Relevanzen, Gefahren und Dringlichkeiten lässt jede außerprogrammatische Referenz, wirklichen Tod und wirkliche Folter, irrelevant werden. Irrelevant wird die Zahl der eigenen „Kollateralschäden" und irrelevant wird die Frage, ob das Töten gestoppt oder fortgesetzt wird. Was die Transformation des Werts in die programmatische Entscheidungsprämisse also anzeigt, ist das verschwundene Bewusstsein für die Differenz von programmatisch kontextierten Daten gestützter Empirie, die registriert wird, und einer Wirklichkeit, die nicht registriert wird.

So ist es zu erklären, dass Erfahrungen aus dem Kosovo-Luftkrieg bei den Befürwortern der Libyen-Intervention ausgeblendet wurden. Die Wahrnehmung der Schutzfunktion durch Bombardierungen von echten oder vermeintlichen Kampfverbänden, von militärischen Gebäuden und infrastrukturellen Einrichtungen erwies sich nicht nur als ungeeignet, die Zivilbevölkerung vor Übergriffen auf Leib und Leben durch Rebellen- und Regierungstruppen zu schützen. Weit alarmierender noch schienen Nachrichten über eine nicht mehr kontrollierbare Zerstörungskraft: Die modernen High-Tech-Waffen entfalten bereits auf der untersten Eskalationsstufe exterministische Wirkungen.[17]

Der Systemkontext der Just-Peace-Programmatik fungiert als Bedingung der Möglichkeit von Operationen, die auf das reagieren, was im Programm als Focus fixiert ist, nämlich Verantwortung für die Sicherheit der Menschen. Der Aufforderungscharakter, der von den Begriffen ausgeht, zielt also nicht auf den konkreten Schutz des konkreten Lebens von konkreten

---

opfern, nicht begründen lässt.

[16] Zur Verschiebung im Menschenrechtsverständnis von Abwehrrechten zu Anspruchsrechten, folglich zu Verfügungs- und Ermächtigungsrechten der Funktionssysteme, die Ansprüche erfüllen, siehe Brücher (2010). Im Zusammenhang mit dem rechtsethischen Prinzip des Notrechts geäußerte Bedenken, dass niemand verpflichtet werde könne, „sein eigenes Leben für die Ziele anderer opfern zu lassen" (Merkel 2011, S. 36), treten ganz in den Hintergrund.

[17] Eine diesbezügliche Einordnung sicherheits- und militärpolitischer Stellungnahmen findet sich bei Jürgen Link (1999). Er weist darauf hin, dass die Luftwaffe im Kosovo-Krieg bereits nach wenigen Wochen die Zerstörungskraft des gesamten Zweiten Weltkrieges überschritten habe.

Menschen, sondern auf die idealtypische Schutzfunktion, die von der globalen Instituierung eines Regelwerkes erwartet wird, das mit dem Etikett „gerechter Frieden" ausgezeichnet ist. Wenn es die Intention des ICISS-Kommissionsberichts[18] gewesen sein sollte, mit der „Responsibility to Protect" die Zivilbevölkerung vor Übergriffen durch rivalisierende politische Gruppierungen zu schützen, so gibt es eine auffällige Diskrepanz zum angelsächsischen wertethische Denken. Denn eben jene „Immunität der Nichtkombattanten", in der *Bellum-iustum-Tradition* ein unverrückbarer Bestandteil des *ius in bello*, wird von John Rawls, dem Vater der Just-Peace-Programmatik, als Relikt einer überkommenen Moralbindung verworfen. Das ist im Rahmen einer neo-kantianischen Ausrichtung schlüssig, die kategorischen Imperativ und hier verankertes Instrumentalisierungsverbot durch den hypothetischen Konsens einer fiktiven Ur- bzw. Diskursgemeinschaft ersetzt hat. Ausgehend davon darf es keine programmatischen Einschränkungen der politisch-strategischen Handlungsfreiheit geben, wenn das Projekt eines gerechten Friedens global verwirklicht werden soll.

Das utilitaristische, am Nutzen ausgerichtete Moralverständnis verschmilzt im Projekt einer künftigen gerechten Weltordnung mit seinem sollensethischen Gegenentwurf. Folglich ist das Just-Peace-Konstrukt, unter dessen Ägide die Elemente Mensch, Sicherheit und Verantwortung in Beziehung gesetzt werden, durch eine in ihren Geltungen nicht mehr überprüfbare utilitaristische Begrifflichkeit konditioniert. Wie aber sollte der konkrete Mensch durch ein handlungsleitendes und -legitimierendes Denken geschützt werden, das weder die Schonung von Unschuldigen noch gar ein Verbot der Instrumentalisierung des Lebens von Menschen begründen lässt, deren Tod als nützlich erscheint? Es kann dann nur noch um die Frage gehen, wem die Rolle der Instrumentalisierenden (Intervenierenden) und wem die Rolle der Instrumentalisierten (Intervenierten) zuzusprechen ist. Wenn sich ethische Fragen in Machtfragen auflösen, lassen sich weder Menschenrechtsverletzungen anklagen noch gar humanitäre Interventionen legitimieren.

Da komplexe Systeme Werte nur als programmatische Entscheidungsprämissen berücksichtigen können, müssen politische Akteure nicht für das

---

[18] Siehe oben Anm. 10.

Handeln selbst – die Militärintervention – sondern nur für die Qualität der Zweckformel Verantwortung übernehmen. Sie sind letztlich nur dafür verantwortlich zu machen, dass gewisse fraglos anerkannte Standards politischer Semantik beachtet werden. So richtet sich der Imperativ verantwortlichen Handelns allein auf die Unversehrtheit des „amerikanischen Traums" bzw. die „westlichen Wertegemeinschaft". Aus diesem Grund sahen sich George W. Bush und seine Verbündeten keineswegs gezwungen, die vom Sicherheitsrat nicht autorisierte militärische Intervention in Afghanistan als völkerrechtswidrigen Angriffskrieg anzuerkennen[19] und die Truppen abzuziehen. Jedoch sahen sie sich genötigt, das Logo zu verändern, von dem die Kampfhandlungen ihr humanes Profil einer amerikanischen Vergeltungsaktion bezogen.[20] Das anfänglich gewählte Motto *„Infinite Justice"*, der christlich fundamentalistische Vorstellungen von heilsgeschichtlichen Ausscheidungskämpfen assoziieren ließ, wurde zugunsten der Devise *„Enduring Freedom"* aufgegeben. Mit dieser neuen Formel ließ sich jener breite transatlantische Konsens bezüglich liberaler gesellschaftspolitischer Ordnungsvorstellungen zur Rechtfertigung der Militäroperationen nutzen.

Wenn ein repräsentativer juristischer Diskurs[21] die Ablösung von einem „defensiven" Verständnis staatlicher Souveränität als Schutz nationaler Selbstbestimmung und Abwehr äußerer Einmischung durch ein „verantwortliches" interventionistisches Verständnis begrüßt, dann liegen die Gefahren einer Politik auf der Hand, die für die eigene Seite Tötungslizenzen

---

[19]   Dies ist eine inzwischen auch in der konservativen Presse relativ einhellige Einschätzung. Siehe typisch Lothar Rühl, „Das Unwort Krieg. Rechtsfiktion und Realität in Afghanistan": In allen Resolutionen „fehlt das explizite „internationale Mandat" zum Krieg", es handele sich um Operationen „militärischer Kriegsführung in einem grenzüberschreitenden Bürgerkrieg mit ausländischer Beteiligung" (FAZ 23.07.2009, S. 8).

[20]   Auch die ethische Qualität eines Rechts auf Vergeltung, das in den USA in Anspruch genommen wird und in Europa in Erinnerung an die zentrale Bedeutung des „Revanche"-Gedankens unter den Nationalsozialisten und dem Luftkrieg der Alliierten in Misskredit geraten war, wird durch die Fixierung auf moralisch ausgewiesene Programmatiken der öffentlichen Diskussion entzogen.

[21]   Symptomatisch ist der Beitrag des Verfassungsrechtlers Matthias Herdegen „Zeitgemäße Souveränität. Das Zusammenspiel von staatlicher Freiheit und völkerrechtlichen Bindungen schützt die Bürger eines Staates und zugleich die ganze Staatengemeinschaft", in; FAZ 24.07, 2009, S. 9.

reklamiert, die der anderen Seite als Menschenrechtsvergehen verweigert werden. Die Aufkündigung des Gewaltverbots könnte einst jenen Staaten zum Verhängnis werden, die von erstarkten, sich selbst als „internationale Gemeinschaft" apostrophierenden asiatischen Ländern in die Rolle der Schurkenstaaten gedrängt werden. In dieser Situation ist eine Beschäftigung mit den ethiktheoretischen Voraussetzungen der allseits unterstützen Just-Peace-Programmatik vorrangig. Denn diese verlangt bislang nicht, Menschenleben zu schonen, sondern nur, die geopferten Menschenleben in einer zeitgemäßen gesellschaftspolitischen Semantik als Kollateralschäden auszuweisen.

Literatur

Bleisch, Barbara/Strup, Jean-Daniel (Hg.) 2006. Pazifismus. Ideengeschichte, Theorie und Praxis. Bern: Haupt Verlag.

Brücher, Gertrud 2010. Menschen – Recht auf Verantwortung. Universität Flensburg. Projekt Verantwortung und Vertrauen. http://www.uni-flensburg.de/projekte/vuv/deutsch/texte/

Brücher, Gertrud 2011. Gewaltspiralen. Zur Theorie der Eskalation. Wiesbaden: VS-Verlag.

Chwaszcza, Christine/Kerstin, Wolfgang (Hg.) 1998. Politische Philosophie der Internationalen Beziehungen. Frankfurt: Suhrkamp.

Cremer, Uli 2011. Komplexes Gemisch. Die westlichen Mächte und der Libyenkrieg, Wissenschaft & Frieden: 2011, S. 19-22.

Dieterich, Sandra/ Hummel, Hartwig/ Marschall, Stefan 2009. Kriegsspielverderber? Europäische Parlamente und der Irakkrieg 2003, in: Zeitschrift für internationale Beziehungen 16, S. 5-38.

Jonas, Hans 1984. Das Prinzip Verantwortung. Versuch einer Ethik für die technische Zivilisation. Frankfurt: Suhrkamp.

Korath, Heinz 1998. Zum entschuldigenden Notstand. In: Juristische Arbeitsblätter, S. 250.

Lehmann, Volker/Schütte, Robert 2011. Die Zukunft der Responsibility to Protect nach dem Fall Gaddafis, Friedrich-Ebert-Stiftung, Perspektive, Oktober 2011, library.fes.de/pdf-files/iez/08553.pdf

Link, Jürgen 1999. Die Autopoiesis des Krieges, in: Wissenschaft & Frieden: Marburg, 17, 1999, Heft 3, S. 7-12.

Luhmann, Niklas 1973. Zweckbegriff und Systemrationalität. Über die Funktion von Zwecken in sozialen Systemen. Frankfurt: Suhrkamp.

Merkel, Reinhard 2011. Die Militärintervention gegen Gaddafi ist illegitim, in: FAZ 22.03.2011, Nr. 68, S. 35.

Münkler, Herfried 2006. Militärinterventionen in aller Welt, in: FAZ 09.10.2006, S. 8.

Rawls, John 2002 Das Recht der Völker. Berlin New York: de Gruyter (Originaltitel: The Law of Peoples, 1999, übersetzt von Wilfried Hinsch).

Strup, Jean-Daniel/Grotefeld, Stefan (Hg.) (2007). Der gerechte Krieg zwischen Pazifismus und gerechtem Krieg. Paradigmen der Friedensethik im Diskurs. Stuttgart: Kohlhammer.

Kapitel 12

LIBYEN: LAND VOLLER WAFFEN

Herbert Wulf

Der Run von Politik und Rüstungsindustrie auf Tripolis

Fast alle Länder, die seit dem Frühjahr 2011 im Namen der NATO libysche Truppen bombardierten, waren vorher maßgeblich an der Bewaffnung dieser Truppen beteiligt. Und auch andere Länder, die die NATO wegen ihrer Interventionspolitik kritisieren, waren Komplizen der Aufrüstung Libyens. Die im Frühjahr 2011 nach dem Ausbruch der Rebellion entdeckte plötzliche Empörung über Muammar al-Gaddafi als Mörder am eigenen Volk passt schlecht zu der Politik, die von den gleichen Regierungen in den vergangenen Jahren betrieben wurde.

Die Vereinten Nationen und die EU hoben in den Jahren 2003 bzw. 2004 ihre Waffenembargos gegenüber Libyen auf, als das dortige Regime erklärte, auf die Herstellung und den Einsatz nuklearer, chemischer und biologischer Waffen zu verzichten, und außerdem anbot, finanzielle Kompensationen für die Opfer von Terroranschlägen zu zahlen. Die libyschen Öllieferungen waren in den Folgejahren gleichsam das Schmiermittel für die Rückkehr des Landes nach langer Isolation in die „internationale Völkergemeinde". Gaddafi zeigte sich außenpolitisch konziliant; was aber nichts an dem Charakter seiner repressiven Innenpolitik änderte.

Seit jenen Jahren bemühten sich Rüstungsfirmen aus aller Welt um den lukrativen libyschen Markt. Nach mehr als einem Jahrzehnt, in dem Libyen von Waffenimporten abgeschnitten war, trat das Land nun wieder als potenter Käufer auf, um sein veraltetes Arsenal zu modernisieren. Einige Beispiele, die im März nach Ausbruch der Revolution von SIPRI zusammengestellt wurden (Wezeman 2011), hier ergänzt um weitere Exportgeschäfte:

• Auf der Waffenmesse Libdex, November 2010, in Tripolis waren über 100 Firmen aus 24 Ländern vertreten. Über die Hälfte der Firmen waren britische Aussteller.

- Die Regierungschefs aus Frankreich, Italien, Russland und Großbritannien wurden von Managern der Rüstungsfirmen bei ihren Besuchen in Libyen begleitet.

- Während für Länder wie China, Myanmar und Simbabwe aufgrund der dortigen Menschenrechtsverletzungen weiterhin EU-Waffenembargos gelten, übersah man dies in Libyen in den letzten Jahren geflissentlich.

- 2011, wenige Monate nach der o.a. Waffenexportmesse, war Italien die Hauptbasis für die militärischen Operationen der NATO gegen Libyen; vorher war das Land der Hauptlieferant für Geräte zur Überwachung der libyschen Grenzen. Mit Gaddafis Regierung hatte die EU einen Deal gemacht, afrikanische Flüchtlinge möglichst von den Grenzen Italiens fern zu halten.

- Der französische Präsident Sarkozy war der erste, der die aktive Politik der Waffenlieferung umkehrte und für militärische Aktionen gegen Gaddafi eintrat. Diese Entscheidung fiel unmittelbar nachdem die letzten französischen Ingenieure, die an Rüstungskontrakten arbeiteten, heimgekehrt waren.

- Französischen Rafale-Kampfflugzeuge, die Frankreich unbedingt an Libyen hatte verkaufen wollen, bombardierten 2011 libysche Haubitzen, für deren Modernisierung eine italienische Firma 2010 einen Vertrag erhalten hatte.

- Großbritannien, auch in vorderster Front bei den Militäraktionen, startete eine Marketingkampagne in Libyen, um moderne Jernas-Luftabwehrsysteme zu verkaufen, und lieferte ein neues Kommunikationssystem für die veralteten russischen T 72-Panzer in Libyen. 2011 wurden diese dann von britischen Präzisionslenkwaffen zerstört.

- Libyen hat selbst Kleinwaffen (Pistolen, Gewehre usw.) hergestellt. 2007-2008 lieferte die Ukraine über 100.000 Gewehre, und Russland unterzeichnete einen Vertrag im Jahr 2010 und hat (wahrscheinlich) auch kompakte Igla S-Flugabwehrraketen geliefert.

- 2009 lieferte eine italienische Firma 10.000 Handgranaten, und die belgische Regierung autorisierte die Lieferung eines ersten kleinen

Kontingents von Hochtechnologie-Gewehren. Die Begründung lautete: Die Gewehre würden von libyschen Truppen benötigt, die in Darfur (Sudan) Konvois mit humanitären Gütern schützten.

- Die britische Regierung untersagte einem Waffenhändler den Export von 130.000 Kalaschnikows wegen des Risikos, dass sie nach Darfur umgeleitet würden, aber sie erlaubte den Verkauf von Gewehren für Scharfschützen nach Libyen.

- In scharfer Konkurrenz zu einigen EU-Ländern versuchte Russland, Kampfflugzeuge und modernisierte weitreichende S 300-Flugabwehrsystem zu verkaufen, und bot Reparatur- und Modernisierungspakete für Kampfpanzer und Kampfflugzeuge an. „Im Vergleich zu russischen Lieferungen" so meinte Spiegel online (Böcking 2011), „nehmen sich die EU-Geschäfte zwar bescheiden aus. Für 2010 bestellte Tripolis Waffenexporte im Umfang von rund 1,5 Milliarden Euro aus Moskau, das Libyens Militär schon zu Sowjetzeiten ausgerüstet hatte." Sergei Chemezov, Direktor der russischen staatlichen Rüstungsexportfirma wurde mit der Aussage zitiert, Russland gingen durch den Krieg gegen das Gaddafi Aufträge in Höhe von vier Milliarden Dollar verloren (Deen 2011).

- Die USA genehmigten im US-Finanzjahr 2009 die Lieferung von Flugzeugen und Ersatzteilen sowie Militärelektronik im Wert von über $ 15 Millionen, nachdem sie zunächst nach der Aufhebung des Embargos 2003 weiterhin eine restriktive Politik der Nichtlieferung verfolgt hatten (US Department of State, S. 218-219).

- Jeff Radebe, Vorsitzender des südafrikanischen Komitees für konventionelle Rüstungskontrolle, beteuert, als die Entscheidung fiel, Waffen nach Libyen zu verkaufen, habe es keinen Grund gegeben anzunehmen, dass sie zur Verletzung von Menschenrechten genutzt würden.

- Gemäß dem offiziellen Rüstungsexportbericht der EU genehmigte die deutsche Regierung allein im Jahr 2009 Lizenzen für den Export von Rüstungsgütern nach Libyen über € 53.154.423 – vor allem für Fahrzeuge und Elektronik (EU Council 2011, S. 160-162).

• Im September 2011 berichteten libysche Medien, dass sie Dokumente besäßen, dass China noch im Juli 2011, trotz des bestehenden UN-Embargos große Mengen Waffen angeboten hätte. Chinesische staatliche Rüstungsfirmen seien bereit gewesen, Waffen und Munition im Wert von mindestens US $ 200 Millionen an Gaddafis Armee zu verkaufen.[1] Die chinesische Regierung bestritt, dass sie Waffen geliefert habe.[2]

Es gibt eine Parallele zur Aufrüstung Libyens und dem anschließenden Katzenjammer. Nach dem ersten Golfkrieg, in dessen Verlauf Saddam Hussein auf Waffenlieferungen aus aller Welt zurück greifen konnte, erfolgte eine Evaluierung der Waffenexportpolitik der großen Lieferländer. In den Vereinten Nationen beschlossen die Mitgliedsländer die Etablierung eines Waffenregisters zur Schaffung von Transparenz im Waffenhandel, um in Zukunft vor bösen Überraschungen gefeit zu sein. Gelernt hat man aber anscheinend wenig aus diesen Erfahrungen. Denn in Libyen standen die relevanten Rüstungsproduzenten Schlange mit ihren Verkaufsangeboten. Damit signalisierten viele Länder Unterstützung für Gaddafis repressives Regime. Allerdings hielt sich die Regierung Gaddafis trotz der permanenten Marketingbemühungen der Rüstungsfirmen bei großen Vertragsabschlüssen auffallend zurück. Man kaufte vor allem Ersatzteile und moderne Elektronik, um die veralteten vorhandenen Waffen zu modernisieren. Die Zurückhaltung beim Kauf neuer Waffen mag dazu geführt haben, dass die libyschen Truppen 2011 nicht so stark waren, die Rebellen einfach zu überrennen. Wären allerdings die russischen S 300- und die britischen Jernas-Flugabwehrsysteme bereits geliefert worden, wären sie zu einer Gefahr für die Durchsetzung der Flugverbotszone durch die NATO geworden.

Exkurs: Alles schon mal da gewesen

Am 17. Februar 1989 saß Bundeskanzler Helmut Kohl mit versteinerter Miene im Bundestag und weigerte sich, zum Export einer Chemiewaffenfabrik nach Libyen durch deutsche Firmen und zu den Versäumnissen seiner Regierung Stellung zu nehmen. Eine Woche zuvor war Bundesaußenminister Genscher bei der Pariser Chemiewaffenkonferenz aufgetreten.

---

[1] Shabab Libya, Libyan Youth Movement http://shabablibya.org/news/chinese-arms-companies-offered-to-sell-weapons-to-gaddafi-regime.

[2] http://www.chinadaily.com.cn/usa/epaper/2011-09/06/content_13631741.htm.

Stolz hatte er die deutschen Bemühungen um ein C-Waffen-Verbot präsentieren wollen, doch stattdessen sah er sich scharfer Kritik ausgesetzt. Denn mit technischer Hilfe aus Deutschland wurde, wie zuvor im Irak, nun in Libyen eine Anlage gebaut, die Gaddafi den Griff zur Chemiewaffe ermöglichen würde. Bereits einen Monat zuvor hatte die Opposition im Bundestag den Bundeskanzler gefragt, was und ab wann er etwas über die Geschäfte gewusst habe. Er hatte die Antwort verweigert. Erst als der Skandal durch Berichte in der Presse in die Öffentlichkeit kam, legte die Bundesregierung einen detaillierten Bericht vor.

Der Vorgang spiegelte einerseits die alltägliche Normalität der damaligen und auch der heutigen deutschen Rüstungsexportpraxis wider. Normal ist inzwischen, dass umfangreiche Rüstungsexportgeschäfte abgewickelt und mit einer Fülle von Argumenten von der Regierung legitimiert werden. Die offiziell angegebenen Gründe reichen von der Behauptung, es handele sich um zivile Geschäfte, bis hin zu der notwendigen Wahrung deutscher Interessen durch Rüstungsexporte. Andererseits war aber der damalige Vorgang, der zur Lieferung einer Chemiewaffenfabrik führte, aus zweierlei Gründen außergewöhnlich: Im Ausland wurde wegen des politisch offenkundig unkorrekten Agierens einiger Geschäftemacher das Bild vom „hässlichen Deutschen" gezeichnet. Vom „Auschwitz im Wüstensand" war die Rede. In der Regel wird im Ausland dem Treiben deutscher Firmen im Rüstungsgeschäft gelassen zugesehen, denn deutsche Unternehmen sind nicht die einzigen, die für ein profitables Geschäft das nötige Gerät in eine Kriegs- oder Konfliktregion liefern. Doch die Lieferung von Anlagen zur Herstellung von Giftgas aus Deutschland, war aufgrund der deutschen Geschichte denn doch zu ungeniert. Die zweite Besonderheit war – nachdem der Skandal nicht mehr zu vertuschen war – die Veröffentlichung eines amtlichen Berichtes, in dem Einzelheiten publiziert wurden: die Anfänge des Geschäftes, die Kenntnis der Regierung, die Warnungen von Seiten der Geheimdienste, die mangelnden Exportkontrollen und die dilettantische Handhabung durch die Bundesregierung. Solch umfangreiche Informationen hatte es zuvor nie gegeben (Wulf 1989).

Die seit 2000 eingeführten jährlichen Rüstungsexportberichte der Bundesregierung haben heute zwar etwas mehr Transparenz geschaffen, doch bleibt die Informationslage nach wie vor prekär, wie die kritischen Analysen der Gemeinsamen Konferenz Kirche und Entwicklung (GKKE 2010) immer wieder belegen. Die Berichte werden in der Regel erst 12 bis 18 Monate nach dem Berichtszeitraum veröffentlicht. Das bedeutet, dass zu aktuellen Kontroversen in der Regel keine offiziellen Informationen vorliegen. Außerdem weigert sich die Bundesregierung, die tatsächlichen Lieferungen zu benennen. Genannt werden in den Berichten lediglich die erteilten Genehmigungen.

Entwicklung des Waffenhandels mit Libyen

Die Waffenlieferungen an Libyen während der 41-jährigen Herrschaft Gaddafis von 1969 bis zum Ausbruch der libyschen Rebellion 2011 kann in drei Phasen unterteilt werden. Unmittelbar nach der Machtergreifung richteten sich Gaddafis politische Ambitionen auf den Pan-Arabismus; alle fremden militärischen Stützpunkte im Land wurden geschlossen, und die Regierung verstaatlichte die Ölindustrie. Die nun vermehrt dem libyschen Staat zufließenden Öl-Einnahmen dienten unter anderem dem Import moderner Waffensysteme im großen Stile. Der Höhepunkt der Importe wurde im Jahr 1978 mit dem Import im Wert von über 4 Milliarden US Dollar erreicht.[3] Die Hauptlieferanten in dieser Phase waren mit großem Abstand die UdSSR, die rund 90% aller Waffen für Libyen lieferte, gefolgt von Frankreich. Aber auch Länder wie die damalige Tschechoslowakei, Italien, Brasilien, Großbritannien und Deutschland beteiligten sich mit Waffenlieferungen. Im Laufe der 1980er Jahre sanken dann die jährlichen Waffenimporte kontinuierlich.

Die zweite Phase ab Mitte der 1980er ist durch zunächst geringere Waffenlieferungen (fast ausschließlich aus der UdSSR) und schließlich durch das Versiegen der Waffenexporte nach Libyen gekennzeichnet. In dieser Phase isolierte sich die libysche Regierung international, in dem sie libysche Regimegegner im Exil verfolgte und Terroranschläge unterstützte (wie beispielsweise den Anschlag auf eine Berliner Diskothek, bei dem drei US-Soldaten getötet wurden). Der Bombenanschlag im Auftrag Gaddafis auf den Pan Am-Flug 103 über Lockerby in Schottland im Jahr 1988 mit 270 Toten führte schließlich zur Verhängung von Sanktionen durch die

---

3   Quelle: SIPRI Arms Trade Register (Oktober 2011): http://armstrade.sipri.org/armstrade/html/export_values.php

Vereinten Nationen, die insbesondere auch ein Waffenembargo beinhalteten. Es handelte sich um sehr restriktive wirtschaftliche Maßnahmen, so dass die Streitkräfte Libyens ab Beginn der 1990er praktisch komplett von Waffenlieferungen aus dem Ausland abgeschnitten waren.

Während dieser ersten und zweiten Phase bemühte sich Gaddafi auch aktiv um den Aufbau einer technologischen Infrastruktur, die Libyen unter anderem in die Lage versetzten sollte, nukleare, chemische und möglicherweise auch biologische Waffen herzustellen. Diese Politik Libyens war vor allem gekennzeichnet von dem Versuch, ein Gegengewicht zu den israelischen Atomwaffen zu schaffen. Die Regierung bemühte sich in zahlreichen Ländern (u.a. in der VR China, Russland, Argentinien, Japan, Indien, Pakistan) um Nukleartechnologie und um Chemieanlagen (dies vor allem in Deutschland). Tatsächlich wurde Libyen auch tatkräftig unterstützt. Doch die Versuche zum Aufbau eines leistungsfähigen Arsenals von Massenvernichtungswaffen blieben in den Anfängen stecken.

Die libysche Regierung betrieb lange eine ambivalente Atomwaffenpolitik: Einerseits bemühte sie sich aktiv um den Bau von Atomwaffen, andererseits aber betonte sie ab Mitte der 1990er Jahre, sich für Atomwaffenfreiheit einzusetzen und unterzeichnete 1996 den Vertrag zur Schaffung der Afrikanischen Nuklearwaffenfreien Zone (Vertrag von Pelindaba), trat aber erst 2005 dem Vertrag formell bei und unterzeichnete später auch Inspektionsabkommen mit der dafür verantwortlichen International Atomic Energy Agency in Wien (IAEA).

Die dritte Phase der Waffenlieferungen nach Libyen mit der abermaligen Aufnahme von Exporten an Gaddafis Regime begann Ende der 1990er Jahre. 1999 lieferte Libyen zwei libysche Staatsbürger aus, die des Attentates auf den Pan Am-Flug 103 verdächtigt und schließlich auch verurteilt wurden. Unmittelbar danach und nach der Mitteilung französischer Offizieller, dass Libyen wegen der Ermittlungen um die Bombardierung eines Flugzeugs der französischen Fluggesellschaft UTA im Jahr 1989 nun kooperieren würde, suspendierten die Vereinten Nationen 1999 die 1992 verhängten Sanktionen gegen Libyen. Gleichzeitig aber unternahm Libyen Anstrengungen, Chemiewaffen zu erwerben. Im September 2003 hob der UN-Sicherheitsrat die Sanktionen und das bereits 1999 suspendierte Waffenembargo gegen Libyen auf, wobei sich die USA und Frankreich der Stimme im Sicherheitsrat enthielten. Vorausgegangen war die Zustimmung aus Tripolis, die Verantwortung für die Bombenattentate bei den Flugzeugabstürzen zu übernehmen und den Hinterbliebenen finanzielle Kompensationen zu zahlen. Als dann US-amerikanische und britische Experten mit Zustimmung der Regierung in Libyen damit begannen, Pläne, Unterlagen und gelagertes Material für die Herstellung von Massenvernichtungsmitteln abzutransportieren, und als Libyen ein Zusatzprotokoll für weitergehende Inspektionen der IAEA im März 2004 unterzeichnete, hob auch die EU das von ihr seit 1986 verhängte Waffenembargo ebenfalls auf. Ab 2005 kehrten die Ölfirmen nach Libyen zurück, und auch die Waffenlieferungen wurden wieder aufgenommen. Muammar al-Gaddafi kehrte wieder auf die internationale Bühne zurück und wurde von zahlreichen Regierungschefs hofiert. Schließlich wählte ihn die Afrikanische Union 2009 zum Vorsitzenden.

Die von SIPRI für die Jahre ab 2005 publizierten Zahlen der libyschen Waffenimporte, die im Vergleich zur ersten Phase in den 1970er Jahren sehr niedrig liegen, spiegeln die Bedeutung dieses Handels nicht wirklich wieder; denn die SIPRI Waffenhandelsstatistik enthält nur den Transfer großer Waffensysteme. Gaddafi erhielt aber vor allem Militärelektronik, Ersatzteile, Kommunikationsmittel und ähnliches – Rüstungsgüter, die von SIPRI in der Transferstatistik nicht erfasst werden, die aber für die Modernisierung der veralteten Waffensysteme der libyschen Streitkräfte außerordentlich wichtig waren.

Der jährlich erscheinende Bericht über Rüstungstransfers in Entwicklungsländer für den amerikanischen Kongress listet Exportabschlüsse im Wert von 2,1 Milliarden US $ für den Zeitraum von 2003 bis 2010 auf, davon entfallen allein auf Europa 1,7 Milliarden (Siehe Tabelle 1).

Tabelle 1: Waffenhandelsabkommen mit Libyen (2003 bis 2010) in Millionen US $

USA	Russland	China	Europäische Länder	Gesamt-umfang
0	400	0	1700	2100

Quelle: Grimmett (2011, S. 43 und 44)

Wie umfangreich die Kooperation war und auch für die Zukunft geplant wurde, hätte nicht die arabische Rebellion dem Treiben einiger Diktatoren einen Strich durch die Rechnung gemacht, zeigen die Genehmigungen für Rüstungstransfers der EU-Länder. Die beiden offiziellen Berichte der EU für 2009 und 2010 listen Frankreich als größten EU-Rüstungsexporteur nach Libyen mit Lizenzen von knapp über 220 Mio. € auf sowie Lieferungen in den beiden Jahren von über 130 Mio. €. Italien folgt auf Platz 2, Großbritannien an dritter und Deutschland an vierter Stelle. Der Bericht für das Jahr 2011 steht noch aus; vermutlich sind aber die Lieferungen wegen des Krieges und des erneut ausgesprochenen Waffenembargos der UN rückläufig gewesen.

Tabelle 2: Genehmigung von Exportlizenzen für Rüstungsgüter (und Lieferungen) 2009 und 2010

	Genehmigungen	Lieferungen (nur soweit gemeldet)
Frankreich	223,0	132,7
Italien*	157,8	45,4
GB	63,0	k.A.
Deutschland	59,3	k.A
Belgien	23,3	k.A.
Portugal	14,9	5,0
Gesamte Lizenzen der EU-Länder*	566,2	274,8

* Malta gab im Bericht angeblich fälschlicherweise die Lieferung von Waffen im Wert von 79,698 Mio. € an; es handelt sich um italienische Berreta-Kleinwaffen, die über Malta geliefert wurden. Tatsächlich aber wurden "nur" Waffen im Wert von € 7,9 Mio. verkauft. Vermutlich ist die Summe der gesamten Lizenzen, wie sie im EU Bericht angegeben wurde (€ 343,7 Mio.), um diese Differenz überhöht. Die Zahlen wurden hier korrigiert, die Lieferung Italien zugerechnet. Zur Einschätzung dieses Vorgangs Fehl (2011, S. 10).
k.A. = keine Angaben
Quelle: EU Council 2011a, S. 160-162 und EU Council 2011b S. 175-178

Die EU-Länder steigerten ihre Exportgenehmigungen nach Aufhebung des Embargos beträchtlich: 2005 wurden Genehmigungen für € 72 Mio. erteilt, 2006 für € 59 Mio., 2007 für 109 Mio., 2008 für 250, 2009 für 272 und 2010 für 294 Mio.[4]

Ein Blick auf die Details der EU-Berichte gibt Aufschluss über die Art des Gerätes und der Waffen, die für den Export frei gegeben wurden. Besonders herausragend sind Fluggeräte und Ersatzteile sowie Komponenten für Flugzeuge (Militärliste ML 10), Militärelektronik (ML 11), aber auch kleinkalibrige Waffen unter 20 mm (ML 1) und auch Landfahrzeuge (ML 6), sämtlich also Kriegsgerät und Material, das bei den Kämpfen im Jahr 2011 auch eingesetzt werden konnte. (Es sei noch einmal ausdrücklich darauf verwiesen, dass es sich um Export*genehmigungen* handelte; nicht in jedem Falle erfolgte auch eine Lieferung).

---

[4] Zitiert nach The Guardian (auf der Basis der EU-Berichte) http://www.guardian.co.uk/news/datablog/2011/mar/01/eu-arms-exports-libya sowie EU 2011a und EU 2011b.

Tabelle 3: Exportlizenzen der vier größten Waffenexporteure der EU (2009 und 2010, in € 000)

ML**	Waffenkategorie***	Italien 2009	Italien 2010	Deutschland 2009	Deutschland 2010	Frankreich 2009	Frankreich 2010	G.B. 2009	G.B. 2010	Gesamt EU 2009	Gesamt EU 2010
ML 1	Kleinkalibrige Waffen	7.969				7	7	11	728	25.940	910
ML4	Bomben, Torpedos, etc.	2.585		242		264	41.667	77	77	3.169	41.806
ML 5	Feuerleiteinrichtungen		4.780		4.400	1.092	31.839	186	110	1.278	44.994
ML 6	Landfahrzeuge		24.287	9.010	1.012	10	416	38	3.386	9.092	31.579
ML 7	Chemische, biolog. Stoffe etc				4	477		211	27	687	31
ML 10	Luftfahrzeuge	107.727		43.265	694	17.518	3.654	811	73	142.968	6.080
ML 11	Elektronik	1.017	8.924			2.047	24.176	20.693	19.405	67.021	53.200
ML 13	Spezialpanzer, Schutzausrüst.	87		58		2.567		4.897	1	4.897	1
ML 15	Bildausrüstung, Gegenmaßn.	381				5.071	90.542	103	180	5.556	98.660
ML 17	Versch. Ausrüstungsgegenst.			421		1.058	30		1.529	5.426	4.457
ML 18	Produktionsgüter mil. Zwecke									421	
ML 21	Militärische Software							1231	4.833	1231	13
ML 22	Technologie für mil. Zwecke	158		158		430	195	1	14	590	265
	Gesamt	119.766	37.931	53.154	6.109	30.543	192.538	25.552	37.384	272.0112	293.861

* siehe Anmerkung in Tabelle 2 (korrigierte Zahlen für Italien)
** Militärlise der EU
*** nur Kategorien, in denen die drei größten Exporteure Lizenzen vergaben.
Quelle: EU Council 2011a, S. 160-162, EU Council 2011b, S. 175 – 178.

Die Waffenembargos der Vereinten Nationen, der USA und der Europäischen Union bis 2003 bzw. 2004 verhinderten weitgehend den Waffenim-
port der Streitkräfte Libyens. Deshalb stammte der Großteil der libyschen
Waffen zum Zeitpunkt des Krieges 2011 noch aus Beständen der Sowjetunion. Die Ausrüstung befand sich in einem schlechten bzw. veralteten
Zustand. Daher wurde Libyen in den Jahren zuvor nach der Aufhebung der
Embargos und bis zur erneuten Verhängung eines Waffenembargos durch
die Vereinten Nationen im Februar 2011 ein attraktiver Absatzmarkt.

Deutsche Rüstungsexporte nach Libyen

Auch deutsche Rüstungsfirmen stiegen in den Waffenmarkt Libyen ein.
Zunächst wurden in den Jahren 2000 und 2003 Fahrzeuge bzw. Ersatzteile
für Maschinen geliefert, die vermutlich weder von dem UN- noch dem
EU-Waffenembargo betroffen waren. In den Folgejahren erhöhte sich das
Engagement deutscher Firmen (mit Genehmigung der Bundesregierung)
deutlich, um die veraltete Ausrüstung der Streitkräfte von Libyens Diktator
Gaddafi zu modernisieren. Es waren vor allem Lieferungen von Kommu-
nikationsausrüstungen, wie Teile für Gefechtsfeldüberwachungsradar und
anderes elektronisches Gerät, aber auch Hubschrauber aus Deutschland –
sämtlich Gerät, das zur Kriegsführung erforderlich ist.

**Tabelle 4: Deutsche Rüstungsexporte nach Libyen nach Außenwirt-
schaftsgesetz, (Genehmigungen 1999-2009)**

Jahr	Güter/in Prozent des Gesamtwertes	Rüstungsexporte in Mio. €
1999	Keine deutschen Rüstungsexporte	-
2000	Sattelzugmaschine mit Tiefladesattelauflieger	0,33
2001	Keine deutschen Rüstungsexporte	-
2002	Ersatzteile für Militärfahrzeuge, Peilsysteme, Funkgeräte und Navigationsanlangen	-
2003	Ersatzteile für Strangpresse, Geländewagen	1,31
2004	Keine deutschen Rüstungsexporte	-
2005	Geländewagen	0,31

2006	Kommunikationsausrüstung und Teile 58,8%; Splitterschutzanzüge: 39,3%	2,0
2007	Hubschrauber und Teile für Hubschrauber 66,2%; Detektionsausrüstung, Dekontaminationsausrüstung, ABC Schutzbekleidung und Teile für Detektionsausrüstung und Dekontaminationsausrüstung 32,6%	23,84
2008	Kommunikationsausrüstung und Teile für Kommunikationsausrüstung 58,7%; Gefechtsfeldüberwachungsradar und Teile für Gefechtsfeldüberwachungsradar 28,2%	4,18
2009	Kommunikationsausrüstung, Störsender und Teile für Kommunikationsausrüstung: 81,4%	53,15
2010	Gefechtsfeldüberwachungsradar, Geländewagen mit Sonderschutz	6,11

Quelle: BICC (2011) http://bicc.de/ruestungsexport/pdf/countries/2011_libyen. pdf auf der Basis der Rüstungsexportberichte der Bundesregierung 1999-2009, sowie Rüstungsexportbericht der Bundesregierung 2010 (http://www.bmwi.de/ BMWi/Navigation/Service/publikationen,did=460150.html).

Im Jahr 2007 berichtete die deutsche Presse ausführlich über eine militärische Kooperation zwischen Frankreich und Libyen. Demnach sollte eine EADS-Tochter Milan-Panzerabwehrraketen im Wert von 168 Mio. € sowie Geräte zur Nachrüstung von Kommunikationsnetzen an Libyen liefern. Da die EADS-Panzerabwehrraketen in deutsch-französischer Kooperation hergestellt werden, ist Deutschland stärker in Lieferungen an Libyens Diktator Gaddafi involviert, als die Rüstungsexportberichte der Bundesregierung signalisieren. Die Abschussanlagen werden im bayerischen Schrobenhausen von der EADS-Tochter LFK produziert, die Raketen von der französischen EADS-Tochter MBDA Systems. Nach Informationen des Handelsblattes vom 16. März 2011 „genehmigten deutsche Behörden explizit die Ausfuhr von Abschuss-Anlagen für Panzerabwehrraketen des Typs ‚Milan 2' über Frankreich an Libyen. Die Geräte wurden im Rahmen

eines bereits 2007 geschlossenen Vertrages zwischen Frankreich und Liby-
en 2009 an das Regime in Tripolis geliefert."[5] Außerdem sollen Geräte zur
Nachrüstung von Kommunikationsnetzen im Wert von 130 Mio. € Euro
im Rahmen dieses Vertrages geliefert worden sein (BICC 2011). Was vor
mehr als 20 Jahren in Deutschland bezüglich der Rüstungskooperation mit
Libyen Usus war, galt auch wieder ab 2004, und Deutschland steht nicht
alleine da.

Waffenembargos und was sie wert sind

Am 26. Februar 2011 beschloss der Sicherheitsrat der Vereinten Nationen
mit seiner Resolution 1970 Sanktionen gegen Libyen, die ein unbefristetes
Lieferembargo für Waffen und militärisches Gerät enthielten. Begründet
wurde das Lieferverbot mit den groben Menschenrechtsverletzungen, einschließlich der Repression friedlicher Demonstranten durch die libysche
Regierung. Am 17. März 2011 folgte dann Resolution 1973, die eine Flugverbotszone über Libyen vorsah und die Mitgliedsländer aufforderte, su-
spekte Seefracht nach Libyen auf hoher See zu kontrollieren. Seit der Anerkennung des Übergangsrates in Libyen durch die UN-Vollversammlung
am 16. September 2011 und der Verabschiedung der Resolution 2009 des
Sicherheitsrates am selben Tag können wieder Waffen nach Libyen geliefert werden, sofern das Sanktionskomitee der UNO informiert wird.

Während die Etablierung der Flugverbotszone und die darauf basieren-
den Luftangriffe der NATO eine heftige öffentliche Diskussion auslösten,
fand weitgehend unbeachtet von der Öffentlichkeit ebenso eine Diskussion
statt, ob man die libyschen Rebellen mit Waffen unterstützen solle und
dies, angesichts des UNO-Embargos, auch dürfe. Die Aufständischen forderten dies, und auch innerhalb der NATO kam es wiederholt zu derartigen
Diskussionen (Fehl 2011, S. 2).

Die Befürworter von Waffenlieferungen an die Rebellen argumentierten,
dass die UN-Resolution 1973 ausdrücklich betont, dass alle notwendigen
Maßnahmen getroffen werden sollten, um die Zivilbevölkerung zu schützen. Diese Schutzmaßnahmen sollten, so heißt es in Paragraph 4 der Resolution, „ungeachtet des Paragraphen 9 der Resolution 1970" erfolgen.

---

[5]   http://www.handelsblatt.com/politik/international/deutschlands-dunkles-
       geheimnis/3958662.html

Mit diesem Paragraphen 9 wird das Waffenembargo beschlossen.[6] Aus der Formulierung „ungeachtet" leiteten einige Regierungen die Berechtigung ab, trotz des Waffenembargos die Rebellen zu beliefern. Manche Völkerrechtler widersprechen dieser Interpretation und vertreten die Auffassung, dass eine sofortige Waffenruhe in der Resolution verlangt wird und daher Waffenlieferungen die „Resolution *ad absurdum"* führen würden (Heintze und Hertwig 2011; siehe auch den Beitrag Paech in diesem Band).

Diese Politik war so heikel, dass die NATO als Ganzes eine Politik der Nichtlieferung beschloss, einige Mitgliedsländer (Großbritannien, Frankreich, USA) diese Lieferungen dennoch verdeckt durchführten, während Deutschland beispielsweise die Versorgung der Rebellen mit Waffen ablehnte und auf eine strikte Einhaltung der Sanktionen pochte. Die USA wollten auf keinen Fall direkt involviert werden und baten nach einem Bericht der britischen Zeitung Independent Saudi Arabien, entsprechende Waffen zu liefern (Fisk 2011).

Der Hintergrund dieses Dilemmas ist (neben den mit dieser Politik verbundenen ökonomischen Interessen) vor allem die Frage, was die Folgen eines strikten Waffenembargos bzw. die Lieferung von Waffen an die Rebellen für den Ausgang des Krieges gewesen wären. Einerseits waren sich die Befürworter der Intervention, der Flugverbotszone und der Waffenlieferungen nicht sicher, welche Gruppierungen sie in Libyen mit dieser Politik unterstützen würden. Deshalb war Vorsicht angesagt. Andererseits aber war klar, dass das seit Februar 2011 wirksame Waffenembargo viel zu spät kam, um den Waffeneinsatz von Gaddafis Streitkräften zu verhindern. Weil Gaddafis Streitkräfte vorher bewaffnet worden waren, wirkte das Waffenembargo asymmetrisch zu Gunsten der Regierungsstreitkräfte. Ein Waffenembargo ist also keine neutrale Politik in einem Krisenfall und erst Recht keine Prävention eines Konfliktes, wenn vorher hemmungslos geliefert wurde. Fehl (2011, S 2) kommt zu folgendem Fazit: „Den Schaden, der durch die früheren europäischen Rüstungslieferungen an den libyschen Machthaber entstanden ist, kann weder ein nachträglich verhängtes Waffenembargo noch eine ausgleichende ‚Nachrüstung' der Aufständischen ungeschehen machen."

---

[6] Text der Resolution auf der Webseite der Vereinten Nationen: http://www.un.org/News/ Press/docs/2011/sc10200.doc.htm

Eine weitere Erkenntnis aus zahlreichen UN-Waffenembargos ist außerdem, dass in den meisten Fällen (beispielsweise im ehemaligen Jugoslawien) das Verbot umgangen und der Schwarzmarkt des Waffenhandels geradezu angeregt wurde und wird. Eine Studie aus dem Jahr 2008, in dem die Folgen von 74 Waffenembargos untersucht werden, kommt zu einem ernüchternden Ergebnis: In nur 30% aller Fälle hatten die Embargos einen nachhaltigen Effekt auf die Importe (Brzoska 2008). Die Durchsetzbarkeit des Embargos in Libyen wurde außerdem durch die Tatsache erschwert, dass die Grenzen zu den Nachbarländern relativ offen bzw. unkontrolliert waren. Embargos sind, zumindest auf kurze Sicht in einer Kriegssituation, bestenfalls symbolische Politik.

Land voller Waffen und: Wer hat die Kontrolle über das Kriegsgerät?

Schon vor dem endgültigen Sturz und dem gewaltsamen Tod Gaddafis im Oktober 2011 begann eine Diskussion, ob und wie die in Libyen vorhandenen Waffen unter Kontrolle zu halten sind. Schließlich gab es nicht nur in der sich auflösenden libyschen Armee, sondern auch bei den unterschiedlichen, zum Teil miteinander rivalisierenden Gruppen der Aufständischen sowie in Händen Einzelner viele Waffen, vor allem schwer zu kontrollierende Kleinwaffen. Zu Beginn des Jahres 2012, so schätzt die International Crisis Group (2011, I), sind in vielleicht 100 verschiedenen Milizgruppen 125.000 Libyer bewaffnet. Viele Waffenbesitzer weigern sich, in den international initiierten Demobilisierungs- und Abrüstungsprogrammen ihre Waffen abzugeben. In den USA machte man sich vor allem über einige Tausend nach Libyen gelieferte schulter-gestützte Panzer- und Flugabwehrraketen (sogenannte MANPADS = man portable air defense systems), aber auch über Tonnen von Senfgas Sorgen. Die Raketen könnten, in den falschen Händen, zu einer erheblichen Gefahr für die zivile Luftfahrt werden. In Washington brach hierüber ein Streit zwischen Nachrichtendiensten und Diplomaten aus: Sollte die NATO oder die CIA für die Einsammlung der Waffen verantwortlich sein?[7] Im April 2011 teilte der Kommandeur des US Africa Command, General Carter Ham, dem amerikanischen Kongress

---

[7] Washington Post, 26. August 2011, http://www.washingtonpost.com/world/libyan-weapons-flooded-egypts-black-weapons-market/2011/10/12/gIQA2YQufL_story.html.

mit, dass bis zu 20.000 Boden-Luft-Raketen zu Beginn der Bombardierung durch die NATO in Libyen waren. „Viele dieser Waffen, das wissen wir, sind verschwunden", führte General Ham aus.[8]

Der ägyptische Innenminister bestätigte im August 2011, dass bereits fünf kleine Gruppen Schmuggler festgenommen wurden, die Waffen, einschließlich der MANPADS, durch Ägypten an die israelische Grenze geschmuggelt hätten. Und Regierungsoffizielle in Israel behaupteten, dass Flugabwehrraketen und Granatwerfer in großer Zahl nach Palästina geschmuggelt wurden.[9] Obwohl Waffen wie Kalschnikow-Maschinengewehre in dieser Weltregion allgegenwärtig sind, bilden die Flugabwehrraketen eine neue Qualität.

Inzwischen hat die amerikanische Regierung ein 30 Mio. $-Programm aufgelegt und schickt Dutzende amerikanische private Kontraktoren nach Libyen, um bei der Suche der verschwundenen Waffen behilflich zu sein. Zahlreiche Waffen wurden während der Wirren der letzten Tage des Gaddafi-Regimes aus den Lagern der Armee geplündert.[10]

Die Lehren, die aus den Waffentransfers nach Libyen zu ziehen sind, sind relativ einfach. Wer Diktatoren aus wirtschaftlichen oder kurzsichtigen politischen Interessen aufrüstet, darf sich nicht wundern, wenn diese Waffen auch tatsächlich eingesetzt werden – sowohl gegen Nachbarländer als vor allem auch gegen die eigene Bevölkerung. Die EU, die in den letzten Jahren eine besondere Verantwortung für die Rüstung in Libyen trägt, verfügt zwar über hehre Grundsätze, die unter anderem besagen, dass in Länder, in denen Menschenrechte verletzt werden, keine Waffen exportiert werden sollen, aber die Praxis zeigt, dass oft die Interessen für die Stützung der heimischen Rüstungsindustrie überwiegen. Wenn die selbst gegebenen Grundsätze, sollten sie denn ernst gemeint sein, tatsächlich die Richtlinie für die Rüstungsexportpolitik sein sollen, dann müssen die nationalen wie

---

[8] Zitiert in Sky News, 25. August 2011, http://news.sky.com/home/world-news/article/16056308.

[9] New York Times, 13. Oktober 2011, http://www.nytimes.com/2011/10/14/world/middleeast/egypt-arrests-groups-smuggling-weapons-from-libya.html.

[10] New York Times, 14. Oktober 2011, http://www.nytimes.com/2011/10/15/world/africa/us-sending-contractors-to-secure-libyas-weapons.html.

die industriellen Egoismen überwunden werden und die Rüstungskapazitäten auf ein Maß reduziert werden, das nicht auf dubiose Exporte angewiesen ist.

Literatur

BICC (2011). Informationsdienst Sicherheit, Rüstung und Entwicklung in Empfängerländern deutscher Rüstungsexporte. http://bicc.de/ruestungsexport/pdf/countries/2011_libyen.pdf.

Böcking, David (2011). Wie Europa Libyen mit Waffen versorgte, Spiegel online, 23. Februar, http://www.spiegel.de/wirtschaft/unternehmen/0,1518,747366,00.html.

Brzoska, Michael (2008). Measuring the Effectiveness of Arms Embargoes, in: Peace Economics, Peace Science and Public Policy, Vol. 14, Heft 2, S. 1 – 31. http://www.bepress.com/peps/vol14/iss2/2/.

Deen, Thalif (2011). Libyan Weapons May Come Back to Haunt Europe, in: Global Issues, 8. März, http://www.globalissues.org/news/2011/03/08/8812.

EU Council (2011a). Twelfth Annual Report According to Article 8 (2) of Council Common Position 2008/944/CFSP Defining Common Rules Governing Control of Exports of Military Technolgy and Equipment, Brüssel, 13. Januar, http://eur-lex.europa.eu/LexUriServ/LexUriServ.do?uri=OJ:C:2011:009:0001:0417:EN:PDF.

EU Council (2011b). Thirteenth Annual Report According to Article 8 (2) of Council Common Position 2008/944/CFSP Defining Common Rules Governing Control of Exports of Military Technolgy and Equipment, Brüssel, 30. Dezember, http://eur-lex.europa.eu/LexUriServ/LexUriServ.do?uri=OJ:C:2011:382:0001:0470:EN:PDF.

Fehl, Caroline (2011). Ein hausgemachtes Dilemma, in HSFK-Standpunkte, Nr. 11. http://www.hsfk.de/fileadmin/downloads/standpunkt0711.pdf.

Fisk, Robert (2011). America's secret plan to arm Libya's rebels, The Independent, 7. März, http://www.independent.co.uk/news/world/middle-east/americas-secret-plan-to-arm-libyas-rebels-2234227.html.

GKKE (2010). Gemeinsame Konferenz Kirche und Entwicklung. Rüs-
tungexportbericht 2010. http://www3.gkke.org/fileadmin/files/
publikationen/2010/REB_2010_fuer_Presse.pdf.

Grimmett, Richard F. (2011). Conventional Arms Transfers to Developing Countries, Washington, September. http://www.fas.org/sgp/crs/
weapons/R42017.pdf.

Heintze, Hans-Joachim und Jana Hetwig (2011). Waffenlieferung an libysche Rebellen? Völkerrechtliche Grenzen der Unterstüzung, in BO-
FAXE 380D, 14. April 2011, http://www.ruhr-uni-bochum.de/ifhv/
documents/bofaxe/bofaxe2011/380d.pdf.

International Crisis Group (2011). Holding Libya together: Security Challenges after Qadhafi, Dezember. http://www.crisisgroup.org/en/re-
gions/middle-east-north-africa/north-africa/libya/115-holding-lib-
ya-together-security-challenges-after-qadhafi.aspx.

Oyegbile, Olayinka (2011). Gaddafis langer Schatten, in: Entwicklung und
Zusammenarbeit, Heft 4/ S. 171.

US Department of State (2010). Report by the Department of State Pursu-
ant to Section 655 of the Foreign Assistance Act of 1961, As Am-
mended. Direct Commercial Sales Authorizations for Fiscal Year
2009, http://www.fas.org/programs/ssp/asmp/factsandfigures/go-
vernment_data/2010/FY09_655_report.pdf.

Wezeman, Pieter D. (2011). Libya: Lessons in controlling the Arms Trade,
SIPRI, Stockholm, März. http://www.sipri.org/media/newsletter/es-
say/march11.

Wulf, Herbert (1989). Waffenexport aus Deutschland, Reinbek.

Kapitel 13

LIBYEN – KULTURLANDSCHAFTEN IN ZEITEN DES KRIEGES

Claudia Kleinwächter

Einleitung

Die Bildberichterstattung[1] über den Aufstand in Libyen und den internationalen Militäreinsatz seit dem 19. März 2011 zeigt überwiegend Kampfszenen im monotonen Häusermeer moderner Städte und entlang der von Autowracks gesäumten Überlandstraßen; die schwer umkämpfte Verbindungslinie zwischen Tripolis und Benghazi verläuft zwischen der tristen Landkante am Mittelmeer und dem kargen Gelände des Großen Syrte-Bogens. Vorgeführt wird ein „Wüstenstaat", das ziemlich „wüst" anmutende und nunmehr kriegsversehrte Libyen (hierzu Leukefeld in diesem Band). Völlig außer Acht bleibt dabei, dass das heutige libysche Staatsgebiet bedeutende und sehr verschiedenartige Kulturlandschaften umfasst, mit teilweise einzigartigen Zeugnissen menschlicher Zivilisation aus etlichen Jahrtausenden. Der folgende Beitrag möchte zum einem die Aufmerksamkeit auf die libyschen Kulturgüter lenken, deren Situation in Folge der kriegerischen Auseinandersetzungen bislang nur vereinzelt von JournalistInnen thematisiert worden ist. Zum anderen soll die Ambivalenz der Zeiten des Krieges vorgeführt werden; sie sind geprägt von der „Gleichzeitigkeit des Ungleichzeitigen": Krieg hat Libyen nicht nur immer wieder Zerstörung gebracht, sondern viele libysche Kulturgüter wurden im Zuge früherer militärischer Aktivitäten auswärtiger Staaten vor Ort überhaupt erst erschlossen und erforscht. Es verbietet sich allerdings, darin einen erträglichen „Kollateralnutzen" zu sehen.

---

[1]   s. in exemplarischer Auswahl: http://www.spiegel.de/flash/flash-25338.html; http://www.sueddeutsche.de/thema/Krieg_in_Libyen.

**Die materielle Hinterlassenschaft von über 10.000 Jahren Kulturge-
schichte**

Ein aktueller deutschsprachiger Kunst-Reiseführer (Willeitner 2011[4]) verzeichnet für Libyen knapp 30 „wichtigste Orte", für die sich ein „Um-
weg lohnt" oder die man „keinesfalls versäumen" darf. Darunter befinden
sich die großartigen Naturerscheinungen des Vulkankraters Wau an-Na-
mus mit seinen durch organische und mineralische Substanzen im Wasser
buntgefärbten Seen im Hinterland der Großen Syrte, ebenso die von den
Wanderdünen des Sandmeeres von Ubari ausgesparten Mandara-Seen im
südwestlichen Landesteil. Nicht weniger beeindruckend sind die Gesteins-
formationen des Messak-Massifs und des Akakus-Gebirges am südlichen
Ende des Grenzverlaufs zu Algerien. Dort finden sich auch die prominentesten prähistorischen Felsbilder Libyens; sie gehören seit 1985 zur Liste
des UNESCO-Welterbes[2]. Die figürlichen Malereien und Einritzungen auf
den Felswänden sind – neben den paläoanthropologischen Fundstätten in
Boudrinna, in Haua Fteah und im Wadi al-Quf – die ältesten materiellen
Zeugnisse einer namenlosen indigenen Kultur auf libyschem Boden, ihre
Entstehungszeit beginnt nach heutigen Erkenntnissen ca. 15.000-10.000
v. Chr. und erstreckt sich bis in historische Zeit. Erst im späten 2. Jahrtausend v. Chr. setzt eine schriftliche Überlieferung ein, die den Ureinwoh-
nern einen Namen gibt: Ägyptische Quellen berichten vom Land der *Libu*
/ griechisch: *Libyes* westlich des Nils, das seit dem 13. Jahrhundert v. Chr.
eine außenpolitische Größe für das pharaonische Ägypten darstellte und
nicht dauerhaft unterworfen werden konnte. Im Zuge der großen mediter-
ranen Migrationsbewegungen des 1. Jahrtausends v. Chr. kamen erstmals
auswärtige Ansiedler nach Libyen: Im Gebiet der tunesischen Ostküste
und der Kleinen Syrte siedelten sich Phönizier aus den heute im Libanon
gelegenen Städten Sidon und Tyros an und gründeten etwa zeitgleich mit
Karthago (im heutigen Tunesien) auf heute libyschem Staatsgebiet die

---

[2]   http://whc.unesco.org/en/list. Ein zweites Verbreitungsgebiet der libyschen Felsbilder
     liegt am Djebel Uweinat im äußersten Südosten Libyens an der Grenze zu Ägypten und
     dem Sudan.

drei Hafenstädte Sabratha, Oea/Tripolis[3] und Leptis Magna/Homs. Im Jahr 631 v. Chr. erfolgte im östlichen Landesteil die Gründung der etwas landeinwärts gelegenen Stadt Kyrene durch griechische Siedler aus Thera/Santorin. Beide Gründungsphasen waren prägend für jeweils großräumige, geomorphologisch verschiedenartige Gebiete, die jedoch nicht als territoriale Flächeneinheiten angesehen werden dürfen. In der Antike ist die Stadt (griechisch: *polis*, lateinisch: *civitas*) der Ort der Zivilisationsgemeinschaft. Als Siedlungsform besteht die antike Stadt aus einem architektonischen Zentrum mit privaten Wohn- und öffentlichen Funktionsbauten sowie einem agrarisch genutzten Umland. Jede Stadt ist autonom, d. h. sie gibt sich eigene Gesetze, prägt eigene Münzen und hat eine eigene Zeitrechnung. Verbindendes Element von Städten eines gemeinsamen Kulturraumes sind dieselbe Sprache und die Verehrung derselben Götter. Die drei phönizischen Gründungen an der Kleinen Syrte schlossen sich als souveräne Stadtstaaten zu einem Bund (griechisch: *treis poleis*) zusammen, der dem westlichen Landesteil die bis heute gebräuchliche Bezeichnung Tripolitanien eintrug. Und obwohl im 5. Jahrhundert v. Chr. weitere Städtegründungen erfolgten, erhielt der östliche Landesteil mit der Bezeichnung Kyrenaika seinen Namen von dem ältesten Siedlungspunkt, an dem sich zugleich ein großes Heiligtum von überregionaler Bedeutung entwickelte. Die antiken Stadtanlagen von Kyrene, Sabratha und Leptis Magna gehören ebenfalls zum libyschen UNESCO-Welterbe.

Die dritte Kulturlandschaft bildet im Südwesten Libyens der Fezzan genannte Abschnitt der Nordsahara (wiederum ist der Flurname antiken, und zwar griechischen Ursprungs: *Phazania*), dessen bekanntestes Siedlungszentrum die Oasenstadt Ghadames ist. Sie ist der 5. Eintrag Libyens auf der UNESCO-Welterbe-Liste. Ihre Geschichte reicht bis ins Altertum zurück, das stimmige Erscheinungsbild wird heute jedoch von dem 1983 entwohnten Altstadtkern aus Lehmziegelbauten geprägt, darunter frühislamische Sakralbauten und neuzeitliche Wohnhäuser der sieben lokalen Großfamilien. Ghadames gelangte schon in römischer Zeit in den Ruf, ein so genannter Rebellenstützpunkt der nomadisierenden indigenen Stämme zu sein.

---

[3] Nicht immer hat sich der antike Ortsname erhalten, zur Verifizierung auf dem verfügbaren Kartenmaterial (z. B. Willeitner 2011[4]) sind deswegen – sofern bekannt – antike/moderne Ortsnamen mit einer im Deutschen möglichen Transkription des Arabischen genannt.

Die römische Herrschaft in Nordafrika begann mit der Zerstörung Kartha-
gos im Jahr 146 v. Chr. und der Errichtung der römischen Provinz *Africa*
im Kerngebiet des karthagischen Einflussbereiches, der auch die *treis poleis* umfasste. Die griechischen Städte der Kyrenaika gehörten erst seit 74
v. Chr. zum römischen Herrschaftsgebiet, bildeten jedoch zusammen mit
der Insel Kreta eine eigene Provinz. Tripolitanien und die Kyrenaika waren
bis in das 6. Jahrhundert n. Chr. administrativ Teil des Römischen bzw. Byzantinischen Reiches, der kulturelle Unterschied zwischen dem lateinisch
geprägten Westen und dem griechisch geprägten Osten wurde dabei nicht
nivelliert. Eine weitere geographische Trennungslinie wird mit den beiden
in Ost-West-Richtung verlaufenden Höhenzügen des Djebel Nafusa (bis
968 m) und des Djebel al-Akhdar (bis 878 m) markiert und scheidet die
bereits im Altertum dichter besiedelte fruchtbare Küstenebene mit ihren
urbanen Zentren von der libyschen Wüste, in die sich die Stammesterrito-
rien der indigenen Nomadenstämme erstreckten.

Nach der frühgeschichtlichen und der antiken Phase erfährt der gesamte
Norden Afrikas mit der Islamisierung im Zuge der arabischen Eroberung
im 7. Jahrhundert die nächste kulturelle Überformung. Wiederum nehmen
die beiden Küstenregionen unter dem Einfluss verschiedener Herrscherdy-
nastien eine unterschiedliche Entwicklung: 1517 wurde die Kyrenaika dem
Osmanischen Reich einverleibt, 1556 galt Tripolitanien als erobert. 1711
bis 1835 begründet ein ehemaliger osmanischer Offizier die Lokaldynastie
der Karamanli, ab 1835 sind Tripolitanien und die Kyrenaika wieder eine
osmanische Provinz. Die nächste kulturhistorisch bedeutsame Etappe stellt
die Annexion Libyens durch die Italiener dar. Die italienische Kolonial-
herrschaft stieß insbesondere in der Kyrenaika auf erbitterten Widerstand,
der jedoch brutal niedergeschlagen und von weiträumigen Landenteignun-
gen begleitet wurde. Erst 1934 konnten die beiden Küstenregionen und der
Fezzan zur vereinigten Kolonie *Libia* ausgerufen werden. Die italienische
Herrschaft dauerte bis zum Frühjahr 1943 und wurde durch den Verlauf des
Zweiten Weltkriegs beendet. Bis zur Proklamation des unabhängigen Kö-
nigreiches Libyen 1951 standen Tripolitanien und die Kyrenaika unter britischer Militärverwaltung, der Fezzan unter französischer. Die inzwischen
vorletzte kulturhistorische Zäsur markiert im Jahr 1969 die Gründung der
Sozialistischen Libysch-Arabischen Volksrepublik (hierzu Demny in diesem Band) nach dem Sturz der Monarchie durch das Militär unter dem

Kommando von Muammar al-Gaddafi, dessen Herrschaft im Jahr 2011 ihr jähes Ende fand.

Aus den hier nur grob zusammengefassten sieben kulturhistorischen Phasen (Vorgeschichtliche, Antike, arabische Eroberung, Zugehörigkeit zum Osmanischen Reich, italienische Fremdherrschaft, unabhängiges Königreich, Volksrepublik) sind in sehr unterschiedlichem Umfang materielle Überreste erhalten geblieben. Das liegt zum einen an den Überlieferungsbedingungen (z. B. Materialbeschaffenheit, Sichtbarkeit, sekundäre Nutzung, Konsolidierung nach der Ausgrabung), zum anderen aber auch am Erkenntnisinteresse der jeweils nachfolgenden Epochen.

Unter den erhaltenen Kulturgütern Libyens (Willeitner 2011[4]) dominieren mengenmäßig, aber auch in ihrer Augenfälligkeit die Überreste aus griechischer, römischer und frühbyzantinischer Zeit, d. h. aus dem späten 7. Jahrhundert v. Chr. bis in das 6. Jahrhundert n. Chr.: mit Leptis Magna/Homs, Sabratha, Kyrene/Schahat, Apollonia/Massa Susa, Ptolemaïs/Tulmeitha, Taucheira/Tocra und Olbia-Theodorias/Ghasr Libia sind ganze Stadtanlagen mit Häusern, Straßen, Platzanlagen, Marktgebäuden, Theatern, Tempeln, frühchristlichen Kirchen, Friedhöfen und vielem mehr zu Tage gefördert worden. Die antiken Städte konnten vor allem in Nordafrika ihr ursprüngliches Erscheinungsbild weitgehend unverfälscht erhalten, während sie in Südeuropa oft unter den Bauten nachantiker Siedlungsphasen verschwunden sind (Kleinwächter 2001). Dazu kommen unübersichtlich zusammenhängende, gleichwohl teilweise prächtige antike Stadtreste in Euhesperides und Sidi Khrebish/Benghazi, Al-Beidha, Ras al-Hillal und Al-Atrun sowie die befestigten Grenzsiedlungen (Ghirza, Ghasr Beni Gdem), die römischen Militärlager Gheryat al-Gharbiya und Bu Ndjem und schließlich verstreute Zeugnisse antiker Siedlungstätigkeit (so genannte Wehrgehöfte, landwirtschaftliche Anlagen, Nekropolen). Den vorrömischen und nachantiken Siedlungsresten wurde in der älteren Forschungsgeschichte – aus verschiedenen Gründen (z. B. wenig kundiges Personal zur Erforschung, politisch gewollter Primat der griechisch-römischen Kultur, Nichteignung als spektakuläre Touristenziele) – kaum Beachtung geschenkt. Mit Ausnahme von Ghadames, Ghat und Djerma als geschlossene Stadtensembles finden sich im Gebiet der Höhenzüge des Djebel Nafusa und des Djebel al-Akhdar sowie in Adjdabiya, Audjila, Dernah, Gheryat asch-Scharkiya, Medinet Sultan, Al-Merdj, Murzuq und Tsawa nur isolierte islamische und osmanische Sakral- oder Profanbauten (Speicherburgen, Wehranlagen, Residenzen, Nekropolen, Heiligen-Gräber). Von der italienischen Kolonialarchitektur ist neben den militärischen Grenzfestungen im Fezzan und in Tripolitanien nur in Tripolis ein umfänglicher Gebäudebestand erhalten; in Benghazi finden sich in Folge des US-amerikanischen Bombenangriffs am 15. April 1986 heute nur noch wenige Einzelgebäude. An die Zeit von König Idris I. erinnert allenfalls der ehemalige Jumen-Palast von Al-Beidha, der in der Volksrepublik Libyen zu einer der Universitäten umgewandelt wurde. In der Nähe von Ptolemaïs/Tulmeitha wurde der Ort der Inspiration zum „Grünen Buch" für den Revolutionsführer Gaddafi mit einem Denkmal gekennzeichnet.

Es gibt in Libyen ein reichliches Dutzend kleinerer archäologischer Museen an den Grabungsplätzen zur Aufnahme der Funde (z.B. Statuen von Göttern und Privatpersonen, Gebrauchsgegenstände wie Keramikgefäße und Münzen, Grabsteine) sowie volkskundliche Ausstellungsräume. Eine regionale Sammlung befindet sich in Benghazi, und dem Museum in Tripolis kommt der Rang eines Nationalmuseums zu.

Forschungsgeschichte: Archäologie und Politik

Die Erforschung der materiellen Hinterlassenschaft aus der Antike ist das Kerngeschäft der Klassischen Archäologie. Als Wissenschaft der systematischen Wiederauffindung und Freilegung bzw. Ausgrabung antiker Denkmäler erlebte die Archäologie im fortgeschrittenen 19. Jahrhundert einen regelrechten Boom. Eine große Ausstellung in Essen – im Ruhrmuseum Weltkulturerbe Zollverein – hat im Jahr 2010 vorgeführt, wie stark in der Zeit des Kolonialismus politische Interessen die archäologischen Unternehmungen bestimmt haben. Charlotte Trümpler nennt in dem umfangreichen wissenschaftlichen Begleitbuch zur Ausstellung als zentrale Impulse der Deutschen, Italiener, Franzosen, Engländer und Russen zur Erforschung von Afrika, dem Nahen Osten und Zentralasien: „Nationalismus (prestigeträchtige Sicherung der besten Grabungsplätze), Religion (»Nachweis« und Visualisierung der Bibel oder Wiederentdeckung des frühen Buddhismus), Imperialismus (strategische Besetzung von archäologischen Stätten), Akquisition (Aufbau der schönsten Museen)" (Trümpler 2008, S. 14-19, Zitat S. 15f.). Und so beginnt die im engeren Sinne wissenschaftliche Erforschung der antiken Überreste in Libyen erst mit der italienischen Kolonisation. Zuvor war das Land von Pilgern auf dem Weg zu verehrten Gräbern der Gefährten des Propheten, gelehrten Reisenden mit naturkundlich-geographischem Interesse sowie interessierten Laien besucht worden[4]. Dazu kam in einzelnen Städten – wie etwa in Leptis Magna – die gezielte Suche nach kostbaren Baumaterialien (z. B. Baudekorationselemente aus farbigem Marmor), die seit dem Ende des 17. Jahrhunderts in großem Umfang auch nach Europa verkauft wurden (Kleinwächter 2001, S. 18ff. 209ff.). Wie Stefan Altekamp in seiner grundlegenden Untersuchung zur italienischen Kolonialarchäologie in Libyen rekonstruiert hat (Altekamp 2000, S. 23. 32ff), war das eigentliche Ziel italienischer Interessen zunächst Tunesien – dieses wurde 1881 jedoch von Frankreich okkupiert, während die Briten 1883 Ägypten besetzten. Ein Gesuch der seit 1899 auf Kreta tätigen „Italienischen (archäologischen) Mission" bei der „Hohen Pforte" um eine Ausgrabungserlaubnis für Kyrene wurde verweigert; die US-Amerikaner erhielten 1910 den Zuschlag, „weil sie politischer Nebenabsichten unverdächtig" waren (Altekamp 2000, S. 40ff.). Immerhin erhielten die Italiener die Genehmigung für eine Erkundungstour in der Kyrenaika (die selbstverständlich auch von militärischem Interesse war) und bekamen eine Grabungslizenz für Ptolemaïs in Aussicht gestellt. Die konkurrenzhafte Situation spitzte sich zu, als im März 1911 ein Mitglied der US-amerikanischen Grabungsmannschaft unter ungeklärten Umständen ums Leben kam. Im September 1911 erklärte Italien dem Osmanischen Reich den Krieg. Am Ende des italienisch-türkischen Krieges verwandelte „die Annexion Libyens" – wie Altekamp bilanziert (Altekamp 2000, S. 113) – „das Engagement der italienischen Archäologen vor Ort von einer außen- zu einer innenpolitischen Angelegenheit. Die Wissenschaft verlor ihren Status als Größe im diplomatischen Spiel."

Es wäre nun allerdings völlig unzutreffend, der italienischen Kolonialarchäologie wissenschaftliche Interessen abzusprechen. Insbesondere in den frühen Jahren bis zum Ausbruch des Ersten Weltkriegs wurde vom Archäologischen Dienst versucht, in dem von Italien militärisch kontrollierten Gebieten im Norden Libyens (1914 war die Besetzung des Fezzan wieder zusammengebrochen, der Fezzan und die kyrenäische Sahara konnten erst 1930/31 als italienisches Territorium gelten) den antiken Denkmälerbestand zu erfassen, zu dokumentieren und denkmalpflegerisch zu sichern

---

[4] Wright, John. 2005. Travellers in Libya. London. Silphium Press.

(Altekamp 2000, S. 126ff.). Eine vergleichbare Situation entstand unmittelbar nach Ende der Kampfhandlungen des Zweiten Weltkriegs in Libyen,
in der historisch exzeptionellen Konstellation, dass sich unter den britischen Offizieren der alliierten Truppen mit Robert E. Mortimer Wheeler
und John B. Ward-Perkins zwei Archäologen befanden. Die britische Militärverwaltung organisierte 1943 umgehend und sachkundig mit tatkräf-
tiger Unterstützung örtlicher Kräfte den Schutz der libyschen Altertümer
und setzte noch im selben Jahr einen so genannten „antiquities officer" ein.
Nach der Gründung des Vereinigten Königreichs Libyen am 24. Dezember 1951 wurde die Antikenverwaltung neu organisiert und deren Leitung
für die Kyrenaika an den Briten Richard G. Goodchild, die Leitung für
Tripolitanien dem Italiener Ernesto Vergara Caffarelli übergeben; der erste libysche Verwaltungsbeamte für das gesamte Land nahm 1959 seine
Arbeit auf. In den 1950er Jahren wurden mit Unterstützung der UNESCO
Ausgrabungsplätze wieder hergerichtet und ausgeweitet, Museen (wieder)
eröffnet und gesetzliche Regelungen zum Schutz der libyschen Altertümer
erlassen[5] – seitdem sind diese international zugänglich; die italienische
Kolonialregierung hatte in Libyen keine ausländischen Grabungen zugelassen (Altekamp 2000, S. 56). Nach der Abschaffung der Monarchie im
September 1969 wurde die Antikenverwaltung einer nationalen Behörde
übergeben. Auch in der Volksrepublik Libyen waren die ausländischen archäologischen Missionen mehr als nur geduldet: Noch im Jahr 1969 wurden die britischen Aktivitäten mit der Gründung der „Society for Libyan
Studies" institutionalisiert[6]. Neben den britischen und den italienischen

---

[5] Abgesehen von den fachlich äußerst wertvollen Informationen zeichnet Sichtermann,
     Helmut. Archäologische Funde und Forschungen in der Kyrenaika 1942-1958,
     Archäologischer Anzeiger 1959, 239-348 und Ders., Archäologische Funde und
     Forschungen in der Kyrenaika 1959-1961. Archäologische Funde und Forschungen
     in Tripolitanien 1942-1961, Archäologischer Anzeiger 1962, 418-536 auch ein
     eindrucksvolles Stimmungsbild des Landes in diesen Jahren.

[6] http://www.societyforlibyanstudies.org/index.php. Zum zwanzigjährigen Gründungs-
     jubiläum der „Society for Libyan Studies" wurden umfangreiche Forschungsberichte
     zur Archäologie in der Volksrepublik Libyen vorgelegt: Libyan Studies 20, 1989; auch
     der anlässlich des fünfzehnjährigen Bestehens der „Französischen Archäologischen

Grabungsaktivitäten sind bis heute auch französische, US-amerikanische, deutsche und polnische Forschungsprojekte zu verzeichnen. Von 1979 bis 1989 haben anglo-libysche und franko-libysche Teams den UNESCO Libyan Valleys Archaeological Survey (ULVS) durchgeführt, 1997-2001 folgte das anglo-libysche Fezzan-Projekt. Als Reisestipendiatin des Deutschen Archäologischen Instituts 1996/97, d. h. zur Zeit des UN-Embargos (hierzu von Sponeck in diesem Band), habe ich in einer Kleingruppe von sechs Personen und drei Fahrzeugen keinerlei Einschränkung der Reisefreiheit erlebt, sondern ausgesprochen freundliche Aufnahme und Unterstützung durch die örtlichen Behörden erfahren.

Die Kontinuität der vom Ausland in Libyen betriebenen, d. h. auch finanzierten archäologischen Aktivitäten seit 1969 dürfte auch von dem Umstand begünstigt worden sein, dass sich die Volksrepublik Libyen nicht von kolonialer Fremdherrschaft, sondern von einer einheimischen Monarchie befreit hatte. Die Konsolidierungsarbeiten der Nachkriegszeit hatten zudem einen Schlussstrich unter die ideologische Vereinnahmung des kulturellen römischen Erbes in Libyen seit der Machtübernahme der Faschisten in Italien im Oktober 1922 gezogen. Insbesondere die Flächengrabungen und Wiederaufbauarbeiten in Sabratha und Leptis Magna seit den 1920er Jahren dienten zur Identitätsstiftung in der italienischen Kolonie, in der die italienische Herrschaft mit der römischen gleichgesetzt wurde; sie gaben schließlich die Kulisse für einen zweiten Besuch Benito Mussolinis im Jahr 1937, diesmal anlässlich der Einweihung der *Litoranea*, der ersten befestigten Küstenstraße entlang der Großen Syrte (Altekamp 2000, S. 239ff.). Stefan Altekamp stellt fest: „Die Kolonialarchäologie begann sich der mit dem Faschismus extrem aggressiv auftretenden Kolonialideologie unterzuordnen" (Altekamp 2000, S. 153). „Das visuelle ‚Wiedererstehen' rein römischer Städte an der tripolitanischen Küste musste einen für die Regierung verlockenden Gedanken darstellen. Auf diese Weise konnte das arabisierte Erscheinungsbild des Landes mit einem sichtbaren Korrektiv konfrontiert werden, das in imposanter Form auf die vorangegangene römische Präsenz, in kolonialideologischer Sicht der Höhepunkt der Geschich-

---

Mission" in Libyen herausgegebene Sonderband „Cyrène, Apollonia, Ptolemaïs. Sites prestigieux de la Libye antique, Les Dossiers d'Archéologie N. 167, Janvier 1992 dokumentiert die freundschaftlichen Arbeitsbeziehungen der WissenschaftlerInnen.

te des Landes, und damit auf den behaupteten historischen Vorläufer der italienischen Herrschaft aufmerksam machte." (Altekamp 2000, S. 147f.) Die Bezugspunkte der Libyschen Volksrepublik zu den antiken Hinterlassenschaften waren andere, wenn auch zunächst noch geprägt vom kolonialen Diskurs, in dem die Urbarmachung der Wüste als Zivilisationsleistung der Römer verstanden wurde; inzwischen ist längst durch archäologische Befunde (von Menschen errichtete Wasserspeicher und Kanalisationsvorrichtungen, Getreidemühlen, Knochenfunde von Nutztieren, paläobotanische Pflanzenreste) dokumentiert, dass die Anpassung an den extremen Lebensraum bereits eine Leistung der indigenen prähistorischen Kulturen war (Kleinwächter 2001, S. 3 mit Anm. 7, S. 8ff. 18ff. bes. 20f Anm. 127). Muammar al-Gaddafi wird von Stefan Altekamp – und vor ihm schon von vielen anderen – mit einer Rede von 1978 zur Arbeit des Libyschen Antikendienstes zitiert: „The Departement's present activities, in spite of their historical importance, had little relevance to the present Libyan culture or national consciousness […]. […] if people whished to be concerned with the Graeco/Roman period, they might wish to examine their agrarian policies and so make archaeology relevant to modern problems." (Altekamp 2000, S. 176f.). Dieser Transfergedanke – dass die Erforschung des antiken Kulturerbes, namentlich die Überlieferung zu den landwirtschaftlichen Aktivitäten im Altertum, für die moderne Landwirtschaft fruchtbar sein könnte – war von der italienischen Kolonialregierung 1912/13 nur kurz (Altekamp 2000, S. 110. 168ff.), von der britischen Militärverwaltung und in der Nachkriegszeit jedoch engagiert verfolgt worden[7]. Systematische und multidisziplinäre Untersuchungen zur antiken Land- und Wasserwirtschaft wurden dann 1979 in einem über 50.000 km² großen Abschnitt des Wüstenvorlands und der ariden Zonen der nördlichen Sahara mit dem von der libyschen Regierung unterstützten ULVS initiiert – ein einzigartiges Untersuchungsdesign[8]. Ihm folgte ab 1997 das Fezzan-Projekt[9], das im Dezember 2002 mit der großen internationalen Konferenz „Natural Re-

[7] Allan, J.A., British economic, geographical, sociological and related studies in Libya 1943-1970, Libyan Studies 2, 1970-71, S. 12-18.
[8] Barker, Graeme et al. 1996. Farming the desert. The UNESCO Libyan Valleys Archaeological Survey. London. Silphium Press.
[9] Mattingly, David. 2003.2007.2010, The Archaeology of Fazzan. London. Silphium Press.

sources and Cultural Heritage of the Libyan Desert" in Tripolis zu Ende ging. Das von Gaddafi seit 1984 verfolgt „Great-Man-Made-River-Project" mit seiner gigantischen Ausbeutung fossiler Wasserreserven der libyschen Oasen zur großflächigen Bewässerung des Küstenstreifens (hierzu Demny in diesem Band) ignoriert allerdings die wissenschaftlichen Erkenntnisse auch dieser Projekte völlig; sie hätten mit ihrem fundierten Wissen über die antike Wadi-Wirtschaft vielleicht einer nachhaltigen Bodennutzung den Weg weisen können. Die von Gaddafi zunächst eingeforderte Relevanz der Archäologie wurde später nicht mehr nachgefragt – der Revolutionsführer als genialer Zivilisationsstifter braucht keine historischen Vorläufer. Auch wenn sich mit dem zu Ehren des römischen Kaisers Traian in den Jahren 109/10 n. Chr. in Leptis Magna errichteten Bogenmonument ein antikes Denkmal als Bild auf dem ¼-Dinar-Schein der Volksrepublik Libyen findet, kommt es in der staatlichen Propaganda zunehmend zu einer bewussten Hintanstellung, wenn nicht Herabwürdigung des antiken Kulturerbes gegenüber dem der „Arabischen Nation": Im Katalog des 1988 – noch einmal mit Unterstützung der UNESCO – wiedereröffneten „Museums der Volksrepublik" in Tripolis schreibt A. Shaïboub: "our museums will allow visitors to understand the way of life of our ancestors and to retrace our roots to the great Arab nation and ist ancient civilization. It will be discovered that the origin of civilization, the very cradle of humanity, is the Arabic Nation, from the Gulf to the Atlantic, and not the Greek, Roman or Byzantine world"[10]. Auch der Revolutionsführer stellt sich demonstrativ in eine „indigene Tradition", allerdings höchst eigenwilliger Lesart. Gleichwohl gab es unter den WissenschaftlerInnen bis in die jüngere Vergangenheit sehr engagierte Bemühungen zum Schutz der Altertümer und für eine Aufklärungskampagne, die bereits in den Schulen und Universitäten einsetzen sollte, um die libysche Bevölkerung für den Denkmalschutz gerade auch der Altertümer zu sensibilisieren[11].

---

[10] The Department of Antiquities (Hrg.). 1988. The Jamahiriya's Museum. Paris. MARKAZ International, S. 3.

[11] Marzano, Annalisa. Preserving cultural heritage and developing a modern city: the difficult case of Euesperides, Libyan Studies 37, 2006, 89-93.

Libysche Kulturgüter in Zeiten des Krieges

Wie schon in Bezug auf die Anwesenheit von Robert E. Mortimer Wheeler und John B. Ward-Perkins im Jahr 1943„zur richtigen Zeit am richtigen Ort" festgestellt, gab es in Libyen durchaus „positive Effekte" für
die Archäologie durch die militärischen Aktivitäten im Land: so ist etwa
die Luftbildarchäologie „ein ziviles Abfallprodukt der militärischen Fern-
aufklärung" (Altekamp 2000, S. 98ff., Zitat S. 99). Italien gehörte schon
vor dem Ersten Weltkrieg zu den Pionieren auf diesem Gebiet. Seit 1912
entstand eine Fülle von Aufnahmen vom Großraum Tripolis und von den
antiken Städten in den Küstenregionen – sie wurden allerdings wissenschaftlich bislang nur wenig genutzt und kaum ausgewertet (Trümpler
2010, S. 76-83). Anders als in Algerien und Tunesien, wo eine eigens kon-
stituierte Topographie-Brigade der französischen Truppen seit 1869 mit
der Geländeprospektion zur karthographischen Erfassung der so genannten „pazifizierten Gebiete" beauftragt war und ein nahezu vollständiges
Denkmälerinventar erstellt hat, das zwischen 1893 und 1913 als „Atlas
Archéologique" veröffentlicht wurde (Kleinwächter 2001, S. 21), konnte
in Libyen der Archäologische Dienst nicht von den Aktivitäten des Mili-
tärgeographischen Instituts profitieren (Altekamp 2000, S. 103ff.); einen
archäologischen Atlas gibt es für Libyen bis heute nicht.

Die Anwesenheit der italienischen Soldaten im Land seit 1911 verhalf dem
chronisch unterfinanzierten Archäologischen Dienst bisweilen zu kosten-
losem Personal, um die antiken Gebäudereste von den sie verdeckenden
Sandmassen und dem Erdreich im Grabungsgelände zu befreien (Altekamp
2000, S. 122f.); gelegentlich wurden auch Häftlinge zu Grabungsarbeiten
herangezogen (Altekamp 2000, S. 146).

Bemerkenswerterweise wurden die Ausgrabungen in Leptis Magna (Kleinwächter 2001, S. 212 mit Anm. 1354) und in Kyrene auch während des
Zweiten Weltkriegs fortgesetzt, jedenfalls solange die Frontlinie nicht unmittelbar durch die Ruinen verlief, wie dann seit Sommer 1941 in der Kyrenaika (Altekamp 2000, S. 242ff.).

Insgesamt war zu Beginn der italienischen Kolonisation der Umgang des
Militärs mit den antiken Überresten einigermaßen rücksichtslos, zumal die
vorhandenen Steinquader antiker Gebäude sich hervorragend für den Bau

von Truppenstützpunkten eigneten. Und so ist es etwa in Leptis Magna, Kyrene und Ghasr Libia zu Zerstörungen und massiven Eingriffen in die antike Bausubstanz durch die italienischen Truppen gekommen. Genauso wie in etlichen, strategisch günstig gelegenen antiken Wehrbauten (z. B. Gheryat asch-Scharkiya), die eine moderne Wiederverwendung erlebten. Die Entmilitarisierung Kyrenes konnte erst 1931 erreicht werden, währte jedoch nur bis 1940 (Altekamp 2000, S. 87ff. 91ff. 97f. 186ff.).

Während des Zweiten Weltkriegs hat das antike Kulturerbe in Libyen eine außergewöhnliche Aufmerksamkeit erfahren: Die deutschen Soldaten des so genannten Afrika-Korps wurden für ihren Einsatz zur Unterstützung der italienischen Truppen von damals führenden deutschen Archäologen mit kleinformatiger, für das Sturmgepäck geeigneter Fachliteratur zum Studium der antiken Überreste von Kyrene, Leptis Magna, Sabratha und Tripolis ausgestattet. Im Vorwort des „Landesgruppenleiters in der Schriftenreihe für unsere Soldaten, herausgegeben von der Auslandsorganisation der NSDAP ‚Landesgruppe in Italien', Reihe 1" heisst es am 16. März 1942: „Die parteiamtliche Monatszeitschrift «Italien-Beobachter» hat es sich seit langem zur Aufgabe gesetzt, die in Italien und Nordafrika eingesetzten deutschen Soldaten über die zahlreichen antiken Baudenkmäler, denen sie Schritt für Schritt begegnen, aufzuklären. Da aber der «Italien-Beobachter» nur einem geringen Teil der Wehrmachtsangehörigen in die Hand kommt, haben wir uns entschlossen, die jeweiligen Aufsätze aus der Feder erstklassiger Fachleute zukünftig in einer Schriftenreihe zu vervielfältigen. Ich hoffe, daß diese Schriftenreihe vor allem dazu beitragen wird, unsere Soldaten in das gewaltige Kulturschaffen des Römischen Reiches einzuführen und damit zugleich auch die Beziehungen zu unseren italienischen Bundesgenossen zu vertiefen." Unnötig zu erwähnen, dass die deutschen Truppen in kürzester Zeit hatten die Frontlinie erreichen sollen und im März 1942 bereits mit der zweiten Offensive der Alliierten zu kämpfen hatten. Die offenbar zu Grunde liegende Vorstellung, das Morden auf den Schlachtfeldern Italiens und Nordafrikas ließe Zeit und Muße zum Antikenstudium, mutet heute aberwitzig an.

Einzelne libysche Städte (Ghadames, Benghazi, Tobruk) und die Kufra-Oasen haben im Zweiten Weltkrieg durch Bombardements aus der Luft

schwere Schäden davon getragen. Plünderungen und Kunstraub (Beute-
kunst) scheinen eher selten vorgekommen zu sein, Beschädigungen an den
Museumsbeständen von Kyrene sind vor allem auf die wiederholte Eva-
kuierung und Auslagerung der Objekte „nach Westen" (bis Leptis Magna
und Sabratha) zwischen Januar 1941 und Februar 1943 zurückzuführen.
In Leptis Magna mussten die während des Krieges als Brennholz gerode-
ten Akazienhaine wieder aufgeforstet werden, da nur sie einen wirksamen
Schutz des Ruinengeländes vor Bodenerosion und neuerlichem Verschwinden unter Sandverwehungen darstellten.

Gegenwart – Ausblick

Über Zerstörung und Plünderung von Kulturgütern während der jüngsten
kriegerischen Auseinandersetzungen in Libyen war bislang wenig zu hören bzw. zu lesen. Erwähnung fand nur der Raub eines „Münzschatzes von
Benghazi" im Februar 2011 aus dem Tresor der Libyschen Zentralbank[12],
der eine leichte Beute war und in Ägypten zum Verkauf angeboten wurde. Über das Schicksal anderer beweglicher Güter aus Museumsbeständen – etwa im schwer umkämpften Misratha – kann man nur spekulieren.
Die UNESCO hatte am 23. März 2011 nicht nur Libyen, sondern auch
die Truppen unter dem Oberkommando der NATO zum Schutz der libyschen Kulturgüter gemäß der Haager Konvention von 1954 aufgerufen[13],
um Schäden und Verluste wie in Ägypten, Irak oder Afghanistan zu verhindern. WissenschaftlerInnen mit Kontakten ins Land gingen im letzten
Jahr noch davon aus, dass sich die Verheerungen des Krieges in Grenzen
hielten. Am 21. Oktober 2011 hat auf Einladung der UNESCO in Paris
eine erste Zusammenkunft libyscher und internationaler ExpertInnen statt-
gefunden[14], um über den Schutz und die Konsolidierung des Kulturerbes
zu beraten.

Wie immer vermitteln – mindestens die deutschen – Medien zugespitzte
Botschaften: So referiert etwa Carsten Janke in der „Süddeutschen Zei-

---

[12] http://derstandard.at/1319181687030/Libyen-Historischer-Schatz-in-Aegypten-
       aufgetaucht.
[13] http://whc.unesco.org/en/news/730.
[14] http://whc.unesco.org/en/news/799/.

tung" vom 25. August 2011[15] die Einschätzung von Dr. Hafed Walda, Archäologe am King's College in London, dass „die meisten Libyer antike Schätze und Gebäude nicht als wichtigen Teil der libyschen Identität betrachteten und ihr Schutz damit als unwichtig gelte". Dem widerspricht teilweise ein Bericht in den „ARD-Tagesthemen" vom 02. Januar 2012[16], in dem drei junge Männer (darunter ein ehemaliger Soldat und ein Reiseführer) nicht nur ihren Respekt vor den Ruinen von Leptis Magna zum Ausdruck bringen, sondern in dem kulturellen Erbe auch eine wirtschaftliche Einnahmequelle sehen, um künftig wieder Touristen ins Land zu holen. Gaddafi allerdings wird in diesem Beitrag eine Geringschätzung der antiken Kulturgüter zugeschrieben, wie sie sich in der Tat aus seiner Selbstinszenierung als Afrikaner und offiziellen Äußerungen ableiten lässt. Dem libyschen Antikendienst und den WissenschaftlerInnen vor Ort kann jedoch keine Missachtung der Kulturgüter vorgehalten werden. Wie auch immer Gaddafi zum kulturellen Erbe der Antike in Libyen gestanden hat, ist nun inzwischen unerheblich. Wenn die junge Generation den Eindruck hat, sich in der Hinwendung und im Schutz der Altertümer von der Gaddafi-Ära abzugrenzen, haben auch diese Kulturgüter eine große Chance, die nächste Friedenszeit zu überstehen.

Literatur

Altekamp, Stefan. 2000, Rückkehr nach Afrika. Italienische Kolonialarchäologie in Libyen 1911-1943. Köln-Weimar-Wien. Böhlau

Kleinwächter, Claudia. 2001. Platzanlagen nordafrikanischer Städte. Untersuchungen zum sog. Polyzentrismus in der Urbanistik der römischen Kaiserzeit. Beiträge zur Erschließung hellenistischer und kaiserzeitlicher Skulptur und Architektur, Bd. 20. Mainz. Philipp von Zabern

---

[15] Carsten Janke, Kulturschätze in Libyen: Bedrohtes antikes Erbe, Süddeutsche Zeitung vom 25.08.2011, s. unter http://www.sueddeutsche.de/kultur/libysche-kulturschaetze-kein-zweites-kairo-1.1134614.

[16] Matthias Ebert, Libyen: Leptis Magna soll Urlauber ins Land locken, ARD-Tagesthemen am 02.01.2012, s. unter http://www.tagesschau.de/multimedia/sendung/tt3614.html

Trümpler, Charlotte (Hrg.). 2008, Das Große Spiel. Archäologie und Politik zur Zeit des Kolonialismus (1860-1940). Köln. DuMont Buchverlag

Willeitner, Joachim. 2011[4]. Libyen. Tripolitanien, Syrtebogen, Fezzan und die Kyrenaika. Ostfildern. DuMont Reiseverlag

ZU DEN AUTORINNEN UND AUTOREN

Johannes M. **Becker**, PD Dr., Privatdozent für Politikwissenschaft am Fachbereich Gesellschaftswissenschaften und Philosophie der Philipps-Universität Marburg. Geschäftsführer und Koordinator des dortigen Zentrums für Konfliktforschung. Vorstandsvorsitzender der Zeitschrift „Wissenschaft und Frieden". Mitbegründer und langjähriger Sprecher der Interdisziplinären Arbeitsgruppe Friedens- und Abrüstungsforschung an der Marburger Universität. Politikberater und Publizist (http://www.staff.uni-marburg.de/~becker1/).

Gertrud **Brücher**, PD Dr., Privatdozentin für Sozialphilosophie und Friedenswissenschaft am Fachbereich Gesellschaftswissenschaften und Philosophie der Philipps-Universität Marburg. Lehrbeauftragte an der Alpen-Adria-Universität Klagenfurt. Bis 2009 Priv. Doz. am Institut für Frieden und Demokratie der FernUniversität in Hagen.

Uli **Cremer** publiziert regelmäßig Artikel zu außenpolitischen Themen und ist Herausgeber mehrerer verschiedener friedenspolitischer Bücher. 2009 erschien von ihm das Buch „Neue NATO: die ersten Kriege". In den 1990er Jahren war er Mitglied im Kuratorium des Hamburger Instituts für Friedensforschung und Sicherheitspolitik (IFSH). Als ehemaliger Sprecher des Fachbereichs Außenpolitik bei Bündnis90/Die Grünen formierte er 1999 die GRÜNE Anti-Kriegsinitiative gegen den Kosovokrieg und ist heute in der GRÜNEN Friedensinitiative aktiv, die er 2007 mitgründete.

Michael **Daxner,** Prof. Dr., ist Sozialwissenschaftler und Philosoph. Er war unter anderem Berater des afghanischen Wissenschaftsministeriums sowie der afghanischen Rektorenkonferenz im Zeitraum 2003 – 2005; 2000 – 2002 war er UNMIK-Verantwortlicher für Bildung und Hochschulen im Kosovo; Berater des afghanischen Wissenschaftsministeriums und der afghanischen Rektorenkonferenz (2003 – 2005); er war 2005-2006 Berater des österreichischen Wissenschaftsministeriums für die österreichische EU-Präsidentschaft mit Schwerpunkt Südosteuropa (2005 – 2006) und leitet seit 2006 das Projekt Interventionskultur und weitere Arbeiten in Afghanistan, u.a. im Rahmen des SFB 700 an der FU Berlin.

Oliver **Demny**, Dr. phil., verweigerte den Wehrdienst; studierte Soziologie in Bochum und Marburg. Seine Arbeitsschwerpunkte sind: (Anti-)Rassismustheorien, Sozialstrukturanalyse (der USA), Repräsentationstheorien, Filmanalyse und Porn Studies. Früheres Mitglied des Libyen-Solidaritätskomitees Bochum. Aufenthalt in Libyen zu den Revolutionsfeierlichkeiten 1989 auf Einladung der Organisation Mathaba und erneuter Besuch von Tripolis 1990.

Claudia **Kleinwächter**, Dr., Studium der Klassischen Archäologie, Alten Geschichte, Christlichen Archäologie sowie Byzantinischen Kunstgeschichte in Göttingen und Berlin. Von 1992 – 2003 Mitglied in „The Society for Libyan Studies". Seit 2009 Inhaberin der Stabsstelle für Grundsatzfragen an der Philipps-Universität Marburg. Arbeitsschwerpunkte: externe und interne Hochschulsteuerung, Organisationsentwicklung.

Karin **Leukefeld**, Studien in Ethnologie, Islamwissenschaften, Politik, Geschichte, Buchhändlerin. Zwischen 1978 und 2000: Öffentlichkeitsarbeit und Referentinnentätigkeit bei Bundesverband Bürgerinitiativen Umweltschutz (BBU); Bundespartei Die Grünen; Informationsstelle El Salvador; medico international; Deutscher Bundestag, persönliche Mitarbeiterin eines PDS-Abgeordneten zu den Themen „Außenpolitik und Humanitäre Hilfe". Seit 2000: Freie Korrespondentin Mittlerer Osten für Printmedien, ARD-Hörfunk und Buchautorin. Seit 2010 akkreditiert in Syrien.

Norman **Paech**, Dr. jur., Prof. i.R. für Staats- und Völkerrecht an der Universität Hamburg. Von 2005 bis 2009 Mitglied des Deutschen Bundestages und außenpolitischer Sprecher der Linksfraktion. Mitglieds im wissenschaftlichen Beirat bei IALANA, IPPNW und attac. Von 1985 bis 1993 Leitender Redakteur rechtspolitischer Vierteljahresschrift „Demokratie und Recht" (http://www.norman-paech.de/).

Werner **Ruf**, Prof. Dr. phil., Studium der Politikwissenschaft, Soziologie, Geschichte und Romanistik in Freiburg, Paris, Saarbrücken und Tunis. Promotion 1967. Lehr- und Forschungstätigkeit in USA, Frankreich, Nordafrika. Von 1982 bis 2003 Professor für internationale und intergesellschaftliche Beziehungen an der Universität Kassel. Arbeitsschwerpunkte: Friedens- und Konfliktforschung, arabische Welt, politischer Islam, Migration (www.werner-ruf.net/).

Gert **Sommer**, Prof. i.R. für Klinische Psychologie; Mitbegründer und lang-jähriger Vorsitzender des Forum Friedenspsychologie; Mitbegründer und wiederholt Sprecher der Interdisziplinären Arbeitsgruppe für Friedens- und Abrüstungsforschung (IAFA) an der Philipps-Universität Marburg; Mitbe-gründer und derzeit im Direktorium des Zentrum für Konfliktforschung (CCS) der Universität Marburg; Vorstandsmitglied der interdisziplinären Zeitschrift „Wissenschaft und Frieden". Zahlreiche Publikationen zur Frie-denspsychologie, insbesondere zu Menschenrechten und Feindbildern, u.a. Feindbilder im Dienste der Aufrüstung (mit J.M. Becker, K. Rehbein & R. Zimmermann), Krieg und Frieden – Handbuch der Konflikt- und Friedens-psychologie (mit A. Fuchs); Menschenrechte und Menschenrechtsbildung (mit J. Stellmacher) (www.gert-sommer.de).

Hans-Christof **von Sponeck** studierte an den Universitäten Tübingen, Bonn, an der Washington State University und am East-West Center in Ho-nolulu, Abschluss im Jahr 1965: Demographie & Anthropologie (M.A.); UNO-Mitarbeit zwischen 1968 und 2000. Dozent an der Philipps-Univer-sität Marburg und am UNO Staff College in Turin. Berufliche Erfahrung/ akademische Interessen: neben der politische Entwicklung im Nahen und Mittleren Osten und Südasien, primär die Rolle der UNO im Rahmen von Multilateralismus, internationales Recht, Mediation, menschliche und militärische Sicherheit, Schutzverantwortung, Allianzenentwicklung und Konflikttrends.

David **Stroop** studiert Sozialwissenschaften (B.A.) und Politikwissenschaft mit Schwerpunkt Internationale Beziehungen (M.A.) an der Universität Osnabrück und an der Friedrich-Schiller-Universität Jena. Anfang 2012 Praktikum am Zentrum für Konfliktforschung (ZfK) in Marburg. Derzeit befasst er sich im Rahmen seiner Abschlussarbeit mit der Rolle der USA bei Humanitären Interventionen nach Ende des Ost-West-Konflikts.

Jürgen **Wagner**, ist Politikwissenschaftler, geschäftsführender Vorstand der Tübinger Informationsstelle Militarisierung (IMI) und Redaktionsmit-glied der Zeitschrift „Wissenschaft und Frieden".

Herbert **Wulf**, Dr. rer. pol., Prof. i.R. für Politikwissenschaft, Leiter des „Bonn International Center for Conversion" (BICC) von 1994 – 2001, Fel-low am BICC und Projektleiter am „Stockholm International Peace Research Institute" (SIPRI). Er ist Adjunct Senior Researcher am Institut für Entwicklung und Frieden (INEF) an der Universität Duisburg/Essen und im Vorstand der Zeitschrift „Wissenschaft und Frieden". Aktuellere Publikationen: „Internationalizing and Privatizing War and Peace"; Afghanistan – ein Krieg in der Sackgasse; Zerstörter Irak – Zukunft des Irak? (www. wulf-herbert.de).

ABKÜRZUNGSVERZEICHNIS

AKW	Atomkraftwerk
AP	Associated Press
ARD	Arbeitsgemeinschaft der öffentlich-rechtlichen Rundfunkanstalten der Bundesrepublik Deutschland
AU	Afrikanische Union
AWACS	Airborne Early Warning and Control System (Luftgestütztes Früherkennungs- und Kontrollsystem)
B90	Bündnis 90 – Die Grünen
BBC	British Broadcasting Corporation
BICC	Bonn Internation Center for Conversion (Internationales Konversionszentrum Bonn)
BMVg	Bundesministerium der Verteidigung
BND	Bundesnachrichtendienst
BRD	Bundesrepublik Deutschland
BVerfG	Bundesverfassungsgericht
CDU	Christlich Demokratische Union
CENTCOM	United States Central Command (US Zentralkommando)
CFR	Council on Foreign Relations
CIA	Central Intelligence Agency (USA-Geheimdienst)
CIMIC	Civil-military cooperation (zivil-militärische Zusammenarbeit)
CNN	Cable News Network
CPG	Comprehensive Political Guidance
CSU	Christlich Soziale Union
DDR	Deutsche Demokratische Republik
DFID	Department for International Development (Grobritannien)

DIW	Deutsches Institut für Wirtschaftsforschung
DSO	Division Spezielle Operationen
EAD	Europäischer Auswärtiger Dienst
EADS	European Aeronautic Defence and Space Company
ECR	Electronic Combat Reconnaissance (Elektronische Kampfaufklärung)
ETA	Euskadi Ta Askatasuna (Baskenland und Freiheit)
EU	Europäische Union
EULEX	European Union Rule of Law Mission in Kosovo
FAZ	Frankfurter Allgemeine Zeitung
FDP	Freie Demokratische Partei
FR	Frankfurter Rundschau
GB	Great Britain
GBU	Guided Bomb Unit (lasergeleitete Bombe)
GG	Grundgesetz
GSG	Grenzschutzgruppe
HDI	Human Development Index (Index für menschliche Entwicklung)
HIIK	Heidelberger Institut für Internationale Konfliktforschung
HRW	Human Rights Watch
HWP	Hochschule für Wirtschaft und Politik
IAEA	International Atomic Energy Agency (Internationale Atomenergie-Behörde)
ICISS	International Commission on Intervention and State Souvereignty
ICRC	International Committee of the Red Cross (Internationales Komitee des Roten Kreuz)
IGH	Internationaler Gerichtshof
IHT	International Herald Tribune
IMDC	Internal Displacement Monitoring Centre

INGO	International non-governmental organizations
IPPNW	International Physicians for the Prevention of Nuclear War (Internationale Ärzte für die Verhütung des Atomkrieges)
IRA	Irish Republican Army (Irisch-Republikanische Armee)
ISAF	International Security and Assistance Force (Afghanistan)
ISI	Inter Service Intelligence (pakistanischer Geheimdienst)
ISS	Institute for Security Studies (der Europäischen Union)
IStGerH	Internationaler Strafgerichtshof
jW	junge Welt
KdoFOSK	Kommando Führung Operationen von Spezialkräften
KGB	Komitet gosudarstvennoy bzopasnosti (Komitee für Staatssicherheit = Sowjetischer Geheimdienst)
KSK	Kommando Spezialkräfte
LIA	Libyan Investment Authority (Libyscher Staatsfond)
LNA	Libyan National Army (Libysche Nationalarmee)
MAD	Militärischer Abschirmdienst
MANPADS	Man Portable Air Defense Systems (Schultergestützte Luftabwehrwaffen)
MdB	Mitglied des Bundestages
MDG	Millennium Development Goals (Millennium Entwicklungsziele)
MEDAS	Medium Extended Air Defense System
MILF	Moro Islamic Liberation Front (Moro islamische Befreiungsfront)
MOOTW	Military Operations other than War
NATO	North Atlantic Treaty Organization (Nordatlantische Verteidigungs-Organisation)
NBC	National Broadcasting Corporation
ND	Neues Deutschland

NFSL	National Front for the Salvation of Libya (Nationale Front zur Rettung Libyens)
NOC	National Oil Corporation of Libya
NGO	Non-governmental Organisation (NRO)
NIC	National Intelligence Council
NPR	National Public Radio
NRC	Norwegian Refugee Council (Norwegischer Flüchtlingsrat)
NRO	Nicht-Regierungs-Organisation
NSDAP	Nationalsozialistische Deutsche Arbeiterpartei
NTC	National Transitional Council (Nationaler Übergangsrat; Libyen)
NYT	New York Times
NZZ	Neue Zürcher Zeitung
OAS	Organization of American States (Organisation Amerikanischer Staaten)
OAU	Organisation of African Unity (Organisation für Afrikanische Einheit)
OCHA	Office for the Coordination of Humanitarian Affairs (Amt für die Koordinierung humanitärer Angelegenheiten; UNO)
ODA	Official Development Assistance (öffentliche Entwicklungshilfe)
OECD	Organisation for Economic Cooperation and Development (Organisation für wirtschaftliche Zusammenarbeit und Entwicklung)
OEF	Operation Enduring Freedom
OMF	Opposing Military Forces (feindliche Streitkräfte)
OSZE	Organisation für Sicherheit und Zusammenarbeit in Europa
OUP	Operation Unified Protector (NATO-Einsatz in Libyen 2011)

ParlBetG	Parlamentsbeteiligungsgesetz
PDS	Partei des Demokratischen Sozialismus
PLO	Palestine Liberation Organization (Palästinensische Befreiungsorganisation)
PNAC	Projekt for the New American Century (Projekt für ein neues amerikanisches Jahrhundert)
PPP	People Party of Pakistan
PRT	Provincial Reconstruction Team (Regionales Wiederaufbauteam)
PTBS	Posttraumatische Belastungsstörungen
QRF	Quick Reaction Force (Schnelle Eingreiftruppe)
RtP	Responsibility to Protect (Schutzverantwortung)
SAS	Special Air Services der britischen Armee
SFB	Sonderforschungsbereich
SIPRI	Stockholm International Peace Research Institute
SPD	Sozialdemokratische Partei Deutschlands
StGB	Strafgesetzbuch
SWAPO	South-West Africa People's Organisation (Süd-West Afrikanische Volksorganisation)
SWP	Stiftung Wissenschaft und Politik
THW	Technisches Hilfswerk
UCK	Ushtria Çlirimtare e Kosovës (Befreiungsarmee des Kosovo)
UdSSR	Union der Sozialistischen Sowjetrepubliken
ULVS	UNESCO Libyan Valleys Archaeological Survey
UN	United Nations (Vereinte Nationen)
UNAMA	United Nations Assistance Mission in Afghanistan (Unterstützungsmission der Vereinten Nationen in Afghanistan)
UNESCO	United Nations Educational, Scientific and Cultural Organization (Organisation der Vereinten Nationen für Erziehung, Wissenschaft und Kultur)

UNMIK	United Nations Interim Administration Mission in Kosovo (Interimsverwaltungsmission der Vereinten Nationen im Kosovo)
UNHCR	UN High Commissioner on Refugees (UN-Flüchtlingshilfswerk)
UNICEF	United Nations International Children's Fund (Kinderhilfswerk der Vereinten Nationen)
UNO	United Nations Organisation (Vereinte Nationen)
USA	United States of America (Vereinigte Staaten von Amerika)
USAID	United States Agency for International Development
VN	Vereinte Nationen
VR	Volksrepublik
VENRO	Verband Entwicklungspolitik Deutscher Nichtregierungsorganisationen e.V.
ZDF	Zweites Deutsche Fernsehen
ZNBw/ANBw	Zentrum für Nachrichtenwesen der Bundeswehr/Amt für Nachrichtenwesen der Bundeswehr